Annegret Braun

Mr. Right und Lady Perfect

LAMBERT SCHNEIDER

Am besten lesen.   *Am besten lesen.*   *Am besten lesen.*

Annegret Braun

Mr. Right und Lady Perfect

Von alten Jungfern,
neuen Singles und
der großen Liebe

Am besten lesen.   *Am besten lesen.*   *Am besten lesen.*

Für Martin,
der Mr. Right schon ziemlich nahe kommt

Die Deutsche Nationalbibliothek verzeichnet diese Publikation in der
Deutschen Nationalbibliografie; detaillierte bibliografische Daten sind
im Internet über http://dnb.d-nb.de abrufbar.

Der Lambert Schneider Verlag ist ein Imprint der WBG

© 2017 by WBG (Wissenschaftliche Buchgesellschaft), Darmstadt
Die Herausgabe des Werkes wurde durch die Vereinsmitglieder der
WBG ermöglicht.
Lektorat: Alessandra Kreibaum, Worpswede
Satz: mmdesign, Mario Moths, Marl
Einbandabbildung: Foto: Verliebtes Paar mit Weingläsern © akg-images / Voller Ernst
Einbandgestaltung: Harald Braun, Berlin
Gedruckt auf säurefreiem und alterungsbeständigem Papier
Printed in Germany

Besuchen Sie uns im Internet: **www.wbg-wissenverbindet.de**

ISBN 978-3-650-40195-3

Elektronisch sind folgende Ausgaben erhältlich:
eBook (PDF): 978-3-650-40200-4
eBook (epub): 978-3-650-40201-1

Inhalt

Einleitung

Wo sind Mr. Right und Lady Perfect? Offensichtlich halten sie sich gut versteckt, denn die Welt ist voll von Männern und Frauen, die nach ihnen suchen. Doch die Wahrheit ist: Mr. Right und Lady Perfect sind eine Erfindung von Jane Austen und ihrer schreibenden Zunft. Auch wenn wir das ja alles schon längst ahnen, hält es uns nicht davon ab, den idealen Partner weiterzusuchen. Das kann zu einem wahren Abenteuer werden, ob man nun im feiernden Gewühl des Oktoberfestes sucht oder sich durch Hunderte von attraktiven, humorvollen, intelligenten Partnersuchenden einer Datingbörse scrollt. Und ganz überraschend findet man dann den Mann oder die Frau fürs Leben. Jemanden, der zwar nicht perfekt ist, aber passend, Mr. Right und Lady Perfect mit einigen Kratzern und Lebensspuren.

Die Suche nach dem idealen Partner ist keineswegs eine Erscheinung unserer heutigen Zeit. Nur die Vorstellung davon hat sich im Laufe der Zeit geändert. Träumt heute eine Frau von Brad Pitt, so schwärmte früher eine Magd für den Bauernsohn – unerreichbar in beiden Fällen. Und schließlich die Erfahrung: Das Glück liegt oftmals woanders, als man sucht.

Wie hat das eigentlich alles angefangen, die Suche nach dem anderen, nach demjenigen, der uns glücklich machen soll? Es gab eine Zeit, in der die Welt noch in Ordnung war. Die Menschen waren Kugeln mit vier Armen und vier Beinen, so erzählt Platon. Doch dann wurden sie aufmüpfig und wollten den Himmel erobern, was den Göttervater Zeus sehr erzürnte. Kurzentschlossen schlug er sie in zwei Hälften. Seitdem ist jeder „Halbkugelmensch" auf der Suche nach seiner anderen Hälfte. Übersetzt in die heutige Bilderwelt heißt das: Jeder Topf findet seinen Deckel. Diese optimistische Haltung teilt nicht jeder: „Ich glaube, ich bin ein Wok", seufzen manche. Doch es besteht kein Grund, die Hoffnung so schnell aufzugeben. Auch für einen Wok gibt es den passenden Deckel.

Anders als in der griechischen Mythologie hat der christliche Ursprung der Partnersuche ein Happy End. Adam hatte ein paradiesisches Leben, aber er fühlte sich einsam. Deshalb erschuf Gott die Frau. Dann war es aus mit dem Paradies, behaupten manche Männer. Doch Adam war glücklich, als er Eva sah. Er fragte nicht, ob Gott ihm noch bessere Alternativen anbieten könne. Nein, Adam sah Eva und er wusste: diese oder keine!

Seitdem sind die Auswahlmöglichkeiten an potenziellen Partnern stark angestiegen, zumindest theoretisch. Auch wenn Julia Roberts und inzwischen leider auch George Clooney vergeben sind, so dienen sie immer noch als Vergleichsmaßstab. Unsere Ansprüche sind hoch. Das macht die Sache kompliziert, aber nicht aussichtslos. Vorausgesetzt, man erwartet nicht, Mr. Right und Lady Perfect zu finden.

Das ist wahrscheinlich nicht das, was Sie von diesem Buch erwartet haben. Aber die gute Nachricht ist: Lässt man seine Vorstellungen vom Traummann und der Traumfrau los, entspannt das die Suche nach einem Partner ungemein. Man muss nicht unter den vielen Millionen von Menschen genau den richtigen Partner finden, der perfekt zu einem passt, und sich dann Sorgen machen, dass man vielleicht den Falschen erwischt hat und der Richtige immer noch frei herumläuft.

Die Suche nach Mr. Right und Lady Perfect ist wie ein Kompass, der die Richtung vorgibt. Das eigentliche Geschehen spielt sich unterwegs ab. Partnersuche kann abenteuerlich, anstrengend, amüsant oder spannend sein. Ein Weg voller Überraschungen. Hat man nach einer Achtstundentour in den bayerischen Alpen endlich die ersehnte Hütte mit dem noch mehr ersehnten Apfelstrudel erreicht, findet man dort vielleicht nicht nur einen freien Stuhl vor einem herrlichen Bergpanorama, sondern auch noch einen sehr unterhaltsamen Bergsteiger, – obwohl man keine Zeit hatte sich zu stylen, sondern mit erhitztem Gesicht und festgeklatschten Haaren dasitzt. Bad Hair Days? Das gibt es nur im Tal. Und abends bei der Hüttengaudi ist man überrascht zu erfahren, dass man fast schon um die Ecke vom anderen wohnt, was zugegebenermaßen kein Wunder ist, weil sich halb München am Wochenende in den Bergen tummelt.

Andere wiederum stellen beim Betriebsfest fest: Der langweilige Kollege ist nur im Büro so langweilig. Abseits seines Aktenstapels zeigt er eine völlig unvermutete Seite von sich. Zum Buffet bringt er selbstgemachte italienische Antipasti mit und dann gehört er sogar noch zu der aussterbenden Gattung der Bücherlesenden, wie man selbst. Wer offen für Menschen ist, hat eine gute Chance, den Mann oder die Frau fürs Leben zu finden.

Im Gegensatz zu früher gibt es heute viele Möglichkeiten, jemanden kennenzulernen. Datingbörsen zum Beispiel. Dort sind Millionen Suchende, selbst wenn man diejenigen abzieht, die bereits einen Partner haben und sich noch nach einem Zweit-Mann oder einer Dritt-Frau umsehen. „Aber Partnersuche im Internet ist doch völlig unromantisch", bemängeln viele. Doch wie romantisch ist Partnersuche im normalen Alltag, zum Beispiel auf einem Ärztekongress? Das ist wie eine Suche nach der Stecknadel im Heuhaufen. Die wenigen Kollegen, die altersmäßig und optisch einigermaßen in Frage kommen, möglichst unbemerkt danach abzuscannen, ob irgendein Single darunter ist, und dann noch zu hoffen, dass die vorsichtige Annäherung auf Interesse stößt, ist anstrengend, zeitraubend und oftmals frustrierend. Ein Internetflirt und die Spannung des ersten Rendezvous' fühlen sich dagegen so prickelnd an wie ein Sektfrühstück. Es ist eine Begegnung, auf die sich beide freuen.

Manchmal eröffnen sich viel mehr Möglichkeiten, wenn man seine Vorstellungen von Partnersuche loslässt. Was wir dann erleben, ist Gelassenheit, ein Wort, das von „lassen" kommt.

Dieses Buch ist kein Ratgeber, sondern ein bunter Streifzug durch die Kulturgeschichte der Partnersuche. Und doch zeigen gerade diese vielen unterschiedlichen Geschichten, wie viele Wege es gibt, den Mann oder die Frau fürs Leben zu finden. Es sind amüsante, tragische, berührende Geschichten. Jede Liebesgeschichte ist einzigartig und hat ihren ganz besonderen Anfang. Von diesen Anfängen erzählt dieses Buch.

Heirat als Lebensziel – von alten Jungfern und neuen Singles

„Überall, wo 'ne gute Partie zu machen ist, da muss ich in die Erscheinung treten."

28-jähriges Mädchen im 19. Jahrhundert

Effi Briest kam vom Garten hereingestürmt. Sie war 17 Jahre alt, aber sie liebte es immer noch, herumzutoben oder mit ihren Freundinnen Verstecken zu spielen. Ihre Mutter hatte sie gerufen. Sie sollte sich noch etwas Hübsches anziehen, bevor der Besuch kam: Baron von Innstetten. Mit erhitztem Gesicht und zerzausten Haaren stand sie vor ihrer Mutter, die sich plötzlich ganz anders entschied: „Es ist am Ende das Beste, du bleibst wie du bist. Ja, bleibe so. Du siehst gerade sehr gut aus. Und wenn es auch nicht wäre, du siehst so unvorbereitet aus, so gar nicht zurecht gemacht, und darauf kommt es in diesem Augenblicke an." Dann offenbarte sie ihrer Tochter, dass Baron von Innstetten gerade eben um ihre Hand angehalten habe. Effi Briest sah ihre Mutter ungläubig an. Baron von Innstetten war ein früherer Verehrer ihrer Mutter und mit seinen 38 Jahren genauso alt wie sie! Als ob sie ihre Gedanken erraten hätte, erklärte Frau von Briest: „Er ist freilich älter als du, was alles in allem ein Glück ist, dazu ein Mann von Charakter, von Stellung und guten Sitten, und wenn Du nicht ‚nein' sagst, was ich mir von meiner klugen Effi kaum denken kann, stehst Du mit 20 da, wo andere mit 40 stehen."

Bevor Effi antworten konnte, kam Baron von Innstetten auf sie zu und verneigte sich galant vor ihr. Zwei Tage zuvor hatte sie ihn zum ersten Mal gesehen und ihren Freundinnen von seinem weltgewandten Auftreten vorgeschwärmt. Ja, er machte wirklich eine gute Figur.

Am selben Tag fand die Verlobung statt. Noch am Nachmittag hatte sie sich mit ihrer Freundin Hulda im Garten übers Heiraten unterhalten und selbstsicher verkündet, dass sie bestimmt einen

11

Mann bekommen würde. Aber dass sie eine Stunde später schon verlobt sein würde, hätte sie sich in ihren kühnsten Träumen nicht vorgestellt. Dabei war Hulda älter als sie.

Nach dem Verlobungsessen entschuldigte sich Effi und ging zu ihrer Freundin. Innerlich triumphierte sie: „Ich glaube, Hulda wird sich ärgern. Nun bin ich ihr doch zuvorgekommen – sie war immer zu eitel und eingebildet." Hulda nahm die Neuigkeit gelassen hin. Ihre jüngere Schwester Hertha hingegen fragte neugierig, ob Effi sich sicher sei, dass Baron von Innstetten der Richtige wäre. Effi antwortete darauf: „Gewiss ist es der Richtige. Das verstehst Du nicht, Hertha. Jeder ist der Richtige. Natürlich muss er von Adel sein und eine Stellung haben und gut aussehen." Ob sie denn auch schon ganz glücklich sei, hakte Hertha nach und Effi erwiderte: „Wenn man zwei Stunden verlobt ist, ist man immer glücklich. Wenigstens denk' ich es mir so."

„Ich könnte mich nie in einen jungen Menschen von 21, 22 Jahren ‚verlieben', glaube ich, richtig verlieben. Nein, der Mann, den ich lieben werde, muss wirklich männlich sein und ernst und gut."

Paula, 19 Jahre, Tagebucheintrag von 1912, Deutsches Tagebucharchiv

---

Das vorgesehene Lebensglück für Mädchen aus dem Bürgertum und dem Adel war zu heiraten. Das hatten sich die jungen Mädchen so verinnerlicht, dass sie darin ihre ganze Erfüllung sahen. Nur durch eine Heirat waren sie versorgt. Und es war die einzige Karriere, die eine Tochter aus gutem Hause machen konnte. Je vermögender der Ehemann und je besser seine berufliche Position, umso höher stand sie in der Gesellschaft. Wenn er noch gute Manieren hatte und ein ansprechendes Äußeres, umso besser. Körperliche Makel waren jedoch kein Hinderungsgrund. In Thomas Manns Roman Buddenbrooks musste Antonie, genannt Tony, Herrn Grünlich heiraten, obwohl er eine hässliche Warze mitten im Gesicht hatte. Tony störte sich schrecklich daran, zumal sie ihn nicht liebte. Er sei ihr immer widerlich gewesen, sagte sie später zu ihrem Vater, als er sie wieder in ihr Elternhaus zurückholte, nachdem die Ehe gescheitert war. Herr Grünlich, so stellte sich nach vier Jahren Ehe heraus, war zahlungsunfähig und hatte Tony nur wegen ihrer Mitgift geheiratet.

Das Schlimmste, was einem bürgerlichen Mädchen passieren konnte, war, ledig zu bleiben. Denn nur als Ehefrau war es ein vollwertiges Mitglied der bürgerlichen Gesellschaft. Als bemitleidenswerte „alte Jungfer" zu enden, war ein Schreckensszenario, das es mit allen Mitteln zu vermeiden galt. „Jungfer" war im 17. und 18. Jahrhundert eine Ehrenbezeichnung für ein unverheiratetes bürgerliches Mädchen. Als der Begriff aus der Mode kam, wurden aus jungen Mädchen „Fräuleins" und aus älteren Mädchen „alte Jungfern".

„Es ist Cousine Emma hier. Sie ist geschickt, wirtschaftlich, sie ist klug und weiß zu sprechen. Sie kann sich in jeder Gesellschaft bewegen, sie wird ihren Mann stets mit Geplauder unterhalten. Wenn ich jetzt mich betrachte. Abgesehen von dem Äußeren, daran weiß ich nichts zu ändern. Ich bin immer so schweigsam, weiß gar nicht liebenswürdig zu unterhalten, habe nicht viel gelesen und was ich auch gelernt und gelesen – ich vergesse es. Ach, besser, wenn ich an die Zukunft nicht denken möchte, (…) einen ordentlichen Mann zu bekommen."

Ottilie K., 18 Jahre, Tagebucheintrag 1889, Deutsches Tagebucharchiv

---

Mit einer ledigen Frau wusste das Bürgertum nichts anzufangen. Sie konnte keinen Beruf erlernen, denn der weibliche Beruf war Muttersein. Der Sozialökonom und Kulturhistoriker Wilhelm Heinrich Riehl (1823–1897) empfahl 1855 in seinem Buch über die Familie: „Wenn eine wohlhabende Frau einsam steht, dann soll sie sich vorerst umschauen, ob in ihrer Sippe keine Familie ist, bei der sie als ‚alte Tante' einziehen kann und mitarbeiten am Hause. […] Kann sie nicht alte Tante werden, dann gibt es vielleicht ein Asyl, wo sie arme Kinder erziehen und als in einer großen Familie mit den anderen Frauen zusammenleben und wirken kann."

Die Idee der Frauenkommune, die Wilhelm Heinrich Riehl vorschlug, konnte sich nicht so richtig durchsetzen. Das Modell „alte

Tante" hingegen war sehr verbreitet, auch bei den Jüngeren. Viele lebten im Haushalt des Bruders oder der Schwester und machten sich dort nützlich. Sie stopften Socken oder verzierten Taschentücher mit feinen Stickereien, je nachdem wie vornehm die Familie war. Auch wenn eine ledige Frau eine wirkliche Entlastung im Haushalt war und die Kinder sie liebten, blieb das Gefühl, ein Anhängsel zu sein.

„Ich habe geirrt, ich bin wieder allein. Und mein Herz sehnt sich so sehr nach Liebe. Warum führt mich der Weg immer nur am Glück vorbei?

Marga, 28 Jahre, Tagebucheintrag von 1933, Deutsches Tagebucharchiv

---

Es gab für unverheiratete Frauen nur wenige Alternativen. Sie konnten als Gouvernante oder Hauslehrerin arbeiten oder als Nonne in einen Orden eintreten. Ein Leben im Kloster war dabei nicht das Schlechteste. Dort durften sie lernen, Bücher lesen, schreiben und konnten ihre Talente entfalten. Manche eigneten sich ein Expertenwissen in Bereichen wie Medizin, Musik oder Ernährung an. Hildegard von Bingen hätte als Frau nirgendwo sonst ihre vielseitige Begabung in dieser Weise entfalten können. Im Gegensatz zu anderen ledigen Frauen war den Nonnen die gesellschaftliche Anerkennung sicher. Mit einer betenden Familienangehörigen im Orden war das Seelenheil auch außerhalb der Klostermauern so gut wie gesichert.

Als Gouvernante und Hauslehrerin waren die Frauen versorgt, weil sie bei der Familie lebten, bei der sie arbeiteten. Auch wenn sie ihr eigenes Geld verdienten, erhielt diese Arbeit nie die gesellschaftliche Anerkennung wie die Berufstätigkeit der Männer. Mag die Frau noch so sehr in ihrem Beruf aufgegangen sein, es blieb nach außen eine Notlösung.

Der Druck zu heiraten war groß. Und er stieg mit zunehmendem Alter. Der Schriftsteller Herrmann Sudemann erzählt in seinen Erinnerungen von der Begegnung mit einer jungen Frau in der Mitte des 19. Jahrhunderts: „Und dann fing sie aus freien Stücken von ihrem Schicksal zu reden an: ‚Ich bin achtundzwanzig und schon ein

spätes Mädchen. Heiraten soll ich durchaus, drum werde ich 'rum-
geschickt. Überall, wo 'ne gute Partie zu machen ist, da muß ich in
die Erscheinung treten. Und war es mal wieder nichts, dann geht
die Geschichte von neuem los, die wechseln sich ab. Und alle haben
eine Heidenangst, daß ich sitzen bleibe, denn dann lieg' ich ihnen
für immer auf dem Hals. Gelernt habe ich nichts. Dafür war meine Kinderstube zu fein. Höchstens Hausdame könnte ich werden.
Repräsentation nennt man das wohl. Bei einem älteren Witwer, es
mag auch ein Junggeselle sein, der sich dann vielleicht in einen verliebt. Und wenn er auch grau und picklig ist, dafür muß man Gott
danken, denn das ist die einzige Karriere, die man zu machen hat.'"

„Wenn man jemanden gerne hat, darf man es nicht merken lassen,
muss immer schön züchtig vor sich sehen. Ach, ein Weib ist ein
armseliges Ding, hat einen so reichen Schatz an Liebe im Herzen
und die Triebe müssen verwelken. Das Los einer Blume, blühen,
duften und verwelken. Der Gedanke, alte Jungfer zu werden, hat
etwas Fürchterliches für mich. "

Paula B., 1901, aus: Mein Leben, Deutsches Tagebucharchiv

Im Bürgertum des 19. Jahrhunderts herrschte die Überzeugung,
dass Frauen und Männer nur zusammen ein Ganzes bildeten. Jeder
brauchte den anderen zur Ergänzung. Deshalb wurden die Eigenschaften von Frauen und Männern, die „Geschlechtscharaktere",
wie man damals sagte, als Gegensatz gesehen: Männer sind aktiv,
Frauen passiv. Männer sind rational, Frauen emotional. Die Lebenswelt der Männer ist der Außenbereich, also Beruf und Politik, die der Frauen hingegen ist der häusliche Bereich, also Familie
und Haushalt. Mit dieser klaren Zuteilung haben sich Männer die
Herrschaft gesichert. Erst als die Frauen in die Universitäten dräng-
ten und den Männern bewiesen, dass sie mehr als Kinder gebären,
Gobelins sticken und leichte Konversation führen können, fiel diese
Konstruktion in sich zusammen. Doch bis dahin war es noch ein
langer Weg.

Dass man ohne die Ergänzung durch das andere Geschlecht nur
ein unvollkommenes Wesen war, galt vor allem für ledige Frauen.

Bei ledigen Männern nahm man es mit der Unvollkommenheit nicht so genau. Sie hatten es einfacher. Zwar sah man ihre gesellschaftliche Aufgabe ebenfalls darin, eine Familie zu gründen und für Nachwuchs zu sorgen, aber wenn ein Mann nicht die richtige Frau fand oder lieber seine Freiheit genoss, musste er nicht mit Ausgrenzung oder Mitleid rechnen. Er hatte ja seinen Beruf. Dadurch war ihm die gesellschaftliche Anerkennung sicher. Wenn er dann auch noch Gelehrter oder Künstler war, konnte er mit größtem Verständnis rechnen, denn die Kunst und die Wissenschaft verlangten völlige Hingabe.

„Sehr geehrtes, liebenswürdiges Fräulein!
Nicht als ob ich mich mit einer Ihnen befremdenden Angelegenheit
an Sie, verehrtes Fräulein wenden würde, nein, in der Über-
zeugung, daß Ihnen längst mein stilles, aber beständiges Harren auf
Sie bekannt ist, ergreife ich die Feder, um Sie zu belästigen. Meine
größte und innigste Bitte, die ich hiermit an Sie, Frl. Josefine,
zu richten wage, ist, Fräulein Josefine wollen wir gütigst offen und
aufrichtig Ihre letzte und endgiltige aber auch ganz entscheidende
Antwort schriftlich zu meiner künftigen Beruhigung mitteilen
und zwar über die Frage: Darf ich auf Sie hoffen und bei Ihren
lieben Ältern [Eltern] um Ihre Hand werben? Oder ist es Ihnen
nicht möglich aus Mangel an persönlicher Zuneigung mit mir den
ehelichen Schritt zu thun?"

Der Musiker Anton Bruckner (1824–1896) an Josefine Lang.
Seine Liebe blieb unerwidert. Er blieb zeitlebens ledig.

Ein unverheirateter Mann konnte sich ein bequemes Leben einrichten. Er ging seiner Berufung nach und zu Hause sorgte eine Haushälterin oder eine weibliche Verwandte für ein warmes Mittagessen und frische Wäsche. Jakob (1785–1863) und Wilhelm (1786–1859) Grimm lebten zusammen mit ihrer Schwester Lotte (1793–1833), die den Haushalt versorgte. So konnten sich die beiden Sprachwissenschaftler ganz ihren Forschungen widmen. Ihre Märchen- und Sagensammlungen machten sie in der ganzen Welt berühmt, aber ihre eigentliche Leistung war die wissenschaftliche

Erforschung der deutschen Sprache. Das Mammutwerk „Deutsches Wörterbuch", das sie begannen und die nachfolgenden Generationen fertigstellten, ist nur ein Teil ihrer unglaublich produktiven Arbeit. Die beiden Professoren gelten als die Begründer der Germanistik. Als Lotte auszog, um zu heiraten, nahm Wilhelm kurzerhand seine Jugendfreundin Dorothea Wild zur Frau, die dann den Haushalt machte. Ansonsten blieb fast alles beim Alten. Die beiden Brüder wohnten, statt mit der Schwester, nun mit Wilhelms Frau Dorothea zusammen. Sie verbrachten weiterhin ihre Tage in Archiven und Bibliotheken, während Dorothea für das leibliche Wohl sorgte. Sie nahm es gelassen, dass es ihren Mann nur im Doppelpack gab und sprach scherzhaft von „ihren beiden Männern". Immerhin entsprangen aus dieser Ehe drei Kinder.

Ein beruflich erfülltes Leben war ledigen Frauen nur selten möglich. Wenn doch, dann steckte meistens ein Mann dahinter. Caroline Herrschels (1750–1848) Lebensweg war vorgezeichnet. Als ledige Frau sollte sie ihrem Bruder Wilhelm, der in England lebte, den Haushalt besorgen. Er war Musiker in dem Badeort Bath. Aber Wilhelm hatte Größeres mit seiner Schwester vor. Er bildete sie zur Sängerin für sein Orchester aus. Zusammen feierten sie große Erfolge. Als Wilhelm sich immer mehr seiner großen Leidenschaft, der Astronomie, widmete, machte er aus der Sängerin mittels einer häuslichen Intensiv-Umschulung seine persönliche Assistentin. Statt Gesangsübungen und Tonleitern, lehrte er sie nun das griechische Alphabet, Arithmetik, das Einmaleins und Grundkenntnisse in Geometrie. So hatte sie neben dem Abwasch und Bügeln auch noch ihr Lernpensum zu bewältigen. Dabei war Wilhelm äußerst streng. Sie schrieb in ihren Erinnerungen. „Er verkürzte mir zuweilen das Mittagessen, wenn ich den rechten Winkel des Stück Pudding, das ich mir genommen, nicht gleich anzugeben wusste." Die Nächte waren auch nicht erholsamer, denn sobald es dunkel wurde, erkundete sie mit ihrem Bruder das Himmelsgewölbe, das heißt, meistens saß er am Fernrohr und sie lief hin und her, um ihm die nötigen Dinge zu bringen und seine Beobachtungen zu notieren. Wenn ihr Bruder auf Reisen war, beobachtete sie die Sterne. Das fand sie allerdings sehr mühsam und zeitraubend, denn statt das wandelnde Lexikon Wilhelm zu fragen, musste Caroline sich alles selbst erarbeiten und nachlesen. Das war vor Wikipedia. Mit der Zeit erwarb sie sich jedoch ein profundes Wissen. Am Himmelsgewölbe kannte sie sich bald so gut aus wie in ihrer Schürzentasche. Deshalb entging ihr auch kein Neuankömmling am Himmel. Am 1. August 1786 notierte sie: „Ich habe heute einhundert Nebulae berechnet und diesen Abend erblickte ich ein Object, das sich, glaube ich, morgen Nacht als Komet ausweisen wird." Und tatsächlich: Es war ein Komet! Mit dieser sensationellen Entdeckung trat sie aus dem Schatten ihres Bruders, der bereits ein berühmter Astronom war. Wilhelm freute sich über ihren Erfolg und gratulierte ihr zu dieser Leistung. Als Caroline Herrschel ein Jahr später von König Georg III. von England ein jährliches Gehalt von 50 Pfund zugewiesen bekam, wurde sie endgültig als Astronomin ernst genommen. Caroline Herrschel hatte in ihrem Beruf Erfüllung und Anerkennung gefunden, wie es nur wenigen ledigen Frauen möglich war.

Am Anfang gehören alle Gedanken der Liebe. Später gehört dann alle Liebe den Gedanken.

Albert Einstein

Für Frauen entstand der Druck, heiraten zu müssen, nicht nur, um versorgt zu sein, sondern auch, weil eine unverheiratete Frau eine Außenseiterin war. In größerer Gesellschaft war sie das fünfte Rad am Wagen und ohne männliche Begleitung konnte sie kaum ausgehen. Die französische Schriftstellerin George Sand (1804–1876) löste das Problem auf ihre eigene Weise. Sie kleidete sich als Mann und konnte so alleine ins Theater gehen oder Museen besuchen – ganz ohne männliche Begleitung. Die Verkleidung hatte noch einen anderen entscheidenden Vorteil: Als „Mann" konnte sie die preiswerten Plätze im Parterre kaufen und musste nicht die teuren Logen nehmen, die für Damen vorgesehen waren.

„Ich muss wiederholen, was ich Ihnen schon unzählige Male gesagt habe, mehr als freundlich kann ich Ihnen nicht sein. [...] Verder-

ben Sie sich und mir das Zusammensein nicht. Müssen Sie mir denn ewig von dieser unseligen Leidenschaft sprechen? Ich darf es eigentlich gar nicht anhören. "

Die verwitwete Henriette Herz an Ludwig Börne, einem jungen Verehrer, 1803

Während unverheiratete Frauen im Bürgertum ausgegrenzt waren, sah es auf dem Land ganz anders aus. Dort gab es viele ledige Frauen und Männer. Für Mägde, Knechte und Tagelöhner galt ein Heiratsverbot. Bis 1825 durften nur diejenigen heiraten, die Grundbesitz hatten. Erst später, als es reichte, genügend Einkommen für einen Hausstand nachzuweisen, konnten Mägde und Knechte mit Fleiß und Sparsamkeit eine Heiratserlaubnis bekommen. Diese strenge Regelung galt bis 1916.

Im Gegensatz zum Bürgertum waren die Unverheirateten auf dem Land vollwertige Mitglieder der Dorfgemeinschaft. Ohne die Arbeit der Magd, der ledigen Schwester oder des alten Onkels hätten die Großbauern überhaupt nicht existieren können. Sie alle waren Teil des „ganzen Hauses". Damals wurde noch nicht zwischen Familie und Dienstboten unterschieden. Zum „ganzen Haus" gehörten alle, die dort wohnten und arbeiteten. Bei den Mahlzeiten aßen alle zusammen an einem Tisch, manchmal auch getrennt: der Bauer mit den Knechten an einem Tisch und die Bäuerin mit den Mägden und den Kindern am anderen. Und wenn es etwas zu feiern gab, waren alle dabei. Einsamkeit kannten ledige Frauen und Männer auf dem Land nicht. Und sie waren auch kein Anhängsel. Im Gegenteil, für manche Kinder waren die ledige Tante oder die Magd die engsten Vertrauten. In Astrid Lindgrens Geschichten über Michel aus Lönneberga ist es der Knecht Alfred, dem das Herz des schwedischen Jungen gehört. Mit ihm geht er angeln, ihm erzählt er seine Sorgen und mit ihm philosophiert er über alle Lebensfragen, die einen kleinen Jungen beschäftigen. Die Zuneigung ist gegenseitig. Gegen diese „Männerfreundschaft" hat nicht mal die Magd Lina eine Chance, die all ihren Charme aufbietet, um Alfred für sich zu gewinnen.

Frauen auf dem Land waren nicht darauf angewiesen zu heiraten. Dora Prinz, eine 1919 geborene Magd aus dem Allgäu, schätzte ihre Freiheit sehr. Als die Bäuerin fragte, ob sie nicht heiraten wolle, antwortete sie: „Eine anständige Arbeit ist mir lieber als ein Kerl." Dora Prinz hatte zu viele Männer gesehen, die faul und herrschsüchtig waren und zu viel tranken. Rückblickend erzählt sie: „Ich wollte niemanden, der mich schikanierte. Alles, was ich wollte, waren mein Frieden, meine Arbeit, mein Geld, meine Tiere. Und ab und zu ein nettes Fest."

Nach dem Zweiten Weltkrieg waren viele Frauen alleinstehend. Sie waren deutlich in der Überzahl, weil viele Männer im Krieg gefallen waren. Die Frauen reagierten darauf ganz unterschiedlich. Die einen versuchten, einen der wenigen Exemplare zu ergattern oder ihre Ansprüche herunterzuschrauben. Andere Frauen sahen im Ledigsein die Chance, ihr Leben selbst in die Hand zu nehmen. Heiraten ja, wenn es passt, aber nicht um jeden Preis.

„Inzwischen sind die Frauen dann aber langsam in leitende Stellungen aufgestiegen, selbständiger geworden und die Arbeit macht ihnen nun auf einmal wirklich Spass. [...] Und deshalb geben sie sie auch nicht so ohne weiteres auf, wenn nun ein Mann kommt und ihnen anbietet, sein Essen zu kochen, statt 20 Verkäuferinnen zu beaufsichtigen."

Aus einer Sendung des Frauenfunks (Bayerischer Rundfunk), 1949

Im Frauenfunk des Bayerischen Rundfunks erklärt eine Redakteurin 1948 den Männern die neue Sachlage:
„Rein statistisch gesehen haben die Männer heute mehr Chancen bei den Frauen als früher. Aber ziehen Sie keine falschen Konsequenzen daraus, meine Herren. Verlassen Sie sich nicht allzusehr auf Ihre zahlenmässige Überlegenheit. Eine richtige Frau bleibt wählerisch, auch wenn das Angebot knapp ist. Die lässt sich nicht zu Angstkäufen hinreissen! Man will schliesslich hernach nicht mit so einem Ladenhüter dasitzen! Also, meine Herren, wenn Sie eine kluge Frau wollen, dürfen Sie sich auch heute noch ein bisschen anstrengen! Wir schauen auf Qualität: so eine einmalige Anschaffung muss ja schliesslich auch ziemlich lang herhalten, nicht wahr?"

Partnersuche wurde vom Frauenfunk gelassen gesehen. In einer anderen Sendung von 1949 hieß es: „Übrigens – in Alaska, hab ich neulich gelesen, gäbs Männer genug. Da treffen auf 2500 Männer zwischen 20 und 24 Jahren nur 1156 Frauen. Aber mei – gell – wer mag schon bis nach Alaska – bloss wegn am Mann!"

Heute können Frauen frei entscheiden, wie sie leben wollen. Heiraten ist kein Muss mehr. Frauen heiraten nicht, um versorgt zu werden, sondern aus Liebe. Und auch Männer wollen um ihrer selbst geheiratet werden und nicht mehr auf die Funktion des Ernährers reduziert werden. Da können sie sehr empfindlich reagieren, wie folgender Fall zeigt: Auf einer amerikanischen Datingbörse suchte eine 25-jährige Frau – nach eigenem Beschreiben sehr attraktiv – einen Mann mit einer halben Million Jahreseinkommen. In New York, so rechtfertigte die junge Frau ihre ehrgeizigen Pläne, sei diese Summe nicht überzogen, denn damit könne man sich sowieso nur ein bescheidenes Mittelklasse-Leben leisten. Niemand reagierte. Als die Heiratskandidatin verzweifelt nachhakte, wo denn die reichen Junggesellen abhängen würden, erklärte ihr ein Mann, der sich als Banker mit dem gewünschten Gehalt ausgab, worin das Problem läge: Der Tausch Schönheit gegen Geld, und darum ginge es ja, könne nicht funktionieren, denn die junge Dame würde mit der Zeit ihre Schönheit verlieren, er aber nicht sein Geld. Ökonomisch gesehen sei sie ein Abschreibeobjekt. Sie solle den Wunsch nach einem reichen Mann begraben und lieber versuchen, selbst eine halbe Million Jahreseinkommen zu verdienen.

Was dieser Banker umständlich erklärt, bringt der Bauer mit wenigen Worten auf den Punkt: Schönheit vergeht, Hektar besteht. Bauernsöhnen wurde schon früh eingeimpft, bei einer Heirat auf die wahren, bleibenden Werte zu achten.

Glückstipps zur Partnerwahl
„Nehmen Sie mal alle realen Partner aus Ihrem Leben
zusammen – nein Jennifer Lopez und Brad Pitt gelten nicht
als realer Partner –, also alle, die Sie schon einmal hatten oder
mehrmals hatten, und alle, die Sie hätten haben können.
Wenn Ihr gegenwärtiger Partner im Vergleich besser ist als der

Durchschnitt, sind Sie schon ziemlich gut! Sollte er gar im gefühlten oberen Drittel anzusiedeln sein, dann hören Sie auf, nach etwas Besserem zu suchen! Und das, was Sie haben, schlechter zu machen, als es ist. Viel wichtiger, als jemanden zu finden, der perfekt zu einem passt, ist, jemanden zu finden, der mit unserer Form von Liebe und Zuneigung etwas anfangen kann und will. Für das eigene Glück ist lieben zu können viel wichtiger, als geliebt zu werden. Und das kann man auch auf viele Menschen verteilen. Wenn Sie gerade keinen Partner haben: Gute Freunde sind unterm Strich viel wichtiger für das Glücksempfinden. Also Singles – entspannt euch. Gute Freundschaften halten im Schnitt viel länger als Ehen!"

Aus: Eckart von Hirschhausen, Glück kommt selten allein

Das Leben der Singles heute sieht ganz anders als das der ledigen Frauen früher. Alleinstehende Frauen sind meistens nicht alleine. Sie haben zwar keinen Partner, aber eine Menge Freundinnen und Freunde. Der Beruf ist für sie mehr als nur bloßer Broterwerb und Langeweile in ihrer Freizeit kennen sie nicht. Die Vorteile des Singleseins wissen sie zu schätzen. Man hat die Herrschaft über die TV-Fernbedienung und kann in sein Sofa sinken, ohne erst mal narkotisierende Socken wegräumen zu müssen. Und zum Reden hat sie ihre Freundinnen. Oder auch eine Katze. Die hört wenigstens zu. Das Leben als Single ist weitaus konfliktärmer als eine Partnerschaft, so erleben es viele Frauen, nachdem ihre Beziehung in die Brüche gegangen ist.

Und doch bleibt die Sehnsucht nach einem Gegenüber, nach jemandem, dem man sich zugehörig fühlt, mit dem man seinen Alltag teilen möchte. Mit diesem Herzenswunsch steht man nicht alleine. Wir leben heute in einer Singlegesellschaft, weil Beziehungen schneller zerbrechen. Es gibt viele, die auf Partnersuche sind. Die Chance, jemanden zu finden, ist groß. Mit dem Internet haben sich ganz neue Möglichkeiten aufgetan.

Heute haben auch Frauen viel mehr Handlungsspielraum als jemals zuvor. Sie müssen nicht mehr abwarten, bis ein Mann auf sie aufmerksam wird, sondern können selbst den ersten Schritt machen – nicht nur online, sondern auch offline in der Kneipe oder im Urlaub.

Offenheit für Menschen ist eine wichtige Voraussetzung. Es lohnt sich, sein enges Beuteschema zu überdenken. Manchmal entdeckt man erst auf den dritten oder vierten Blick, dass der Mann, der ziemlich genau das Gegenteil von einem Traummann ist, gut zuhören und wunderbar kochen kann.

Und dennoch: Eine Liebesbeziehung kann man nicht erzwingen. Vieles ist möglich, aber nicht alles ist machbar. Auch wenn manche Lebenswünsche sich nicht verwirklichen, es gibt trotzdem ein erfülltes Leben. Den Reichtum im eigenen Leben zu entdecken und ihn zu genießen, hängt nicht davon ab, ob man in einer Partnerschaft lebt oder Single ist.

Brautschau als Geschäft – arrangierte Ehen

„Ich wünschte nur einen wirklichen Freund, dem ich mein Herz und mein ganzes Vertrauen zu schenken vermöchte; dem ich Neigung und Zuversicht entgegenbrächte und der mein Glück, wie ich das seine machen könnte."

Wilhelmine von Bayreuth

Von einer Liebesheirat konnten adelige Mädchen wie Wilhelmine von Bayreuth (1709–1758) nur träumen. Liebe zwischen Mann und Frau gibt es schon seit Adam und Eva, aber nicht eine Heirat aus Liebe. Das gab es jahrhundertelang nur in Romanen oder bei Künstlern. Liebe war das eine, Heirat das andere. So hielt es der Adel, zumindest die Männer. Manche hatten kaum mehr einen Überblick über ihre Mätressen. Wurden die Geliebten zu fordernd, dann machten die Herrscher kurzen Prozess und entledigten sich ihrer durch das Schwert. Oder sie ließen ihre einst innig Geliebten gnadenlos in den Kerker werfen oder in die Verbannung schicken. Liebe und Leidenschaft sind flüchtige Gefühle, auch beim Adel.

Bei der Heirat hingegen wollte sich der Adel lieber nicht auf so schwankende Gefühlszustände verlassen. Da zählten andere Werte: Macht und Reichtum – und der Stammbaum. Der durfte keinen Fehler aufweisen. Durch eine strategisch kluge Verheiratung festigten die Herrscher politische Verbindungen – eine frühe Form des Networking – oder sie erweiterten ihr Reich. Eine Heirat war preisgünstiger als ein Krieg.

„Die Kurprinzessin hatte dort [in Hannover] im Jahre 1707 einen Prinzen geboren. Da unsere Jahre sich entsprachen, wollten unsere Eltern die Bande ihrer eigenen Freundschaft befestigen, indem sie uns füreinander bestimmten. Mein kleiner Liebhaber fing sogar damals schon an, mir Geschenke zu schicken, und mit

jeder Post unterhielten sich die beiden Fürstinnen über die
zukünftige Vereinigung ihrer Kinder. "

Wilhelmine, damals im Kleinkindalter, über einen ihrer Heiratskandidaten

Die Wahl der ehelichen Verbindung musste wohlüberlegt sein und
konnte nicht früh genug eingefädelt werden. In dem Alter, in dem
Kindergartenkinder heute Vater-Mutter-Kind spielen, hatte eine
kleine Adelstochter vor 300 Jahren schon einige Heiratskandidaten. So auch Wilhelmine von Bayreuth. Sie war die Tochter des
preußischen Königs Friedrich Wilhelm I. (1688–1740), dem „Sol-
datenkönig", und die ältere Schwester von Friedrich dem Großen
(1712–1786). König Friedrich und seine Frau Sophie ließen keine Zeit verstreichen, sondern verhandelten mit dem europäischen
Hochadel, kaum dass die Prinzessin aus den Windeln war. Mehrere
Heiratskandidaten waren im Gespräch, erzählt Wilhelmine in ihren
Erinnerungen. Ihre Memoiren sind eine kulturgeschichtliche Kost-
barkeit, denn sie geben einen seltenen Einblick in die Gefühlswelt
einer Königstochter im frühen 18. Jahrhundert. Der Favorit ihrer
Mutter war der Prinz von Wales. Er würde in die Fußstapfen seines Vaters Georg II. treten und König von England werden. Königin Sophie versuchte, ihrer Tochter die Heirat mit dem englischen
Kronprinzen schmackhaft zu machen: „Er ist gutherzig, aber von
sehr geringem Verstand, eher hässlich wie schön und sogar etwas
verwachsen. Sofern Sie sich ihm nur gefällig zeigen und seine Aus-
schweifungen dulden, werden Sie ihn gänzlich beherrschen und
nach dem Tode seines Vaters mehr König sein als er. Bedenken Sie
nur, wie groß Ihre Macht sein wird, von Ihnen wird das Wohl und
Wehe Europas abhängig sein und Sie werden die Nation beherrschen."

Einen Traumprinzen stellt man sich anders vor. Auch Wilhelmine stand nicht auf Weicheier, dazu noch einer, der nur Frauen und
Partys im Kopf hatte. Sie schrieb in ihren Erinnerungen: „Welche
Achtung und Rücksicht könnte man einem Manne erzeigen, der
sich gänzlich beherrschen lässt und das Wohl seines Landes ver-
nachlässigt, um sich wilden Vergnügungen hinzugeben." Wilhelmine ließ sich ihren Widerwillen nicht anmerken, aber sie war von der

Beschreibung ihrer Mutter alles andere als begeistert. Ein eigenes Bild über sein Äußeres konnte sie sich nicht machen, denn Fotos gab es damals noch nicht und die gemalten Porträts waren ungefähr so realitätsnah wie das Bild eines Fotomodells nach der Computerbearbeitung.

Ihr Vater hingegen hatte ganz andere Pläne für seine Tochter. Er wollte Wilhelmine mit dem 24 Jahre älteren Herzog von Weißenfels verheiraten. Eine wirklich Alternative war das nicht: „Sein Gesicht war eher unangenehm als sympathisch; er war klein und schrecklich dick, er war weltgewandt, insgeheim aber brutal und bei alledem von sehr lockeren Sitten", so beschrieb Wilhelmine diesen Heiratskandidaten, dem sie immerhin bei einem Fest persönlich begegnet war.

Dass die Eltern so gegensätzliche Vorstellungen von ihrem zukünftigen Schwiegersohn hatten, führte zu einem erbitterten Kleinkrieg zwischen König Friedrich und seiner Frau. Jeder versuchte, seinen Favoriten durchzusetzen und Wilhelmine auf die eigene Seite zu ziehen. Die Königin zeterte, dass sie ihre Tochter lieber tot sähe als in einer Ehe mit Weißenfels. Und der König drohte seiner Gattin, sie mitsamt ihrer missratenen Tochter in die Verbannung zu schicken. Der Kampf zog sich über viele Jahre hinweg: Der König befahl und die Königin intrigierte. Jeder setzte das Machtmittel ein, das ihm zur Verfügung stand. Zusätzlich setzten die beiden ihre Tochter mit Liebesentzug, Beschimpfungen, Schlägen, Zimmerarrest bei Wasser ohne Brot und anderen Strafen unter Druck. Man kann sich kaum vorstellen, wie sehr Wilhelmines Kinderseele darunter gelitten haben muss.

Doch dann bahnte sich eine Wende an. Ihr Vater zog einen neuen Heiratskandidaten aus der Tasche. Die beiden bisherigen Heiratskandidaten waren weit von dem entfernt, was sich ein junges Mädchen erträumte, aber es kam noch schlimmer: Der neue Kandidat war 50 Jahre alt und hatte Syphilis. Es war August der Starke, Kurfürst von Sachsen und König von Polen. Ausgerechnet dieser unersättliche Frauenheld, der so viele Mätressen hatte, dass ein Harem dagegen einem Kaffeekränzchen glich. Der sächsische Kurfürst sei Vater von 350 Kindern, schrieb Wilhelmine. Eine eindrucksvolle Zahl, aber wahrscheinlich reichlich übertrieben. Niemand wird über Augusts Nachkommenschaft Buch geführt haben und bei seinen vielen Amouren hatte der Kurfürst wahrscheinlich den Überblick schon längst verloren. Sein ausschweifendes Leben hatte deutliche Spuren hinterlassen. Syphilis und Diabetes schmerzten ihn sehr. Bei seinem Antrittsbesuch im preußischen Königshaus musste er auf einem gepolsterten Schemel Platz nehmen, weil er vor Schmerzen nicht auf einem normalen Stuhl sitzen konnte. Weder sein Frauenverschleiß noch seine Gebrechlichkeit schreckten das preußische Königspaar ab, diesen Mann ihrer Tochter zu geben. Sogar Sophie war bereit, ihren Wunschkandidaten, den Prinzen von Wales, zugunsten von August fallen zu lassen. Immerhin war er ein König und ein standesgemäßer Ehemann.

So kamen Friedrich Wilhelm I. und August der Starke miteinander ins Geschäft. Dabei profitierte vor allem August davon. Er bekam nicht nur eine blutjunge Ehefrau, sondern auch noch einige Extras: Soldaten für sein Heer und eine gute Mitgift. Alles schien perfekt, zumindest für das preußische Königspaar und den Heiratskandidaten, für Wilhelmine wahrscheinlich nicht. Dennoch war sie einfach nur froh, dass die Eltern in dem jahrelangen Kleinkrieg endlich mal einer Meinung waren. Der Waffenstillstand währte jedoch nur kurz. Keiner hatte mit Augusts Sohn gerechnet. Er verweigerte seine Unterschrift unter diesem Heiratsabkommen und machte damit einen Strich durch die Rechnung.

Nachdem August aus dem Rennen geflogen war, holten Wilhelmines Eltern ihre vorherigen Heiratskandidaten wieder hervor und der Kampf ging mit der gleichen Härte weiter. Nachdem sich auf dem Schlachtfeld der Eltern immer noch kein Sieger abzeichnete, schleppte der Vater wieder einen neuen Heiratskandidaten an: Friedrich III. von Brandenburg-Bayreuth. Er würde als Markgraf zwar nur über ein kleines Reich herrschen, aber man sagte ihm einen guten Charakter nach. Wilhelmine gefiel dieser Bewerber deutlich besser: „Dieser Fürst ist groß und von schönem Wuchs, er sieht vornehm aus, seine Züge sind weder regelmäßig noch schön, jedoch seine offene, einnehmende und sympathische Physiognomie entschädigt ihn für mangelnde Schönheit. Er schien sehr lebhaft, schlagfertig und keineswegs schüchtern." Es war zwar nicht Mr. Right, aber doch weitaus besser als alles, was ihr bisher geboten wurde. Im Vergleich zu den bisherigen Kandidaten war er fast schon ein Traummann.

„Sie durchbohren mir das Herz, indem Sie mir den größten Kummer zufügen, den ich jemals erfahren habe. Ich habe all meine Hoffnung auf Sie gesetzt, aber ich kannte Sie schlecht. Sie haben mir auf geschickte Weise die Bosheit Ihres Herzens und Ihre niedrige Gesinnung verheimlicht. Ich bereue all meine Güte für Sie und meine Sorge um Ihre Erziehung und alle Mühen, die ich Ihretwegen erduldete. Ich erkenne Sie nicht länger als meine Tochter an und sehe in Ihnen von nun an meine ärgste Feindin, da Sie es sind, die mich meinen Gegnern, die jetzt triumphieren, geopfert hat. Rechnen Sie nicht mehr auf mich; ich schwöre Ihnen einen ewigen Haß und werde Ihnen niemals verzeihen."

Brief von Königin Sophie an ihre Tochter Wilhelmine, als diese sich mit den Heiratsplänen ihres Vaters einverstanden erklärte

---

In den Augen von Königin Sophie war er jedoch ein unwürdiger Kandidat. Sie hatte ihre Tochter zur Königin erzogen. Wilhelmine an einen Markgrafen zu geben, war für sie reine Verschwendung. Sophie war sehr erbost, dass ihre Tochter gegenüber den Heiratsplänen des Königs keinen Widerstand zeigte und intrigierte unermüdlich weiter. Sogar als Wilhelmine und der Markgraf sich verlobt hatten, versuchte Sophie noch, den englischen Kronprinzen von seiner Insel zu bewegen, um in letzter Minute einzuschreiten und die verhasste Verlobung zu lösen. Doch der ersehnte Retter kam nicht. So heiratete Wilhelmine ihren Prinzen von Bayreuth. Nach dem ganzen Drama war es fast so etwas wie ein Happy End. Bei der Hochzeit, so schrieb sie in ihren Memoiren, empfand sie gegenüber dem Prinzen keinerlei Abneigung, was bei den damaligen Heiratspraktiken einer Liebeserklärung gleichkam. Und als sie ihren Ehemann näher kennenlernte, entstand in ihr eine tiefe Zuneigung: „Ich liebte ihn leidenschaftlich; die Gleichheit der Gemütsart und der Charaktere ist ein starkes Band; in uns war sie vorhanden."

Wilhelmine sehnte sich nach einer gegenseitigen Liebe, in der man sich treu ist: „Die wahre Liebe duldet keine Teilung. Ein Mann, der Mätressen hat, schließt sich an diese an; und in dem Maße verringert sich in ihm die Liebe für die rechtmäßige Gemahlin." Ewige Treue von einem Mann? Das waren damals schon utopische Vorstellungen. Nachdem die erste Leidenschaft verflogen war, legte sich ihr Mann, wie die anderen Männer, eine Mätresse zu. Das war damals für das Image genauso wichtig wie heute der Luxusdienstwagen auf dem reservierten Parkplatz direkt neben dem Firmeneingang. Dass ihr Ehemann eine Mätresse hatte und sie auch noch so öffentlich präsentierte, verletzte Wilhelmine sehr. Um die Schöne aus dem Bannkreis ihres Mannes zu entfernen, verheiratete sie die Geliebte nach Österreich.

Aus der Königstochter, die ein Spielball der höfischen Zwänge war, erblühte eine Frau, die ihr Leben selbst in die Hand nahm. Sie komponierte, schrieb und widmete sich mit großer Leidenschaft der Architektur. Wilhelmine baute das Opernhaus und das neue Schloss und schuf aus dem Provinznest Bayreuth eine der prunkvollsten Städte des 18. Jahrhunderts.

Nicht alle Adeligen setzten eine Heirat so gewaltsam durch wie Wilhelmines ehrgeizige Eltern, aber Politik und diplomatische Beziehungen waren auch in anderen europäischen Herrscherhäusern zu wichtig, um Rücksicht auf die persönlichen Vorlieben der Kinder nehmen zu können.

Auch im Bürgertum war die Heirat von strategischen Überlegungen bestimmt. Das Kind musste schließlich gut versorgt sein. Oder der Vater benötigte bessere Bankverbindungen und hielt Ausschau nach einem geeigneten Bankier für sein Töchterchen. Es waren die Eltern, die nach einem geeigneten Schwiegersohn oder einer passenden Schwiegertochter suchten.

Eine gute Partie zu finden, beschäftigte die Eltern über Jahre. Sie mussten den Heiratsmarkt beobachten, wer gerade auf Brautschau war oder wen man im Blick haben sollte, weil er oder sie bald das Heiratsalter erreicht haben würde. Zusätzlich musste man unauffällig Erkundigungen über die finanziellen Verhältnisse und den Lebenswandel der Wunschkandidaten einholen. Dieser Aufgabe gingen die Eltern damals mit dem gleichen Eifer nach wie die Eltern heute bei der Suche nach der richtigen Schule für ihren Nachwuchs. Je wohlhabender die Eltern, umso höher der Anspruch. Das Geld muss schließlich gewinnbringend investiert werden.

„Und als ich wieder heim kommen war, handelte Hanns Frej mit meinem Vater und gab mir seine Tochter mit Namen Jungfrau Agnes, und gab mir zu ihr 200 fl. [Gulden] und hielt die Hochzeit".

Albrecht Dürer über seine Hochzeit 1494,
nachdem er von seinen Lehrjahren in der Fremde zurückgekehrt war

---

Die Ehen waren früher genauso gut oder schlecht wie die heutigen Liebesehen. Glück bedeutete damals, einen Gefährten gefunden zu haben, der einen durch das Leben begleitete und mit dem man eine Familie gründete. Bis ins 19. Jahrhundert stand nicht die Person im Mittelpunkt, sondern die Funktion. Die Rolle als Ehefrau oder als Ehemann musste von jemandem besetzt werden, der sich dafür eignete. Wurden die Eltern mit dem einen Heiratskandidaten nicht einig, trat man eben mit einem anderen in Verhandlung. Der Mensch als Individuum steckte noch in den Kinderschuhen. Dennoch zeigt die Geschichte immer wieder Liebende, die sich niemals mit einem anderen zufrieden gegeben hätten. Das Alte Testament erzählt von Jakob, der sich in Rahel verliebte und sie unbedingt heiraten wollte. Ihr Vater verlangte jedoch, dass Jakob sieben Jahre lang für ihn arbeitete. Jakob, immer seine Traumfrau vor Augen, schuftete für seinen zukünftigen Schwiegervater unentgeltlich und wie sich später herausstellte, auch umsonst. Nach den sieben Jahren gab ihm sein Schwiegervater Lea zur Frau, die ältere Schwester. Sie musste zuerst verheiratet werden. Das bemerkte Jakob aber erst nach der Hochzeitsnacht, als er seiner Angetrauten den Schleier lüftete. Doch Jakob wollte unbedingt seine große Liebe Rahel heiraten. Und da die Männer früher mehrere Frauen haben konnten, gab ihm sein Schwiegervater nach der Brautwoche auch Rahel zur Braut, aber nur unter der Bedingung, dass er ihm nochmal sieben Jahre als Knecht diente.

Genauso wie Jakob, möchten Männer heute nur Frauen heiraten, die sie lieben, obwohl die wenigsten bereit wären, 14 Jahre lang unentgeltlich als Pförtner oder Hausmeister für die Firma des Schwiegervaters zu arbeiten.

In mancher Hinsicht sind wir heute nicht weit weg von der Heiratspraxis vor 200 Jahren, als Männer und Frauen leicht ersetzbar waren. Man wundert sich heute manchmal, wie leicht eine Ehefrau durch eine junge Geliebte ersetzt wird.

Auch wenn früher die Individualität bei der Heirat keine große Rolle spielte, entwickelten sich zwischen der Braut und dem Bräutigam zarte Gefühle der Zuneigung. Das zeigen frühe Liebesbriefe. Zwar enthielten sie oft standardisierte Formulierungen, was aber keinesfalls als ein Mangel an Gefühlen gedeutet werden darf. Junge Mädchen würden es entschieden von sich weisen, wenn man ihnen unterstellen würde, dass die inflationäre Formel „Hab Dich lieb" oder „Love you" nur reine Buchstabenhülsen seien. In den Herzen der jungen Menschen ist viel Speicherplatz für innige Gefühle, sodass die Formulierungen durchaus ernst gemeint sind.

„Ehrbarer, freundlicher, herzlieber und vertrauter Bräutigam!
Dein Schreiben habe ich am 22. Dezember nach unserem Kalender
mit Verlangen und herzlichen Freuden wohl empfangen und
darin von Deinem Wohlaufsein und dem der Deinen vernommen,
welches mir die größte Freude von Dir zu vernehmen ist. [...]
Und ich danke Dir, mein herzallerliebster Schatz, für Deine treue
Fürsorge, daß Du mich der Kälte halber mit einer Ärmelweste
versehen hast. Ich will diese um Deinetwegen tragen und dabei
Deiner gedenken [...] bis zu Deiner Wiederkunft, die Gott mit
herzlicher Freud bald gebe."

Magdalena an ihren Verlobten Balthasar, 25. Dezember 1582, Nürnberg

---

Wie frühe Liebesbriefe aussahen, zeigen die noch erhaltenen Briefe von Magdalena Behaim und Balthasar Paumgartner aus Nürnberg. Auch ihre Ehe war arrangiert. Sie wurden im Oktober 1582 verlobt und heirateten im April 1583. Balthasar war Kaufmann und deshalb viel unterwegs, oft in Italien. Deshalb überbrückte das Verlobungspaar die Trennung mit Briefen. Sehnsuchtsvoll warteten sie auf die Briefe des anderen. Balthasar schrieb am 15. Dezember 1582 aus Lucca an seine Verlobte: „Ehrbare, tugendreiche, getreue, freundliche, herzliebe, vertraute Braut! Dein Schreiben vom 11. November habe ich diese Nacht um zwölfe mit großem Verlangen wohl empfangen. Da ich aber wohl gewußt und ausgerechnet gehabt, daß wieder Antwort von Dir auf mein Schreiben wird kommen müssen, hab ich einen solchen Brief am vergangenen Sonntag mit Begierden erwartet und bin derowegen den ganzen Tag nicht aus dem Haus gekommen."

Magdalena legte ihren Briefen kleine Geschenke bei, einmal Blumen aus ihrem Garten und ein andermal ein Band, das Balthasar an seinem Handgelenk tragen sollte: „Freundlicher und herzallerliebster Schatz, mit diesem Brief schicke ich Dir das kleine Schnürlein; das sollst Du um meinetwegen tragen und dabei meiner gedenken und mir damit freundlich angebunden sein".

„Mein Herzensschatz, wie wird mir nur sein, wenn ich Dich wieder sehe und habe. Die Zeit dünkt mir ja nunmehr so lang. Gott helfe uns, die zwei Monate von jetzt an auch noch zu überwinden."

Magdalena an ihren Ehemann Balthasar, August 1594

Die Liebesbriefe zeigen, dass arrangierte Ehen und Glück kein Widerspruch bedeutete. Die Ansprüche waren bescheidener. Man erwartete vom anderen kein vollkommenes Lebensglück, sondern war schon mit einigen Annehmlichkeiten zufrieden. Die Erinnerungen von Henriette Herz (1764–1847), die als Gastgeberin eines literarischen Salons Berühmtheit erlangte, zeigen, wovon ein junges Mädchen träumte:

Henriette war eine dunkelhaarige Schönheit. Sie stammte aus einer jüdischen Familie und lernte als 15-Jährige bei ihrer Tante nähen. Eines Tages vertraute ihr die Tante ein Geheimnis an: „Du wirst bald heiraten." Mit ihren ausdrucksvollen, dunklen Augen sah Henriette ihre Tante überrascht an und fragte, wer ihr zukünftiger Ehemann sei. „Marcus Herz", antwortete die Tante. Henriette kannte Marcus Herz nur vom Sehen: „Ich wusste wenig von meinem Bräutigam, er war fünfzehn Jahre älter als ich, klein und häßlich, hatte aber ein geistreiches Gesicht und den Ruf eines Gelehrten."

Schön war er zwar nicht, aber immerhin klug. Hier zeigt sich, dass der Anspruch damals ein anderer war. Es kam nicht so sehr darauf an, wen man heiratete, sondern dass man heiratete: „Ich freute mich kindisch dazu, Braut zu werden und malte es mir recht lebhaft aus, wie ich, von meinem Bräutigam geführt, nun spazieren gehen würde, wie ich bessere Kleider und einen Friseur bekommen würde, denn bis jetzt machte mir die Tante das Haar, mit Talg geschmiert, nach ihrem eigenen Geschmack zurecht; ferner hoffte ich auf ein größeres Taschengeld, das jetzt in 2 Groschen monatlich bestand, und von den kleinen etwas feineren Gerichten, die zuweilen für meinen Vater bereitet wurden, etwas zu bekommen."

Ungeduldig ersehnte sie ihren Verlobungstag, den ihr die Tante verraten hatte. Beim Mittagessen fragte ihr Vater, um die Sache spannender zu machen oder um ihr eine Wahlmöglichkeit zu suggerieren, ob sie lieber einen Doktor oder einen Rabbiner heiraten möchte. Henriette antwortete, dass sie mit allem einverstanden sei, was ihr Vater beschließen würde. Das war eine kluge Antwort, denn der Notar und der Bräutigam standen schon bereit, um den Ehevertrag zu unterzeichnen. Währenddessen wartete sie im Nebenraum, denn ihre Unterschrift war nicht notwendig. Anschließend feierte die Familie die Verlobung mit gutem Essen und belehrenden Reden.

Auch bei arrangierten Ehen hatten junge Mädchen nicht das Gefühl, dass gegen ihren Willen entschieden wurde, denn die Eltern fragten ihre Töchter, ob sie einverstanden seien. Das waren die jungen Mädchen auch meistens, denn sie waren dazu erzogen worden, ihren Eltern zu gehorchen. Außerdem vertrauten sie der Wahl ihrer Eltern, denn es war ein Ausdruck ihrer Fürsorge.

Henriette war nun verlobt, aber ihre Erwartungen wurden enttäuscht: Der Speiseplan verbesserte sich nicht. Die feinen Gerichte waren weiterhin ihrem Vater vorbehalten. So hoffte sie, dass die Ehe die entscheidende Wende bringen würde: „Ich freute mich mit der Aussicht, bald Frau zu werden, um ausgehen und essen zu können, soviel und was ich wollte." Die Unterschiede zu den heutigen Glückserwartungen sind nicht zu übersehen. Mit einem guten Essen lässt sich heute keine Frau mehr abspeisen. Ein Mann kann zwar eine Frau mit köstlichen Speisen beeindrucken, vor allem wenn er selbst am Herd steht, aber ein Heiratsgrund sind zartes Gemüse und cremige Desserts beileibe nicht. Da muss ein Mann schon noch mehr auffahren.

Mit dem feinen Essen in der Verlobungszeit wurde es zwar noch nichts, aber Henriette kam in den Genuss einiger erhoffter Privilegien: Ihr Taschengeld erhöhte sich von zwei auf sechs Gulden, sie bekam neue Kleider und durfte zweimal in der Woche zum Friseur. Ansonsten fand sie die Zeit als Braut nicht besonders aufregend. Marcus Herz kam jeden zweiten Tag zu Besuch, aber er spielte mit den Eltern und anderen Gästen Karten, während Henriette neben ihm saß und sich langweilte. Wenn sie ihren Verlobten beim Abschied zur Tür brachte, tauschten sie im Hausflur Zärtlichkeiten aus. In ihren Erinnerungen schreibt sie: „Seine Liebkosungen taten mir wohl, doch verstand ich manche in meiner Unschuld nicht." Darauf geht sie in ihren Erinnerungen nicht näher ein, doch sie schildert ihre Ahnungslosigkeit: „So fragte ich einmal eine junge Frau in unserem Hause, auf welche Weise man ein Kinde bekäme – und sie antwortete mir, wenn man sehr oft an denselben Mann denke – das tat ich oft und viel an Marcus, und ich ängstigte mich, daß ich so Schande über meine Eltern bringen würde."

Man kann sich leicht ausmalen, welche Sorgen sich Henriette Herz machte. Jetzt bloß nicht an den Verlobten denken, war wahrscheinlich ihre Verhütungsmaßnahme.

Mit ihrer Hochzeit gingen auch endlich ihre tiefsten Sehnsüchte in Erfüllung. Am Morgen nach der Hochzeit kam der Friseur zu Henriette und die Köchin nahm ihre Anweisungen für das Mittagessen entgegen. Henriette war am Ziel ihrer Träume. Sie war Ehefrau und Herrscherin über den Speiseplan.

Henriettes Ehe war keine Liebesheirat, aber das hinderte sie nicht daran, ihren Ehemann mit einem romantischen Blick zu betrachten: „Ich war glücklich, liebte mit der fünfzehnjährigen Liebe einen dreißigjährigen Mann, ich hatte viele Romane gelesen und sie in mich aufgenommen." Henriette träumte sich ihren hässlichen, aber intellektuellen Ehemann zum Romanhelden zurecht. Eine gute Strategie für eine glückliche Ehe. Damit könnte man auch heute viele kriselnde Ehen kurieren. Anstatt die Mängel zu kritisieren, wäre es wirkungsvoller, den Ehemann als Superman der reparierten Waschmaschine zu betrachten.

In arrangierten Ehen waren Frauen nicht einfach nur Opfer der männlichen Willkür. Die Ehe gab zwar Rahmenbedingungen vor, aber innerhalb dieser Vorgaben konnten Frauen ihr Glück selbst gestalten. Henriette war wissbegierig und interessierte sich für Menschen und Literatur. Während ihr Ehemann die berühmtesten Persönlichkeiten seiner Zeit aus Politik und Wissenschaft empfing, unterhielt Henriette die Ehefrauen bei einem Kaffeekränzchen im Nebenraum. Aus diesen Damentreffen entstand Henriettes berühmter Salon, in dem so bedeutende Frauen und Männer wie Sophie Mereau, die Ehefrau von Clemens von Brentano, oder Alexander und Wilhelm von Humboldt zu Gast waren. Übrigens war der Salon bei gutem Tee, feinem Gebäck und interessanten Gesprächen auch ein Ort für Herzensbegegnungen. Der Schriftsteller und Kulturphilosoph Friedrich Schlegel begegnete dort seiner späteren Ehefrau Dorothea Veit.

Allen Heiratsplänen zum Trotz, machte auch beim Adel manchmal die Liebe einen Strich durch die arrangierte Ehe. Kaiser Franz Josef I. von Österreich sollte Helene heiraten, die Tochter von Herzog Max von Bayern und seiner Frau Ludovika. Auf seinem Geburtstagsempfang in Bad Ischl erblickte Franz Josef Helenes bezaubernde Schwester, die 15-jährige Elisabeth. Da war es um ihn geschehen: Sie sollte seine Frau werden und keine andere! Obwohl sein Sinneswandel eine große Kränkung für Helene bedeutete, willigten die Eltern in die Ehe ein. Franz Josef liebte Elisabeth abgöttisch. Ihr Glück war ihm wichtiger als sein eigenes. Deshalb verzichtete er auf ihre Nähe und unterstützte Elisabeths monatelangen Reisen und Kuraufenthalte. Ihre Gemächer ließ er mit exotischen Blumen und Vögeln bemalen, die sie so sehr liebte. Als Elisabeth ermordet

wurde, sagte er zu seinem Adjutanten: „Sie wissen nicht, wie sehr
ich diese Frau geliebt habe."

Gegen Ende des 18. Jahrhunderts gedieh im Bürgertum ein zartes Pflänzchen namens Liebesehe. Nicht mehr die Eltern bestimmten den Mann fürs Leben, sondern das eigene Gefühl. Doch nach wie vor hielten die Eltern die Fäden in der Hand. Sie achteten darauf, dass sich ihre Töchter in den richtigen Kreisen bewegten und schickten sie zu festlichen Bällen oder Hauskonzerten der feinen Gesellschaft. Damit trafen sie schon eine Vorauswahl.

Um die Töchter gut zu verheiraten, musste der Ruf tadellos sein. Kein Fleckchen durfte das weiße Gewand beschmutzen. Die Töchter zu verheiraten, war ein anstrengendes Geschäft. Davon erzählt ein literarisches Sittengemälde des Münchner Bürgertums um 1900 mit dem vielsagenden Titel „Der Kampf um den Mann", geschrieben von Carry Brachvogel. Die Schriftstellerin, die sich für Frauenrechte einsetzte, war lange Zeit bis vor wenigen Jahren vergessen. Weil sie Jüdin war, wurde sie 1942 in das Konzentrationslager Theresienstadt deportiert, wo sie wenige Monate später entkräftet starb.

In dem Roman geht es um die Bemühungen der Witwe Frau von Merk, ihre drei Töchter standesgemäß zu verheiraten. Alles sah ganz hoffnungsvoll aus. Ihre jüngste Tochter Tilde war bildhübsch. Sie hatte viele Verehrer und ließ – ihres Wertes bewusst – alle abblitzen. Dann erschien Saranoff, ein vermögender, russischer Student mit Hauptberuf Sohn. Er ließ sich nicht so leicht abwimmeln. Sein Jagdtrieb war angesichts der vornehmen Zurückhaltung von Tilde erwacht. Galant umwarb er die stolze Schöne und zeigte sich sehr freigiebig. Vor staunenden und neidischen Blicken warf er große Geldscheine bei einer Wohltätigkeitsveranstaltung in Tildes Korb. Tilde wurde um diese aussichtsreiche gute Partie beneidet. Sie genoss die bewundernden Blicke, wenn sie an seinem Arm spazieren ging. Die Mutter war stolz, denn ein wenig von dem Glanz fiel auch auf sie. Doch dann geschah etwas völlig Unerwartetes. Kurz vor der Verlobung setzte sich der reiche Russe über Nacht ab. Am nächsten Tag stand es in der Zeitung: Saranoff war spielsüchtig und hatte eine Menge Schulden. Der Skandal war perfekt. Ihre Mutter befürchtete, dass es nach dieser Blamage nun schwierig werden könnte, Tilde zu verheiraten. So ein Desaster war nur mit einer guten Mitgift auszugleichen. Also hieß es, zu sparen, wo es nur ging: Kartoffeln statt Fleisch und Kerzen statt Petroleum. Nach außen hin durfte man sich jedoch nichts anmerken lassen und musste den gewohnten Lebensstil weiterführen, um die letzten Heiratschancen nicht auch noch zu verderben. Die Mutter versuchte zu retten, was zu retten war und verlangte von Tilde, dass sie sich jetzt nur ja nicht versteckte, sondern spazieren ging, dabei souverän lächelte und sich keinesfalls etwas von der Enttäuschung anmerken ließ. Tilde spielte tapfer mit und versuchte, die mitleidigen und schadenfreudigen Blicke zu ignorieren. Wenn immer es ging, verkroch sie sich. In der Gemäldegalerie lenkte sie sich mit Malen von ihrem Schmerz ab. Als ein Künstler sich für sie interessierte, war es wie Balsam für ihre Seele. Sie verliebte sich in ihn, doch er wollte sich nicht binden. Am Schluss bekam sie ihn doch. Es war nicht die lukrative Partie, die sich Frau von Merk für ihre Tochter erhofft hatte. Aber Tilde hatte sich aus diesem Korsett befreit und aus Liebe geheiratet.

Im Bürgertum war es wichtig, die Fassade von Wohlstand und Moral aufrechtzuerhalten. Das funktionierte auch einigermaßen, denn in der Biedermeierzeit lebten die Familien hinter ihren schweren Samtvorhängen, verborgen von der geschäftigen Welt.

Auf dem Land war das anders. Dort gab es keine Fassade, hinter der man sich verstecken konnte, denn man kannte sich. Oder man kannte jemand, der den anderen kannte. Die Dorfbewohner waren sehr auskunftsfreudig und hielten mit Informationen nicht hinterm Berg, ob es nun erwiesene Tatsachen oder so gut wie gesicherte Vermutungen waren. Für einen Vater war es ein leichtes, Erkundigungen über mögliche Heiratskandidaten einzuziehen. Die soziale Kontrolle funktionierte auf dem Dorf lange Zeit ziemlich zuverlässig. Heiratsschwindler hatten keine Chance auf dem Land.

Wie im Bürgertum, so heiratete man auch auf dem Land unter seinesgleichen. Für einen Bauernsohn kam nur eine wohlhabende Bauerntochter infrage, die genügend Mitgift mitbrachte. Eine Heirat auf dem Land war ein Geschäft, denn der Bauernhof war die

Existenzgrundlage für alle, die auf dem Hof lebten. Und das waren nicht nur das Hochzeitspaar und die zukünftigen Kinder, sondern auch die Eltern, die ledigen Geschwister und die alten Tanten, dazu noch Mägde und Knechte. Ein Großbauer war früher auf dem Land das, was heute ein großer Unternehmer in der Stadt ist – einer, der etwas zu sagen hat, auf den die Menschen hören. Dass eine Heirat nicht nur eine Sache zwischen Braut und Bräutigam war, zeigt sich auch daran, dass man sagte: „Der Hof heiratet".

Das Heiratsgeschäft wurde sehr bedacht eingefädelt. Bevor ein Großbauer eine andere Familie anfragte, ob sie an der Gründung eines Verwandtschaftsverhältnisses interessiert sei, wusste er schon genau, wie viel Pferde die Familie im Stall stehen hatte und wie viel Tagwerk Land sie beackerten.

Beruhte das Interesse auf Gegenseitigkeit, dann folgte eine genauere Begutachtung, jedoch nicht des möglichen Heiratskandidaten, sondern der Kühe. Man inspizierte den ganzen Besitz vom Keller bis unters Dach, so wie ein Unternehmer heute die Bilanzen begutachtet, bevor er mit einer anderen Firma fusioniert.

Von einer solchen Begutachtung erzählt Oskar Maria Graf in seinem Buch „Das Leben meiner Mutter". Seine Mutter Resl stammte von einem Bauernhof in der Nähe des Starnberger Sees und hätte am liebsten einen Bauernsohn geheiratet. Aber so viele gab es nicht. Ihre Schwestern hatten den Heiratsmarkt schon abgeräumt. Resls verwitwete Mutter tröstete ihre Tochter, dass halt nicht jede einen Bauernsohn heiraten könne, aber Maxl sei auch keine schlechte Partie. Immerhin war er ein aufstrebender Bäcker mit ehrgeizigen Plänen. „Mein Brot frisst sogar der König", erklärte er stolz. Dass Bayerns Märchenkönig Ludwig II. zu Maxls Kundschaft gehörte, beeindruckte sie nicht. Resls Bedenken wurden erst ausgeräumt, als sie hörte, dass auch der Pfarrer die Wahl für gut befand.

Für Maxl hingegen war Resl ein Glücksfall. Ihre Mitgift war mehr als er erwartet hatte: 3000 Gulden, ein einjähriges Kalb und einen Kuchlwagen, auf dem die ganze Aussteuer vom Handtuch bis Kleiderschrank aufgetürmt war.

Um die Katze nicht im Sack zu kaufen, schauten sich Resl und ihre Mutter den Besitz von Maxl an. Die Mutter fand nur wenig auszusetzen, wie Oskar Maria Graf erzählt: „Wohl bemerkte sie hin und wieder flüchtig, daß das Haus eng genug sei, indessen jeder konnte daraus hören, wie wenig herabmindernd, wie einsichtsvoll und nachsichtig das gemeint war. Auf dem etwas verwirrten, ernsten Gesicht der Resl hingegen lag eine deutliche, beinahe angstvolle Enttäuschung, als man durch die Räume des Bäckerhauses ging. Wohn- und Backstube, ja die waren wenigstens noch einigermaßen geräumig, jede andere Kammer, aber – du lieber Gott, wenn sie da an das weitläufige, luftige Bauernhaus in Aufhausen dachte!" Resl war jedoch einigermaßen versöhnt, als sie den sauberen Stall mit zwei Kühen sah. Bisher hatte sie nur von einer Kuh gewusst. Maxl sagte stolz, dass er es auf vier Kühe bringen wolle. Resls Gesicht leuchtete auf. Wenn sie schon keine Bauern heiraten konnte, dann wenigstens einen Bäcker mit Kühen. So konnte sie zumindest ein bisschen Bäuerin sein.

Resls Auszug von ihrem Elternhaus zu ihrem Ehemann am Tag ihrer Hochzeit:

„Ja, nun erst, da sie wirklich von dem Stück, das alle ihre Erlebnisse und Erinnerungen, die Freuden und Leiden ihrer Jugend umschloß, wegging, schluchzte sie wahrhaft verloren wie ein hilfloses Kind, dem man das Liebste auf Erden genommen hatte. Da sagte die Heimräthin [ihre Mutter] ein wenig verärgert und rauh: ‚Resl, das hätt'st du dir schon früher überlegen müssen! ... Geh weiter jetzt!' Und sie sah ihre zerbrochene Tochter fest an und sagte wiederum, aber um einen Grad milder: ‚Resl! Jetzt zier dich doch nicht gar so! Man ist ganz einfach füreinander bestimmt!"

Aus: Oskar Maria Graf, Das Leben meiner Mutter

War die Heirat eine beschlossene Sache, dann wurde das Geschäft besiegelt. In Bayern gab der Bräutigam seiner Zukünftigen das Drangeld oder einen Ehetaler. Löste die Braut die Verlobung, musste sie das Drangeld zurückgeben. Das kam aber selten vor, denn das hätte dem Ruf des Mädchens sehr geschadet. Wenn der Bräutigam die Verlobung löste, durfte die Braut das Drangeld behalten und bekam von ihm zusätzlich noch ein Bußgeld für die Schande, die er über das Mädchen und ihre Familie gebracht hatte.

In manchen Gegenden gab der Bräutigam statt des Drangelds ein Brautgeschenk. Das konnte ein Gebetsbuch, ein Rosenkranz, ein seidenes Halstuch oder eine Pelzmütze sein. Manche Männer schenkten ihrer Braut auch einen schönen, verzierten Kamm, mit dem Mädchen ihre hochgesteckten Haare schmückten, oder aber einen Ring. Der materielle Wert war gegenüber den heutigen Brillantringen gering. Meistens waren die Steine aus farbigem Glas, aber dennoch hatte es dieser Ring in sich, wie auch die anderen Brautgeschenke. Das Eheversprechen war damit rechtsverbindlich, so wie eine Unterschrift. Und das konnte fatale Auswirkungen haben, wie die nächste Geschichte zeigt:

Anna Magdalena Niedermeier lebte im 17. Jahrhundert in der Grafschaft Lippe. Als ihr Mann starb, hinterließ er ihr einen großen, stattlichen Hof. Eine junge, vermögende Witwe, dazu noch kinderlos, das lockte ehrgeizige Männer aus der ganzen Gegend an. Die Heiratswilligen umschwärmten Anna Niedermeier wie Schmeißfliegen einen Kuhfladen. Ihr Nachbar Johann Bernd Lansberger war im Vorteil, denn er hatte einen Trumpf in der Hand: ein Eheversprechen. So behauptete er jedenfalls. Anna Niedermeier sagte, das sei alles erlogen. Um das Eheversprechen einzuklagen, ging Johann Lansberger vor Gericht. 1679 reichte er eine Klage gegen Anna Niedermeier ein. Sie habe ihm die Ehe versprochen, und das vor Zeugen! Und jetzt wolle sie nichts mehr davon wissen. Was war geschehen? Johann Lansberger erzählte die Geschichte vor Gericht so: Sein Vater habe Anna Niedermeier aufgesucht und ihr die Ehe mit seinem Sohn angetragen. Sie habe ja gesagt, also um genau zu sein: Eigentlich habe sie nicht deutlich nein gesagt, was ja auf dasselbe rauskommt. Es ist erstaunlich, wie hartnäckig sich manche männlichen Deutungen von weiblicher Einwilligung bis heute halten.

Vater und Sohn gingen deshalb zur nächsten Stufe der Brautwerbung über. Mit einigen anderen männlichen Verwandten im Schlepptau, besuchten die beiden Anna Niedermeier auf ihrem Hof. Fragt man sich, warum Vater und Sohn für die Brautwerbung noch die halbe Verwandtschaft mitschleppten, so wird vieles durch die Tatsache klar, dass genau diese Männer später als Zeugen in dem Verfahren aussagten.

Johann Lansberger erklärte dem Gericht, was dann geschah: Anna bewirtete die Männer mit Bier. Vater und Sohn indessen bemühten sich, mit Anna ins Geschäft zu kommen. Nach Johanns Aussage waren sie äußerst erfolgreich. Anna Niedermeier gab zur Bestätigung, dass sie Johann Lansberger heiraten würde, mindestens dreimal die Hand darauf. Außerdem ließ sie sich von dem Bräutigam in den Arm nehmen und sogar, als sein Vater sie Schwiegertochter nannte, protestierte Anna nicht. Hier wieder die männliche Interpretation: keine Gegenwehr, also ein klares Einverständnis.

Aber das war noch nicht alles. Der Abend hatte ja erst begonnen. Als die anderen Männer gingen, blieb Johann noch da und trank mit seiner zukünftigen Braut zwei Kannen Bier. Das erklärt manches von dem, was noch folgte. Johann ging mit Anna in die Schlafkammer und verbrachte die Nacht in ihrem Bett, so erklärte er. Anfänglich hatte er auch behauptet, mit ihr geschlafen zu haben, aber diese Geschichte ließ er im Laufe des Prozesses fallen. Der entscheidende Beweis für das Eheversprechen war, dass Anna den Ring als Geschenk von ihm angenommen hatte. Dass sie den Brautring besaß, musste jedes Gericht als klares Ehe-Einverständnis bewerten.

Für Johann war die angestrebte Ehe in trockenen Tüchern. Er sei deshalb wie vor den Kopf gestoßen gewesen, als Anna nach drei Tagen die geplante Heirat absagte, erzählte er weiter. Sie habe sich anders entschieden. Johann sei zu jung, um ihren Hof zu führen. Außerdem habe sie schon einem anderen Mann die Ehe versprochen.

Nun wurde Anna Niedermeier befragt. Sie erzählte die Geschichte ganz anders: Es sei richtig, dass Johanns Vater ihr die Heirat mit seinem Sohn angetragen habe. Auf diesen Heiratsantrag habe sie nur ausweichend geantwortet. Ob sie fatalerweise davon ausging, dass ein Mann auch Zwischentöne verstehen kann oder ob sie sich einfach nur überrumpelt fühlte und ihr so schnell keine passende Antwort einfiel, wissen wir nicht. Kurze Zeit später, so erzählte Anna weiter, sei schließlich Johann mit seinem Gefolge auf ihrem Hof erschienen. Auf diese Männergesellschaft hatte sie gar keine

Lust. Deshalb wollte Anna sie nicht reinlassen. Aber ihr Vetter, der auch dabei war, drängte so lange, bis sie nachgab. Sie habe die Männer dann zwar mit Bier bewirtet, aber selbst nur ein Glas erst nach Aufforderung getrunken. Bei der erstbesten Gelegenheit sei sie aus dem Raum gegangen. All das, was Johann Lansberger behauptete, dass sie sich umarmen ließ, ihm die Ehe versprach oder sich als Schwiegertochter anreden ließ, sei nicht wahr.

Und wie war es mit dem Ring und der gemeinsamen Nacht? Dass er die Nacht in ihrem Bett verbracht habe, sei zwar richtig, aber es sei gegen ihren Willen geschehen. Sie lag bereits im Bett, als er in ihre Kammer kam und sich neben ihr fallen ließ, trotz ihrer Proteste. Er schlief sofort ein und war nicht mehr wegzubewegen. Auch ihr betrunkener Vetter war in ihrer Kammer eingeschlafen. Dass die beiden Männer zu nichts mehr fähig waren, dass also von ihnen keine Gefahr ausging, war nicht zu übersehen. Anna wickelte sich zum Schutz in ihr Bettzeug ein, verbrachte eine unruhige Nacht und stand schon lange vor Tagesanbruch wieder auf. Als sie ihren Kellerschlüssel aus der Schürzentasche herausholte, fand sie darin einen Ring, den sie nicht kannte. Ihr war klar, dass Johann Lansberger ihn dort heimlich versteckt haben musste. Wütend warf sie das Schmuckstück auf das Bett.

Der Fall war äußerst verzwickt. Das Gericht machte sich die Sache nicht leicht und bat sogar die juristische Fakultät in Gießen um ein Gutachten. Zunächst sah es ganz hoffnungsvoll für Anna aus. Das Gericht in Detmold kam zu dem Schluss, dass Johann das Eheversprechen nicht beweisen könne. Anna Niedermeier sei also nicht daran gebunden. Doch Johann Lansberger ließ nicht locker und legte Beschwerde ein. Ein zweites Gutachten, diesmal von der Juristischen Fakultät in Erfurt, kam zu einem ganz anderen Schluss: Wenn Lansberger das Eheversprechen beeiden könne, dann müsse Anna ihn heiraten. Das konnte Johann selbstverständlich. Daraufhin verlangte Anna ein weiteres Gutachten, aber es half alles nichts. Anna wurde gegen ihren Willen mit Johann Lansberger zwangsverheiratet!

Doch Anna fügte sich nicht dem Urteil. Sie kämpfte weiter, um aus dieser fatalen Ehe wieder rauszukommen. Anna ging vor das

Reichskammergericht und erreichte schließlich, dass alle bisherigen Maßnahmen fallen gelassen wurden, also auch ihre Zwangsheirat mit Johann, und dass der Fall neu aufgerollt wurde. Ein neues Gutachten wurde erstellt, diesmal von der Duisburger Universität. Diese Beurteilung brachte für Anna endlich die ersehnte Wende. Die Duisburger Juristen kamen zum gleichen Schluss wie ihre Kollegen in Gießen: Johann könne das Eheversprechen nicht beweisen. Anna bekam deshalb die Möglichkeit, das Eheversprechen durch Eid zurückzuweisen. Sechs Jahre nach Prozessbeginn war sie von jeder Heiratsverpflichtung freigesprochen.

Ein Eheversprechen hatte damals eine viel größere Tragweite. Eine Verlobung ist heute eine Besiegelung der Liebe. Wird die Verlobung gelöst, hat das keine Folgen, außer einem gebrochenen Herzen für den einen, während der andere sich herausredet: „Eine Verlobung ist ein Versprechen und versprechen kann man sich ja mal."

Früher gab es viele Eheklagen. Selten war es ein Mann, so wie Johann, der die Ehe einklagte. Meistens waren es junge Mädchen, die schwanger waren und versuchten, den flüchtigen Kindsvater als Ehemann zu erstreiten. Für den Ruf der Frau war es wichtig, nachzuweisen, dass der Mann ihr die Ehe versprochen hatte, bevor sie mit ihm schlief. Damit war ihr Ruf gerettet, auch wenn ihr Mitleid und Gespött nicht erspart blieben.

„Wir haben uns in Sri Lanka kennengelernt. Da gingen wir zusammen in die Schule und in dieselbe Klasse in der Oberstufe. Ranji beobachtete mich öfters im Klassenzimmer. Mein Sitznachbar machte Bemerkungen. Ich schaute zu ihr und sie lächelte mich an. Wir haben uns öfters in den Pausen getroffen und merkten, dass wir uns gut verstanden. Zu unserer Zeit war es ein Tabu, sich selbst einen Partner auszusuchen. Die Eltern arrangierten die Ehe für einen. Eines Tages sah mein Vater mich mit Ranji in einem kleinen Café. Damit hatten wir beide nicht gerechnet. Wir hatten Angst, dass er unsere Liebe verbietet. Unsere Eltern waren sehr verärgert. Plötzlich wusste jeder aus unserem Dorf, dass wir uns beide lieben. Das war uns allen ziemlich unangenehm. So beschlossen unsere Eltern, miteinander

zu reden und die Hochzeit zu planen. Es war Liebe auf den ersten
Blick. Bis heute bereuen wir unsere Entscheidung nicht."

Ranji (42) und Siva (43), seit 17 Jahren verheiratet

Wenn man heute von arrangierten Ehen spricht, denkt man an Zwangsehen, die es in vielen Ländern gibt. Die Unterscheidung von „arrangiert" und „Zwang" ist nicht einfach. Es gibt arrangierte Ehen, bei denen die Wünsche der Söhne und Töchter berücksichtigt werden. Die Eltern fragen ihre Kinder, ob sie mit der Wahl einverstanden sind. Wenn sie aber aus Gehorsam der Eltern gegenüber niemals nein sagen würden, ist es dann Zwang? Viele vertrauen der Lebenserfahrung ihrer Eltern mehr als ihrem eigenen Urteil, weil sie wissen, dass Gefühle alleine nicht ausreichen für eine lebenslange Ehe.

Und dann gibt es arrangierte Ehen, die brutal erzwungen werden und jede Menschenwürde mit den Füßen zertrampeln. Wer sich nicht fügt, wird gnadenlos bestraft. 2016 ging die Nachricht über eine indische Mutter durch die Presse, die ihre 18-jährige Tochter fesselte, mit Benzin übergoss und verbrannte. Die Tochter hatte nicht den Mann geheiratet, der für sie vorgesehen war, sondern den Mann, den sie liebte.

Eine arrangierte Ehe, so wie es in unserem Kulturraum früher normal war, ist für uns moderne Menschen heute unvorstellbar. Jemanden zu heiraten, den man kaum kennt? Das ist doch so riskant wie Lose ziehen. Obwohl es ein Glücksspiel sein soll, bringt es kein Glück. Es gibt fast nur Nieten und meistens erwischt man genau diese. Doch die Lebenseinstellung war damals eine andere. Arrangierte Ehen waren früher so normal wie heute Onlinedating. Man wusste über den anderen nicht viel, außer einige wesentliche Informationen, wie Stammbaum, Vermögen und berufliche Stellung. Beim Onlinedating reichen als Basisinformationen Haarfarbe, Filmfavoriten und die Lebenseinstellung wie Veganer, Tierschützer oder Porschefahrer. Wie auch heute, so hoffte man damals, dass die Liebe wachsen würde, wenn man sich erst mal näher kennenlernte. Früher trat dies auch oft ein, denn Liebe im Bürgertum bedeutete etwas anderes als heute, nämlich gegenseitige Wertschätzung. Und das ist etwas anderes als Schmetterlinge im Bauch. Das berauschende Gefühl der Verliebtheit empfanden Frauen selten im wirklichen Leben, sondern in der Fantasie, wenn sie Romane über Sehnsucht, Leidenschaft und Verzweiflung lasen. Madame Bovary war ein Bestseller, obwohl man solche Romane vor jungen Mädchen fernhielt. Man wollte bei ihnen keine falschen Erwartungen wecken. Doch in den Bücherregalen ihrer Mütter fanden die jungen Mädchen diese Romane – irgendwo zwischen Goethe und Schiller versteckt – und lasen sie heimlich. Sie tauchten in diese unwirkliche, fantastische Welt ein, aber ihnen war klar, dass in einer Ehe andere Dinge zählten. Genauso wie die Leser von Harry Potter wissen, dass es im wirklichen Leben mit dem Zaubern ziemlich schwierig ist, so rechneten die jungen Mädchen nicht mit einem gutaussehenden Helden und leidenschaftlicher Liebe – auch wenn sie vielleicht davon träumten.

Arrangierte Ehen hatten durchaus Vorteile. Man musste seinen Partner nicht selbst suchen, sondern überließ den Eltern diese Aufgabe. Heute ist trotz allen Freiheiten – oder gerade deshalb – Partnersuche ein mühevolles Unterfangen. Singles erzählen von langweiligen Partys, teuren Singlereisen und stundenlangem Durchforsten von Datingbörsen und Chats, die zu nichts führen. Es ist nicht immer einfach, einen Partner zu finden. Manchmal läuft einem das Glück über den Weg und man verliebt sich. Alles scheint so wunderbar und perfekt, die Liebe des Lebens. Und dann stellt sich nach einiger Zeit heraus: Es war der Falsche. Die hohen Trennungszahlen sprechen für sich. Gefühle können den Blick auf den anderen ganz schön vernebeln. Deshalb verlassen sich heute viele auf die Algorithmen von Datingbörsen. Und deshalb suchen auch erstaunlich viele Singles ihr Liebesglück in der neuen Realityshow „Hochzeit auf den ersten Blick". In dieser Sendung geht es um genau das, was der Titel verheißt: Das Paar sieht sich auf dem Standesamt zum ersten Mal und ist einige Minuten später verheiratet. Eine arrangierte Ehe in der konsequentesten Form. So radikal war man früher nicht. Aber die damaligen Ehen waren ja fürs Leben geschlossen und nicht für die Zuschauerquote.

In der Sendung „Hochzeit auf den ersten Blick" stellt ein Expertenteam Frauen und Männer als Paar zusammen. Die Experten der ersten Staffel waren eine Psychoanalytikerin, die das Seelenleben der Heiratswilligen ergründete und eine Matching-Expertin, die mittels verschiedener Tests ausrechnete, wie groß die Übereinstimmung der Kandidaten ist. Mit dabei war auch ein Heilpraktiker mit dem Spezialgebiet Wohnpsychologie, der anhand der Farbe des Sofas die verborgenen Bedürfnisse der Kandidaten erkannte. Bei der ersten Staffel gehörte sogar ein evangelisch-freikirchlicher Theologe zum Team. Seine Aufgabe hat sich für den Zuschauer nicht so einfach erschlossen. Für die Trauungszeremonie war er jedenfalls nicht zuständig, denn die Kandidaten heirateten nur standesamtlich. Mit der Zeit wurde klar, dass er als seelischer Beistand dazu da war, die Scherben zusammenzufegen. Nach sechs Wochen Ehepraxis stellte er den Kandidaten die alles entscheidende Frage: „Wollt Ihr zusammenbleiben oder wollt Ihr die Scheidung?" Dass inzwischen selbst Pfarrer einen Service mit Scheidung statt Hochzeit anbieten, verheißt keine gute Zukunftsprognose für die dahinkränkelnde Ehe. Wenn die Pfarrer die Ehe schon nicht mehr ernst nehmen, wer dann?

Macht eine arrangierte Ehe heute noch Sinn? Jemanden zu heiraten, den man noch nie zuvor gesehen hat? Volles Risiko? Nicht riskanter, als auf der Basis von Gefühlen zu heiraten, so argumentieren die Experten und schwärmen von der Datingshow als ein „noch nie dagewesenes Sozialexperiment". Eine Ehe auf der Basis von wissenschaftlichen Methoden habe durchaus Chancen auf Bestand. Da wo Liebe blind macht, schafft die Wissenschaft einen klaren Durchblick.

Das klingt überzeugend. Doch die Aussichten auf Erfolg sind gering. Es könnte funktionieren, wenn die Erwartungen und das Wertesystem ähnlich wären wie vor 100 Jahren. Das sind sie aber nicht. Damals bedeutete gegenseitige Fürsorge viel, das Paradies erwartete keiner. Doch heute suchen Paare in einer Beziehung den Himmel auf Erden. Auch in der Heiratsshow dreht sich alles um große Emotionen: „Die Suche nach dem Gefühl der einzig wahren Liebe" erklärt die sonore Stimme aus dem Off. Oder: „Ich will einfach nur glücklich sein", seufzen die Kandidaten und Kandidatinnen. Doch damit ist das beste Expertenteam überfordert. Es kann zwar eine Heirat vermitteln, aber nicht das Glück herbeizaubern.

Vor allem keines, das den heutigen Ansprüchen genügen kann, die Sehnsucht nach Romantik. Man kann sich des Eindrucks nicht erwehren, dass die Kandidatinnen eigentlich nur wegen des Hochzeitskleids heiraten wollen. Einmal im Leben Prinzessin sein!

Die heutigen Träume von Liebesglück, genährt durch Filme, sind weit von dem entfernt, was die Wirklichkeit zu bieten hat. In „Hochzeit auf den ersten Blick" prallen zwei gegensätzliche Liebesauffassungen aufeinander: Die arrangierte Vernunftehe und die romantische Liebesehe. Die Spielregeln sind unterschiedlich. Man kann nicht mit Quartettkarten Skat spielen. In Dänemark, wo diese Sendung zuvor lief, haben sich alle Paare getrennt. In Deutschland ist bis jetzt noch ein Paar aus der ersten Staffel zusammen. Bea und Tim hatten sich auf dem Standesamt auf Anhieb ineinander verliebt. Irgendwann hatten sie die ersten Beziehungskrisen. Doch das brachte sie nicht auseinander.

Es ist heute einfacher, einen Partner zu finden, als mit ihm zusammenzubleiben.

Auch wenn man sich bewusst macht, dass „Hochzeit auf den ersten Blick" nicht für die Kandidaten gemacht wird, sondern für die Zuschauer – und für eine hohe Zuschauerquote –, so ist es doch erstaunlich, wie viele junge Leute sich für die Sendung bewerben und bereit sind, sich auf eine arrangierte Ehe einzulassen. Und sie sind nicht die einzigen, wie die nächste Geschichte zeigt:

Sarah ist eine attraktive 27-jährige Wienerin und überzeugte Yogi. Sie reiste nach Italien zu einem Yogafestival, um den Mann fürs Leben zu finden. Die Filmemacherin Lia Jaspers hat sie für ihren Dokumentarfilm „Match Me!" begleitet. Bevor die Reise losging, musste Sarah einen Fragebogen ausfüllen, zum Beispiel, welche Hobbys sie hat und ob sie bereit wäre, in ein anderes Land zu ziehen. Dazu war Sarah bereit. Es ist erstaunlich, wie viele attraktive junge Menschen aus aller Welt sich zu dem Festival eingefunden hatten, um jemanden zu heiraten, den sie gar nicht kennen. Es sah beileibe nicht so aus, als wäre diese Art der Partnersuche die letzte Chance, sondern eine sehr bewusste Entscheidung. Vielleicht ist es die Sehnsucht nach Verbindlichkeit, dass junge Menschen eine arrangierte Ehe eingehen.

Die jungen Heiratswilligen waren in Zelten untergebracht, kochten zusammen, meditierten, redeten und lachten, wie in einem großen internationalen Ferienlager. Urlaub, Sonne und viele junge Leute, da müssten doch die Funken sprühen. Aber die Yogis hatten andere Ziele. Sie wollten sich nicht auf ihre eigenen Gefühle verlassen. Sarah glaubt, dass eine auf göttliche Inspiration getroffene Wahl zuverlässiger sei. Liebe müsse wachsen.

Dann kam die „Night of Announcements". An diesem Abend werden die Paare bekannt gegeben, die das Komitee, bestehend aus fünf Yogis, durch „spirituelle Vibrationen" erfühlt haben. Für Sarah hatten sie Jonas aus Litauen ausgewählt. Am Anfang bestand eine große Scheu zwischen ihnen, doch sie mochten sich. Sarah und Jonas wollten sich Zeit lassen, einander kennenzulernen. Zurück in ihrem Zuhause, bestand ihr Kontakt nur über Skype. Es war ihnen wichtig, erst mal eine Freundschaft aufzubauen und mehr über den anderen zu erfahren: Was interessiert den anderen, was fühlt er, was denkt er?

Nach vier Monaten besuchte Sarah Jonas in Litauen, wo er in einer Wohngemeinschaft mit zwei Frauen lebte. Sie fühlte sich wohl bei ihm. Er habe ihr Herz geöffnet, erzählte sie. Dann kam Jonas nach Wien. Vor der Kamera wirken beide entspannt und humorvoll. Vielleicht ist das die Gelassenheit der jahrelangen Yogameditation.

Als sie sich für einen gemeinsamen Wohnort entscheiden mussten, war es für Sarah klar, dass sie zu Jonas nach Litauen zieht. Für sie war es nicht wichtig, ob sie in einem armen oder reichen Land lebte. Wichtig war ihr, dass Jonas sich als Mann fühlte und nicht von ihr abhängig sein musste. Er konnte kein Deutsch – sie unterhielten sich in Englisch – und hätte in Wien wohl keinen Job gefunden. In bikulturellen Ehen liegt tatsächlich der größte Konfliktstoff darin, dass Männer, die in ihrem Herkunftsland etwas galten, nun in ihrer neuen Heimat von ihrer Frau völlig abhängig sind.

Sarah zog zu ihm in die Wohngemeinschaft und teilte mit Jonas das Zimmer. Mit der Zeit tauchten auch erste kleine Meinungsverschiedenheiten auf. So kritisierte Jonas, dass Sarah zu essen begann, ohne dass sie die Mahlzeit gemeinsam gesegnet hätten – aber im gelassenen Ton eines entspannten Yogis. Sarah erzählt im Interview, dass sie sich auch stritten, aber lernten, immer besser miteinander umzugehen. Es helfe, dass sie „gematcht" wurden. Oft seien es gerade die Gegensätze, die einander zur Reife helfen.

Nach einigen Monaten feierten sie ihre Hochzeit, zusammen mit ihren Familien, ganz romantisch am Strand mit Musik, Tanzen und Meeresrauschen. Ein fröhliches Fest.

Und wie ging es weiter? So viel erfährt man im Film nicht darüber. Es scheint ein normaler Ehealltag zu sein. Die Schlussszene zeigte, dass sie vertraut miteinander umgehen, trotz Meinungsverschiedenheiten: Sarah möchte mit ihrem Mann über die Zukunft reden und wirft ihm vor, dass er keinen Plan habe. Jonas hat aber keine Lust, darüber zu diskutieren und meint: „Was ist los mit dir? Was ist dein Problem? Vielleicht gehen wir nach England und arbeiten dort." Und beendet das Gespräch: „Schluss aus – mehr gibt's nicht zu besprechen!" Während sie gemeinsam zum Haus gehen, fragt er Sarah in einem versöhnlichen Ton: „Soll ich Dir einen Tee machen? Magst Du einen Ingwertee?" Sie: „Jetzt nicht, lieber nach dem Essen – oder geht Dir das zu weit in die Zukunft?" Daraufhin er: „Ich zieh mein Teeangebot zurück. – wegen Deines Sarkasmus." Sie: „Okay." Vielleicht ist Humor und Gelassenheit ein gutes Rezept, damit eine Beziehung gelingt.

Dass die arrangierte Ehe von Sarah und Jonas funktioniert, liegt daran, dass sie eine göttliche Fügung darin sehen. Sie sind überzeugt, dass Liebe wächst, wenn man bereit ist, den anderen anzunehmen. Sein Kind könne man ja auch nicht aussuchen, argumentiert Sarah.

Gefühle sind schwankend. Zu einer gelingenden Beziehung gehört mehr. Der provokante Buchtitel „Liebe dich selbst und es ist egal, wen Du heiratest" von Eva-Maria Zurhorst zeigt, dass es nicht darum geht, den richtigen Partner zu finden, sondern darum, sich selbst zu akzeptieren und dadurch auch den Partner anzunehmen. Man nimmt sich nach gescheiterten Beziehungen immer in die nächste Partnerschaft mit. Dass dieses Buch monatelang auf den Bestsellerlisten stand, macht deutlich, dass in unserer Gesellschaft ein Bedürfnis nach einer verbindlichen und dauerhaften Beziehung besteht – auch wenn die wenigsten von uns bereit wären, eine arrangierte Ehe einzugehen. Aber man kann als Liebespaar eine Verbindlichkeit leben, die auch dann noch gilt, wenn die Verliebtheit vorbei ist.

Gefährliche Gefühle – von großer Liebe und kleinen Affären

„Mit Verliebten ist vernünftigerweise gar nicht umzugehen. "

Adolph Freiherr von Knigge: Über den Umgang mit Menschen, 1788

Gefühle sind unberechenbar, gefährlich, fast schon heimtückisch. Sie tauchen irgendwo aus dem Nichts auf, überfallen einen ohne Vorwarnung und setzen jegliches vernünftige Denken außer Kraft. Jeder, der mal neidisch oder verliebt war, weiß, wie dominant Gefühle sein können. Beim Thema Verliebtheit war sogar Adolph Freiherr von Knigge (1752–1796) ratlos, der sich in seinem Buch „Über den Umgang mit Menschen" Gedanken darüber gemacht hat, wie ein gutes Miteinander gelingen kann. Das Buch erschien 1788 und wurde sofort ein Bestseller mit mehreren Auflagen. Knigge ging es nicht darum, wie man an einer feinen Tafel eine Gabel mit Erbsen unfallfrei zum Munde balanciert, sondern darum, „wie der Mensch sich zu verhalten hat, um in dieser Welt und in Gesellschaft mit andern Menschen glücklich und vergnügt zu leben und seine Nebenmenschen glücklich und froh zu machen". Eine Art Glücksratgeber aus dem 18. Jahrhundert also. Er schreibt über den vernünftigen Umgang mit sich selbst, mit Geistlichen, mit Nachbarn, mit Eheleuten, mit Wohltätern und vielen anderen. Über Verliebte schreibt er: „Mit Verliebten ist vernünftigerweise gar nicht umzugehen". Irgendein normales Gespräch mit ihnen zu führen, sei überhaupt nicht möglich. Für Verliebte gäbe es nur ein Thema: ihre Liebe. Alles andere existiere nicht für sie. Dennoch gäbe es eine Verhaltensweise, wie man mit Verliebten zurechtkommen könne: Man solle ihren Schwärmereien geduldig zuhören und dabei möglichst nicht gähnen. Und wie sollten Verliebte miteinander umgehen? Da fällt selbst Knigge nichts mehr ein: „Den Verliebten selbst Regeln über ihren Umgang miteinander zu geben, das würde verlorene Mühe sein, denn da diese Menschen selten bei gesunder

Vernunft sind, so wäre es ebenso unsinnig, zu verlangen, daß sie sich dabei gewissen Vorschriften unterwerfen sollten, als wenn man einem Rasenden zumuten wollte, in Versen zu phantasieren, oder einem, der die Kolik hat, nach Noten zu schreien."

Das unberechenbare Gefühl der Verliebtheit fürchteten Eltern aus dem Bürgertum am meisten. Verliebtheit konnte alle gut eingefädelten Heiratspläne mit einem Schlag zunichtemachen, nämlich dann, wenn eine Liebschaft den Ruf des Mädchens gefährdete oder was noch schlimmer war, wenn diese Verliebtheit zu einer Schwangerschaft führte. Das war eine Katastrophe. Manche schwangere junge Frau wusste keinen anderen Ausweg, als abzutreiben und damit ihren eigenen Tod zu riskieren. In Österreich gab es für Frauen in dieser verzweifelten Lage einen rettenden Ort: Das Wiener Gebärhaus mit angeschlossenem Findelhaus. 1784 hatte Kaiser Joseph II. diese Einrichtung gegründet, nicht aus einem besonderen Mitgefühl für Frauen oder emanzipatorischen Bestrebungen, sondern aus politischem Interesse: Der Kaiser brauchte Nachkommen. Steuerzahler und Soldaten machten ein Volk stark. Dennoch, für Frauen war das Gebärhaus ein Segen. Dort konnten schwangere Frauen aus Adelskreisen und aus dem gehobenen Bürgertum anonym entbinden. Voraussetzung war, dass sie genügend Geld hatten, um die Pflege des Kindes zu bezahlen. Mit verhülltem Gesicht oder einer Maske gingen die Schwangeren zur Entbindung ins Gebärhaus. Niemand konnte sie so erkennen. Und niemand durfte nach ihrem Namen fragen. Die Geheimhaltung wurde voll verbürgt. Sie mussten lediglich einen verschlossenen Umschlag mit ihrem Namen abgeben. Starb die Frau bei der Geburt, wurde der Umschlag geöffnet. Ansonsten bekam sie den Umschlag wieder ungeöffnet zurück, wenn sie das Gebärhaus verließ. Auch weniger wohlhabende Frauen konnten dort entbinden. Sie mussten allerdings ihren Namen angeben, der aber nicht weitergeleitet wurde. Und sie mussten vor ihrer Niederkunft mitarbeiten – Betten beziehen oder Holz holen und nach der Geburt als Amme zur Verfügung stehen.

Für Frauen waren Liebschaften sehr gefährlich, denn sie hatten die Folgen zu tragen, wenn sie schwanger wurden. Männer hingegen konnten ihre Liebe ausleben. Viele taten dies ohne Rücksicht auf die Gefühle der Frauen. Fedor von Zobeltitz (1857–1934), ein Journalist und Schriftsteller aus adeligem Hause, erzählt in seinen Erinnerungen von einer Affäre mit einer Schauspielerin: „Mit einer hübschen Soubrette des Theaterchens hatte ich damals eine kleine Liebschaft angeknüpft, die mich jahrelang vor anderen Dummheiten geschützt hat. Ich bewahre heute noch ein freundliches Gedenken. Was sie beendete? Ein paar gutgemeinte Serviettenringe. Jawohl. Eines Tages brachte meine kleine Freundin diese ersten beiden Stücke eines künftigen gemeinsamen Haushaltes mit. Daran erkannte ich die Verschiedenheit unserer Auffassung des schwebenden Verhältnisses und begann vorsichtig und schmerzlos abzubauen. Sie war ein taktvolles Geschöpf – bis auf die Serviettenringe; sie begriff und machte es uns beiden nicht unnütz schwer."

Hier trübt die Selbstbezogenheit von Fedor von Zobeltitz den Blick auf die Dinge. Schmerzlos war der Rückzug vielleicht für ihn, nicht aber für die hübsche Soubrette. Sie hatte sich Hoffnungen auf eine feste Beziehung gemacht und als sie den ersten Vorstoß wagte, bekam sie das Ende der Beziehung serviert. Schauspielerinnen und Sängerinnen hatten viele Verehrer. Sie waren hübsch und lebten nicht nach bürgerlichen Konventionen. Eine heimliche Liebesaffäre mit ihnen fanden viele Bürgersöhne äußerst reizvoll. Aber nur eine Affäre, geheiratet wurde standesgemäß.

Das Überwältigende ist und bleibt, daß er mich wirklich heiraten will; ich kann es ja noch immer nicht verstehen, daß das möglich ist."

Tagebucheintrag von Maria von Wedemeyer, der Verlobten von Dietrich Bonhoeffer im November 1942

Verliebtheit war nicht nur für bürgerliche Frauen ein gefährliches Gefühl, sondern auch für Frauen auf dem Land. Eine heimliche Liebe blieb nicht lange unbemerkt. Die soziale Kontrolle im Dorf arbeitete sehr zuverlässig. Den strengen Augen der Dorfbewohner entging nichts. Jedes kleinste Vergehen wurde sofort gemeldet. So erlebte es Barbara Passrugger (1910–2001), eine österreichische

Bergbäuerin, als sie sich zum ersten Mal verliebte. Sie war 16 Jahre alt, damals im Frühjahr 1926, als zwei junge Maler in dem kleinen Bergdorf erschienen. Sie sollten die Kirche restaurieren. Barbara jätete zusammen mit ihrer Schwester nebenan auf dem Feld das Unkraut. Es dauerte nicht lange, bis die zwei jungen Burschen die Mädchen ansprachen. Das war eine willkommene Abwechslung für die Schwestern bei ihrer eintönigen Arbeit. Die vier jungen Leute plauderten und lachten miteinander über den Zaun. Ein Flirt am Arbeitsplatz. Eduard wollte Barbara wiedersehen. Da sie im Sommer auf der Alm arbeitete, besuchte Eduard sie dort oben, wann immer er konnte. Fernab der Dorfbewohner waren sie unbeobachtet. Die einzigen, die die beginnende Romanze bemerkten, waren die Kühe. Und die waren mit Wiederkäuen beschäftigt.

Die beiden Maler mischten das Dorf auf. Sie organisierten ein Waldfest. Eine Party! Wann gab es das schon im Dorf, wo nur die Arbeit zählte. Doch das Schönste für Barbara war: Eduard bat sie, seine Tanzpartnerin zu sein. Von allen Mädchen im Dorf hatte er sie ausgesucht! Die jungen Mädchen und Burschen feierten ausgelassen. Barbara tanzte und lachte und spielte beim Sackhüpfen und beim Wettlaufen mit. Sie genoss den Abend in vollen Zügen bis tief in die Nacht hinein. „Es war so lustig dabei, wie in meinem ganzen Leben nie mehr", schreibt sie in ihren Erinnerungen.

Doch am nächsten Tag kam die Ernüchterung. Sie musste vor ihrem Vater antreten. Barbara ahnte Böses. Und tatsächlich: „Es gab ein fürchterliches Donnerwetter", erzählt sie rückblickend. „Ich hätte Unheimliches verbrochen, mit meinen sechzehn Jahren bei diesen Ausgelassenheiten dabei zu sein. Es sei eine Schande für die ganze Familie, und er sei nicht einmal um Erlaubnis gefragt worden. Daß er gefragt werden mußte, wußte ich wohl zu gut; daß er es nicht erlaubt hätte, wußte ich aber genauso gut! Nach der Zurechtweisung durch den Vater war ich unsagbar traurig. Mir kam vor, ich kann nicht mehr leben."

Inzwischen war Eduard mit der Kirchenrenovierung fertig. Barbara musste sich von Eduard verabschieden. Heimlich trafen sie sich außerhalb des Dorfes. Unter einem Baum versprachen sie sich, einander zu schreiben. Barbara schrieb ihm, doch sie bekam keine

Antwort. Eduard ließ nichts von sich hören. Jeden Tag wartete sie auf einen Brief. Vergeblich. War sie für ihn doch nur eine kleine Affäre gewesen? Hatte er schon eine andere im nächsten Dorf? Nachdem Barbara ihm einige Male geschrieben hatte, gab sie auf.

Eines Tages stand Eduard vor ihrer Tür. Warum sie nicht auf seine Briefe geantwortet habe, wollte er wissen. Da wurde es ihr klar: Irgendjemand hatte die Briefe abgefangen. In ihren Erinnerungen schreibt sie: „Man hat wohl erkannt, da könnte etwas ‚mehr' draus werden, und das hat absolut nicht sein dürfen. Ich war ja viel zu jung damals, erst sechzehn Jahre alt. Wir schrieben uns dann nicht mehr. Ich sagte, es helfe eh nicht, ich wisse, daß es nicht sein darf und alles dagegen ist, und das hat er eigentlich zur Kenntnis genommen. Denn die letzte Zeit, die er in Filzmoos verbracht hatte, hat man auch ihm übel mitgespielt. Es gab im Dorf Jugendliche, denen das nicht recht war, daß da jemand von draußen daherkommt, sich hier ein Mädchen nimmt, das eigentlich für sie bestimmt war."

Barbaras erste Liebe scheiterte an den ungeschriebenen Gesetzen des Dorfes: Geheiratet wurde nur innerhalb des Dorfes. Statt der großen Liebe blieb es bei einer kleinen Affäre.

Enge, 4.9.1910

Sehr geehrtes Fräulein!

Der treue Blick, den ich heute Nachmittag von Ihnen erhalten habe, hat mich sehr gerührt, wie schade dass Sie schon heimgekehrt sind, hätte gerne einmal einige Worte mit Ihnen gewechselt. Ich habe so oft Gelegenheit, Sie zu sehen, aber nie mich mit Ihnen auszusprechen.

In dem Falle, dass sich bei Ihnen die gleichen Gefühle bemerkbar machen sollten, wären Sie so freundlich und täten Sie mir berichten, erbitte aber strengste Diskretion, da Ehrensache.

In der angenehmen Hoffnung, bald etwas Angenehmes zu erfahren grüßt Sie freundlichst

G.B.

Postbeamter. Postb. Enge. Bitte schreiben Sie mir unter Chiffre R.f.20. Post resistante Enge.

Aus: Schweizer Liebesbriefe

Sich zu verlieben, war sowohl in der Stadt als auch auf dem Land gefährlich. Auf dem Dorf riskierte man, aus der geschützten Gemeinschaft ausgeschlossen zu werden. Die Wenigsten waren bereit, ihr ganzes bisheriges Leben aufzugeben. Eine Liebe, die alle gesellschaftlichen Hürden überwindet, gab es fast nur in Liebesromanen. So eine Geschichte erzählt die bayerische Schriftstellerin Lena Christ (1881–1920) in ihrem Roman „Madame Bäuerin". Lena Christ kannte das bäuerliche und das städtische Leben sehr gut. Sie war als lediges Kind bei ihren Großeltern auf dem Land aufgewachsen. Dort fühlte sie sich geborgen. Doch als sie sieben Jahre alt war, riss ihre Mutter sie von einem Tag auf den anderen aus der Idylle heraus und nahm sie in die Stadt, nach München. Dort musste sie in der Gastwirtschaft ihrer Mutter und ihres Stiefvaters bis tief in die Nacht hinein kochen, abspülen, die Gäste bedienen, Boden schrubben und Botengänge erledigen. Ihrer Mutter konnte sie es nie recht machen. Sie schikanierte und bestrafte ihre Tochter, auch mit Schlägen. Lena Christ beschreibt in ihrem autobiografischen Roman „Erinnerungen einer Überflüssigen", wie sehr sie unter der Tyrannei ihrer Mutter litt.

Als sie heiratete, hoffte sie auf ein besseres Leben. Doch ihre Mutter nahm es ihr übel, dass sie ging, weil sie damit eine billige Arbeitskraft an den Schwiegersohn verlor. Am Hochzeitsmorgen sagte ihre Mutter zu ihr: „Du sollst koa glückliche Stunde habn, solangst dem Menschen ghörst und jede guate Stund sollst mit zehn bitteren büaßn müaßn. Und froh sollst sei, wannst wieder hoam kannst, aber rei kimmst mir nimma." Und genau so geschah es. Lena Christ hatte ein sehr unglückliches Leben. Ihr Mann war labil. Er verfiel dem Alkohol, prügelte und vergewaltigte sie. Am Ende brachte er auch noch ihr ganzes Geld durch. Lena Christ gab ihre Kinder in Pflege, um den Lebensunterhalt verdienen zu können, und heiratete ein zweites Mal, einen Schriftsteller. Doch auch in dieser Ehe fand sie kein Glück. Peter Benedix hatte ihr schriftstellerisches Talent zwar entdeckt, aber er stellte sich als ihr Förderer in den Mittelpunkt und hielt sie klein. Das Gefühl, überflüssig zu sein, durchzog ihr ganzes Leben. Mit 39 Jahren setzt sie ihrem Leben im Münchner Waldfriedhof mit Zyankali ein Ende. Peter Benedix hatte es für sie besorgt. Und nicht nur das: Er hatte ihr die Zweifel, die sie an ihrem geplanten Selbstmord hatte und ihm mitteilte, ausgeredet. Erst nachdem die Beihilfe zum Selbstmord verjährt war und er keine Bestrafung befürchten musste, erzählte er davon in der Biografie, die er über Lena Christ geschrieben hat. Darin schildert er auch den Abschied der Mutter von ihren Kindern, als sie sich auf den Weg zum Waldfriedhof machte. Wenn man bedenkt, dass man sich in einer Biografie möglichst gut darstellt, dann fragt man sich, welche Rolle Peter Benedix bei dem Selbstmord von Lena Christ wirklich gespielt hat.

„‚Kinder, ich muß heut verreisen, lebt wohl!' hatte sie gesagt und sich zu einem Lächeln gezwungen. ‚Bleibt brav, bis ich wiederkomm!' Und dann nahm sie flüchtig Abschied, so als ob sie am Abend wieder zurückkehren würde. Die Kleine lief noch ans Fenster und sah ihr nach. Sah, wie die Mutter bis an die Ecke vorging, etwas schwach auf den Füßen. Dort angelangt, blieb sie stehen und sank, den Kopf in die Hand gestützt, zurück an die Hausmauer. Als sie den Kopf wieder hob und umblickte nach ihrer Wohnung, sah sie das Kind am Fenster. Da richtete sie sich mit einem Ruck auf, warf dem Kind noch eine Kußhand zu und ging mit festen Schritten um die Ecke.“

Peter Benedix über Lena Christs Weg zum Waldfriedhof,
wo sie ihrem Leben ein Ende setzte

In ihren Geschichten schildert Lena Christ das ländliche Leben, die Vorurteile und die ungeschriebenen Gesetze. Der Roman „Madame Bäuerin“ erzählt von gefährlichen Gefühlen und einer verbotenen Liebe, die Standesgrenzen überwand: Franz war der Sohn des reichen Schiermoser-Bauern. Er war der Hoferbe, außerdem tüchtig, geschickt und gutaussehend – ein begehrter Junggeselle. Seine Zukünftige konnte er sich aussuchen. Das heißt, er hätte sie sich aussuchen können, wenn seine Mutter nicht gewesen wäre. Die Schiermoserin wusste genau, was für eine Schwiegertochter sie wollte: eine Bauerntochter, die was hermachte, tüchtig und gesund war und eine ordentliche Mitgift einbrachte. Doch dann kam alles anders. Wie jedes Jahr kündigten sich die verwitwete Rechtsrätin Scheuflein, ihre Tochter Rosalie und ihre Schwägerin Adele zur Sommerfrische auf dem Schiermoserhof an. Die Schiermoserin schimpfte, dass ihr die „verhungerten Stadterer den Schmalzhafen, die Mehltruhen und die Eierschüsseln leer fressen" und sich in ihren Flaumbetten breitmachten, aber sie brachten gutes Geld ein. Und geschäftstüchtig war die Bäuerin.

Die Abneigung beruhte auf Gegenseitigkeit. Die Rechtsrätin verabscheute die ungehobelten Bauern. Nur ihrer Schwägerin und ihrer Tochter zuliebe verbrachte sie den Sommer auf dem Bauernhof – und vielleicht, weil Sommerfrische zum bürgerlichen Lebensstil gehörte. Die beiden liebten das Landleben, Adele mehr das gute Essen und Rosalie die frische Luft, die Tiere und die Ungezwungenheit. Sie fühlte sich hier so frei wie nirgendwo sonst. Rosalie ließ keine Gelegenheit aus, die Kälbchen im Stall zu tränken oder das Heu auf dem Feld zusammenzurechen, zum Entsetzen ihrer Mutter. Der alte Bauer, Franz, die Mägde und Knechte – alle mochten Rosalie, nur die Schiermoserin nicht. Ihre Abneigung spitzte sich dramatisch zu, als sich zwischen Rosalie und Franz eine zarte Romanze anbahnte. Diese Zuneigung wurde ihr langsam zu gefährlich. Die Dorfbewohner zerrissen sich auch schon das Maul: Der Hoferbe und die Madam aus der Stadt! Wutentbrannt ging sie zu der Rechtsrätin und beschimpft sie aufs Übelste: Es sei eine Unverschämtheit, dass sie sich auf diesem Hof ins gemachte Nest setzen wolle! Nur das Riechfläschchen bewahrte die Städterin vor der Ohnmacht. Frau Scheuflein wusste gar nicht, wie ihr geschah, denn auch sie war völlig gegen diese Verbindung. Sie hatte für ihre Tochter bereits einen wohlhabenden Ehemann ausgesucht. Keine Minute länger wollte sie bei den Schiermosers bleiben und drängte zur Abreise. Doch Rosalie ging nicht mit.

Dann machte die Schiermoserin einen fatalen Fehler: Mitten in der Ernte fuhr sie einen Tag weg, um Marai, ihre tüchtige und reiche Wunschschwiegertochter zu holen, als „Feuerlöscher", denn – so erklärte die Schiermoserin – die Glut musste gelöscht werden, bevor das Feuer ausbrach. Doch eine Bäuerin ist auf einem Hof unentbehrlich. Franz bat Rosalie, zu helfen. Das musste er ihr nicht zweimal sagen. Rosalie molk die Kühe, versorgte die Hühner und kochte für alle. Sie stellte sich so geschickt an, dass Franz die letzten Bedenken beiseiteschob und ihr einen Heiratsantrag machte: Rosalie sollte seine Bäuerin sein und niemand anders.

Am Abend, nachdem Rosalie das Essen auf den Tisch gestellt hatte, bestand Franz darauf, dass Rosalie sich neben ihn setzte, am Tisch des Bauern. Sie wusste, was das bedeutete. Er wies ihr damit den Platz der Bäuerin zu. In diesem Moment kam die Schiermoserin und traute ihren Augen nicht. Die Stadtmamsel am Bauerntisch! Und alle taten, als wäre das völlig normal. Der alte und der junge Bauer lobten sogar ihre Kochkunst. Die Schiermoserin schäumte vor Wut. Aber es kam noch schlimmer! Der alte Bauer und Franz platzierten die wohlhabende Bauerntochter Marai an den Gesinde-tisch. Fassungslos sah Marai den alten Bauern an. Sie am Tisch bei den Mägden und Knechten, während die Madam neben Franz saß? Auch die Schiermoserin schnappte nach Luft. Eine solche Demüti-gung hatte Marai noch nie erlebt! Sie wollte nur noch nach Hause. Da halfen keine Überredungsversuche der Schiermoserin mehr.

Der ganze eingefädelte Plan der Schiermoserin war gescheitert. Dann holte sie zum letzten Verzweiflungsschlag aus, mit dem sie hoffte, ihren Mann und ihren Sohn zur Vernunft zu bringen. Sie zog ins Austragshäusel zu ihrer Mutter. Ein Hof ohne Bäuerin? Das ging gar nicht. Doch Franz heiratete Rosalie. Sie war eine tüchtige Bäuerin und sehr beliebt, wie die Schiermoserin verbittert hinter ihren Gardinen beobachtete. Erst als das junge Paar ihr erstes Kind bekam, einen Sohn, schmolz ihr Widerstand. Sie kehrte zurück auf den Hof, wo sie mit offenen Armen empfangen wurde.

Lena Christ ließ in ihrem Roman die Liebe über alle Konven-tionen siegen. Im realen Leben waren solche Geschichten selten. Ein Bauernsohn konnte kaum dem Druck standhalten, gegen den Willen der Eltern zu heiraten. Er musste damit rechnen, enterbt zu werden. Dann konnte er nur noch als Knecht arbeiten. Vom angesehenen und reichen Hoferben zum Knecht? Keiner hätte diese Entscheidung verstanden.

Die Standesgrenzen waren wie eine Festung. Sie konnten kaum eingerissen werden. Ein Hoferbe war dazu erzogen worden, den

Hof und die Verantwortung für seine alten Eltern und das Gesinde zu übernehmen. Verliebte sich ein Bauernsohn in eine Magd, was oft genug vorkam, dann blieb es fast immer bei einer Affäre.

Diese ungeschriebenen Gesetze galten noch bis weit ins 20. Jahrhundert hinein. Eine österreichische Magd erzählte, wie sehr sie von der Bäuerin drangsaliert wurde, weil sie eine Liebesbeziehung zu ihrem Sohn hatte. Noch schlimmer war es, als sie schwanger wurde. An einem Sonntagmorgen, als die Magd mit dem Bauernsohn auf dem Weg zur Kirche war, stellte sich ihr die Bäuerin in den Weg und schickte sie wieder nach Hause – nicht ihren Sohn. Und der Kindsvater? Er ging in die Kirche und ließ seine Geliebte auf der Straße stehen. Ihr blieb nichts anderes übrig, als zurückzukehren. Sie ging in ihre Kammer und weinte. Der Bauernsohn schwankte lange zwischen seiner Liebe und den ländlichen Konventionen. Erst als das zweite Kind kam, gab er dem Drängen der Magd nach und zog mit ihr vom Hof weg. Doch das Leben als Kleinhäusler war hart. Die Liebe über Standesgrenzen hinweg hatte einen hohen Preis.

Gefährliche Gefühle, eine Liebe, die viele Hürden überwinden musste, das kannte auch Louise Otto (1819–1895). Sie war Bürgertochter und Wegbereiterin der Emanzipation. In ihrer Kindheit hatte sie die übliche Mädchenbildung bekommen, die reichen musste, um ihrem späteren Ehemann eine angenehme Gesprächspartnerin zu sein. Doch Louise war wissbegierig und las für ihr Leben gern. Auch Bücher, die auf der schwarzen Liste für junge Mädchen standen. Sie beschaffte sich heimlich Romane von George Sand, die sich über bürgerliche Konventionen hinwegsetzte, Zigarren rauchte, Männerkleidung trug, weil es praktischer war und nach ihrer Scheidung ein freies Leben führte. Louise liebte die Romane über große Gefühle und träumte von einer Liebesheirat. Auf keinen Fall wollte sie aus Vernunftsgründen heiraten.

Als Louise 16 Jahre alt war, starb ihre Mutter, ein Jahr später ihr Vater und kurz darauf auch ihr Verlobter an einer Lungenerkrankung.

Louise tröstete sich über ihren Kummer mit Büchern hinweg und begann zu schreiben. Ihre Gedichte und Geschichten wurden in Zeitungen veröffentlicht. Als die Märzrevolution Deutschland in Atem hielt, kämpfte sie für Frauenrechte. 1849 gründete sie eine „Frauen-Zeitung" mit dem Untertitel „Dem Reich der Freiheit werb ich Bürgerinnen". Wenn schon Rebellion der Unterdrückten gegen die Herrscher, dann galt das auch für Frauen. Louise Otto trat für Mädchenbildung und Wahlrecht ein, mit all ihrer Zeit und all ihrer Kraft. Für einen Mann war in ihrem Leben kein Platz. Doch dann kam alles anders.

Im Januar 1849 lernte sie August Peters kennen. Sie hatte schon einiges von diesem Revolutionär gehört. Er kämpfte wie sie gegen die Mächtigen und gab den Schwächeren eine Stimme. Bei August Peters waren es die Arbeiter und bei Louise Otto die Frauen.

August Peters war ebenfalls Schriftsteller und gab eine Zeitschrift heraus: „Die Barrikade. Ein republikanisches Wochenblatt". Als Louise ihn zum ersten Mal traf, fühlte sie sich gleich zu ihm hingezogen. 1871 schrieb sie rückblickend: „Wenn sich überhaupt selten zwei Menschen finden, die in allen höheren Interessen und in allen Zeitfragen übereinstimmen, so war es doppelt schwer in einer so nach allen Seiten hin leidenschaftlich aufgeregten Zeit! Aber Peters und ich, wir betrachteten alle Dinge und Vorgänge ganz aus demselben Gesichtspunkt, dieselbe Gesinnung, dieselbe Begeisterung des Herzens erfüllte uns." Und was sie besonders berührte: Er sah die Benachteiligung der Frau glasklar und betonte, dass die Frau von der Unterdrückung des Mannes befreit werden müsste. Nur in einer Gesellschaft, in der die Frau zur Geltung käme, sei Fortschritt und Humanität möglich. So deutlich, erklärte Louise, hätte sie sich das damals nicht zu formulieren getraut.

August Peters stammte aus einer Arbeiterfamilie. Eine Liebesbeziehung zwischen einer Bürgerstochter und einem Arbeiter – auch wenn er sich hochgekämpft hatte – war undenkbar. Selbst in unserer heutigen Zeit, in der alles möglich scheint, ist es sehr selten, dass eine Akademikerin einen Mann aus dem Arbeitermilieu heiratet. Noch dazu einen, der mit dem Gesetz in Konflikt gekommen ist.

August wurde als Aufständischer der Revolution zum Tod durch Erschießen verurteilt. Doch er war todkrank. Jemanden zu erschießen, der sowieso bald sterben würde, das war den Machthabern ein zu mildes Urteil. Sie wandelten die Todesstrafe in eine sechsjährige Zuchthausstrafe. Die Freiheit würde er damit nicht mehr erleben. Da waren sie sich sicher. Doch es kam anders.

Trotz der düsteren Zukunftsaussichten verliebte sich Louise Otto in August. Es dauerte ein Jahr, bevor sie ihn im Gefängnis besuchen durfte. Das war Mitte 1851. In einem späteren Brief an August schreibt sie von ihrer Vorfreude, die sie damals empfunden hatte: „Ich schlief nicht – mein Herz schlug laut und hörbar die ganze Nacht – aber es war mehr Wonne als Schmerz. Es war ja nun geschehen, was ich immer ersehnt und bis zuletzt nicht recht geglaubt hatte – ich war in einer Stadt mit meinem geliebten Gefangenen – die Stunde des Wiedersehens war nahe."

Drei Tage lang würde sie ihn besuchen dürfen, so wurde es ihr versprochen. Doch dann erlaubte man ihr nur eine Stunde Besuchszeit, durch ein Gitter getrennt. Beide waren maßlos enttäuscht. Und dennoch, diese eine Stunde war für beide kostbar. Louise schrieb ihm: „Ich hätte Dich trösten sollen, und Du hast mich getröstet … Und dennoch weiß ich: diese Stunde, sie wird so wenig mir verloren sein wie Dir! Wie flüchtig sie auch war, wieviel auch auf uns einstürmte, wie anders auch alles kam, als wir gehofft und gesehnt hatten – sie wird doch in Deinem Innern noch lange forthallen."

„Ich habe seitdem schon mehrmals von Dir geträumt – süße, glückliche Träume, wo wir frei sind und glücklich und immer beieinander – nicht nur Aug' in Aug', sondern auch Hand in Hand in seligster Vereinigung."

Louise Otto an August Peters nach ihrem ersten Gefängnisbesuch, 1851

Es sollte zwei Jahre dauern, bis sie ihn – unter Bewachung – wieder besuchen durfte. Louise war inzwischen 34 Jahre alt, August 2 Jahre älter. Trotz den kalten Gefängnismauern und den Gefängniswärtern war es ein zärtliches Rendezvous. Louise schreibt: „Wir sprachen meist im Allgemeinen – aber immer wieder flüsterte er mir die süßesten Worte zu – noch hallen sie in mir wieder, daß ich nichts weiter denken und auch nichts schreiben kann."

„Ich habe ihn gesehen! Seine Arme hielten mich umschlungen, seine Küsse überflutheten mich – unsere Hände ruhten stundenlang ineinander, unsre Blicke lasen und sandten einander aus den Augen die süße Wonne der Liebe."

Louise nach ihrem zweiten Gefängnisbesuch bei August, 1853

Noch im Gefängnis verlobten sich Louise und August, von Gitterstäben getrennt. Aber Louise war glücklich, wenn sie sein Strahlen in den Augen sah und er ihre Finger durch das Gitter küsste. „Wie wohl thaten mir die 3 Tage wo ich nichts weiter war und zu sein brauchte als seine Braut", schrieb sie in ihr Tagebuch.

Seine Zeit im Gefängnis verbrachte er damit, Aufsätze und Texte zu schreiben, immer das Foto seiner Braut neben sich.

Auch Louise widmete sich weiterhin mit vollem Engagement der Emanzipation und ihrer Zeitung. An ihrem 36. Geburtstag kam sie in Grübeln. Die Zeit verrann und ihre große Liebe saß immer noch im Gefängnis. Doch sie sagte sich, dass sich das Warten lohnen würde. Sie habe immer noch 20 Jahre Zeit, um glücklich zu sein. Und außerdem: Schon der Gedanke an August und seine Liebe wärmten ihr Herz.

Am 8. Juli 1956 hatte das Warten ein Ende. August wurde begnadigt. Louise war überglücklich. Sie fand den Himmel in seinen Armen, so schreibt sie, und wisse, dass es ihr ganzes Leben so bleiben würde.

Doch irgendwann wird auch die größte Liebe zum Alltag. Und irgendwann bekommt auch die innigste Verbundenheit Risse. Vielleicht war das der Grund, dass sich August verliebte – in ein schönes, junges Mädchen. Louise war zutiefst verletzt. Gegen die Jugend des Mädchens konnte sie nicht antreten. Das einzige, was sie in die Waagschale werfen konnte, war ihre Seelenverwandtschaft, ihre enge, geistige Verbundenheit. Louise liebte August immer noch. Sie hoffte so sehr, dass er zu ihr zurückkehren würde. Und tatsächlich, August kam, warf sich ihr zu Füßen und erklärte, dass er ohne sie nicht leben könne und dass sie so bald wie möglich seine Frau werden solle. Am 24. November 1858 heirateten sie im Dom in Meißen. Ihren Namen behielt sie und fügte den Namen ihres Ehemannes hinzu: Louise Otto-Peters.

Die Ehe dauerte nur 6 Jahre. Dann starb August Peters. Die erhofften 20 Jahre Glück waren Louise verwehrt. Aber Glück ist oft nicht von langer Dauer, sondern es sind kostbare Momente. Goethe sagte im Rückblick auf sein Leben, dass er, alle glücklichen Momente zusammengenommen, keine vier Wochen glücklich gewesen sei. Und er wurde immerhin 82 Jahre alt.

Eine andere Frau, für die Liebe mehr bedeutete als die Gesellschaftsordnungen, war Rahel Levin (1771–1833), die einen literarischen Salon führte. Sie heiratete als 37-jährige einen 14 Jahre jüngeren Mann, den Medizinstudenten Karl August Varnhagen von Ense, damals 23 Jahre alt. Man kann sich vorstellen, wie skandalös diese Liebe war. Selbst heute wird eine Frau kritisch beäugt, wenn sie einen 14 Jahre jüngeren Freund hat – und dann auch noch einen Studenten. Ein Mann mit einer jüngeren Freundin dagegen heimst sogar noch Bewunderung ein – zumindest von anderen Männern.

Gefühle galten im 19. Jahrhundert als gefährlich, weil sie die bürgerlichen Vorstellungen von Ehe bedrohten. Die Ehe war die Grundlage der Gesellschaft. Zum einen waren die Menschen versorgt – die Männer versorgten die Frauen finanziell und diese kümmerten sich um den Haushalt und die Kinder – und zum anderen war durch die Nachkommenschaft der Fortbestand der Gesellschaft gesichert. Gefühle hätten das ganze Gebilde einstürzen lassen können.

„Ich kann dich nicht so lieben, wie ich Bertl immer noch liebe. Und ich hoffe und warte immer noch auf ihn. Aber wenn ich überhaupt noch einen anderen lieb haben könnte, dann dich."

Maria-Jutta in einem Brief von 1947 an ihren Verehrer über ihren im Krieg vermissten Verlobten Bertl, Deutsches Tagebucharchiv

---

Heute ist es anders. Gefühle sind die Voraussetzung, um zu heiraten. Alles andere käme uns falsch oder berechnend vor. Große Hollywoodgefühle werden zum Gradmesser einer Beziehung. Sind sie nicht mehr spürbar, ist auch die Beziehung nichts mehr wert. Gefühle können auch heute gefährlich werden – wenn sie die einzige Grundlage einer Beziehung sind. Paare trennen sich, weil sie nichts mehr füreinander fühlen – oder für einen anderen mehr empfinden. Emotionen geben Menschen das Recht, in eine andere Ehe oder Partnerschaft einzudringen, denn gegen die Liebe ist man machtlos. Wirklich? Oder haben wir den Gefühlen heute zu viel Macht gegeben?

Flirten – das Spiel mit dem Feuer und was daraus werden kann

„Die glücklichsten Augenblicke in der Liebe sind da,
wo man sich noch nicht gegeneinander mit Worten entdeckt hat,
und doch jede Miene, jeden Blick versteht."
Adolph Freiherr von Knigge: Vom Umgang mit Menschen, 1788

Flirten ist wie Champagner. Man spürt das Prickeln und fühlt sich leicht und beschwingt. Ein Flirt kann aus heiterem Himmel kommen und einen trüben Tag in strahlendes Sonnenlicht verwandeln. Man ist in einem Raum voller Menschen. Dann – als ob man es gespürt hätte – wendet man den Kopf und sieht geradewegs in ein Augenpaar. Ein Blick, ein Lächeln und das Herz schlägt höher.

Ein Flirt ist ein Spiel mit offenem Ausgang. Man weiß nie, was daraus wird. Es kann nur einen flüchtigen Moment andauern oder der Beginn einer großen Liebe sein. Eine Gelegenheit zum Flirten gibt es fast überall. Beim Konzert, auf dem Fußballplatz oder in der Arbeit. Ein Flirt wirkt wie ein Motivationsschub. Wenn der Skilehrer charmant ist, fahren Frauen jede schwarze Piste hinunter und lassen sich sogar beim Après-Ski nochmal die Carvingtechnik erklären.

Flirten ist eine Form der Kommunikation. Es gehören mindestens zwei dazu. Flirten alleine funktioniert genauso wenig wie ein Gespräch mit sich selbst. Spannend ist das nicht.

Die Herkunft des Begriffs Flirten ist unklar. Es ist zwar ein englisches Wort, aber kommt vermutlich aus dem französischen „fleureter" und bedeutet „mit Blumen schmücken" oder „den Hof machen".

Im Bürgertum gehörte es zum Erziehungsprogramm, galant und charmant zu sein. Die höheren Töchter und Söhne lernten die Leichtigkeit des gesellschaftlichen Umgangs wie das Essen mit Messer und Gabel.

Flirten ist eine Kunst. Da kann man schnell mal in ein Fettnäpfchen treten. Deshalb hat Adolph Freiherr von Knigge in seinem Buch von 1788 „Über den Umgang mit Menschen" dazu einige Empfehlungen gegeben, wobei er sich hier nur an die Männer richtet. „Huldige nicht mehreren Frauenzimmern zu gleicher Zeit, an demselben Orte, auf einerlei Weise, wenn es Dir darum zu tun ist, Zuneigung oder Vorzug von einer einzelnen zu erlangen […] in dem Augenblicke, da man ihnen etwas von Empfindungen vorschwätzt, muß man fühlen, was man sagt, und es nur für sie fühlen. Sobald sie merken, daß Du Dein zärtliches Gewäsche jeder auskramst, ist alles vorbei."

Man kann heute Männern nur empfehlen, sich die Lektüre von Adolph Freiherr von Knigge vorzunehmen und gründlich zu lesen. Männer, die Anmachsprüche austeilen wie Brautkinder Blumen bei einer Hochzeit, bringen jede Frau zum Gähnen. Anbaggersprüche haben ein kurzes Verfallsdatum. Wenn eine Frau schon zum vierten Mal hört „Ich hab' meine Telefonnummer verloren, krieg ich deine?" kann es schon mal sein, dass sie antwortet: „Nein. Pass halt das nächste Mal besser auf deine Telefonnummer auf." Angelernte Floskeln sind genau das Gegenteil von Flirten. Sie werden wie Massenware an jede Frau verteilt, anstatt die Frau als eine einzigartige Persönlichkeit zu betrachten.

Ein absolutes No-Go ist laut Knigge, in Gegenwart einer Frau eine andere zu loben oder sie gar mit einer anderen Frau zu vergleichen. Dabei mache es keinen Unterschied, ob sie anwesend ist oder nicht. Männer sollten also auf keinen Fall zu einer Frau sagen: „Tolle Party hier! Lauter hübsche Mädels!" Eine Frau möchte wegen ihrer Besonderheit bewundert werden, die sie von anderen unterscheidet. Aber man darf auch nicht übertreiben, warnt Knigge. Zuviel Schmeichelei fördere nur die Eitelkeit und die sei bei Frauen sowieso sehr ausgeprägt. Außerdem machten sich die Frauen dann womöglich zu große Hoffnungen. „So setzen die guten Dingerchen sich leicht in den Kopf, es sei ernstlich auf eine Heirat angesehen", erklärt Knigge.

Mit dem Flirten ist nicht zu spaßen. Man müsse äußerst vorsichtig mit Frauen sein, denn wenn man sie kränken würde, sei ihre Rache fürchterlich, grausam und lange andauernd. Er selbst habe diese Rache am eigenen Leibe erlebt, erklärt Knigge, ohne näher darauf einzugehen. Nichts half, um die Dame versöhnlich zu stimmen, nicht einmal, als er sich entschuldigte und ihr versicherte, dass er sein Unrecht erkennen würde.

„Dies zarte Erröthen ist eine ihrer charmantesten Eigenschaften; nicht allein sieht es allerliebst mädchenhaft aus, sondern es ist auch ein farbiger Beweis von der Bewegtheit ihrer Seele, – indem sie oft gänzlich ohne äußern Anlaß erröthet.“

Otto Benecke, Jurist, über seine Angebetete, um 1841

Flirten gehörte in der höheren Gesellschaft zu höflichen Umgangsformen dazu. Die österreichische Schriftstellerin Caroline Pichler, die am Hofe von Kaiserin Maria Theresia aufgewachsen war, erzählt in ihren Lebenserinnerungen: „Nicht Häring allein, auch andere junge Männer, die unser Haus besuchten, brachten mir ihre Huldigungen; denn damals war es noch Sitte, daß die Männer in Gesellschaft sich um die Frauen und Mädchen bemühten, und jede, die einige äußere oder innere Vorzüge besaß, einen kleinen Hof um sich sah, der, wenn auch ohne bestimmte Aussicht oder Hoffnung, sich bestrebte, der verehrten Königin gefällig zu sein.“ Hinter einem Flirt stand nicht immer die Absicht, eine Liebesbeziehung zu beginnen, sondern es gehörte zum guten Ton, Frauen gegenüber zuvorkommend und charmant zu sein.

Doch Frauen waren nicht einfach passiv. Wenn ihnen ein Mann gefiel, dann zeigten sie es ihm auch, allerdings auf eine sehr subtile Weise, zum Beispiel mit verführerischen Blicken, halb versteckt hinter einem Fächer. So knüpften die Damen zarte Bande. Diese Redensart bezog sich ursprünglich auf die Spinnfäden, mit denen die Spinne ihr Opfer umgarnt. Ahnungslos landet der Auserwählte so im Netz. Manche Dame ließ ihr besticktes Seidentaschentuch fallen und gab dem Kavalier so die Möglichkeit, es aufzuheben und mit ihr ein Gespräch zu beginnen. Seit Taschentücher Wegwerfartikel sind, funktioniert das mit dem Fallenlassen leider nicht mehr.

Das Spiel mit dem Feuer beherrschten auch zigarettenrauchende Frauen. Holte eine Dame mit einer eleganten Geste eine Zigarette aus dem Etui, standen schon zehn Männer parat, um ihr Feuer anzubieten. Eine Frau, die rauchte, hatte etwas Verruchtes an sich, zumindest im 19. Jahrhundert, als die Männer sich nach dem Essen in den Rauchsalon zurückzogen, während Frauen aus ihren feinen Porzellantässchen heiße Schokolade – das exotische, kostbare Modegetränk – nippten.

„Ein bißchen flirten und kokettieren ist doch zu schön! Na, ich habe das ja auch gründlich besorgt und empfinde absolut gar keine Gewissensbisse darüber. Im Gegenteil, ich finde es famos, wenn die jungen Herren anbetungsvoll nach unserer Pfeife tanzen und bald alles tun, was man will.“

Paula, 18 Jahre, Tagebucheintrag von 1911, Deutsches Tagebucharchiv

---

Von Frauen wurde Zurückhaltung erwartet, doch nicht alle kümmerten sich darum. Davon erzählt Carl Emil W., Sohn eines wohlhabenden Freiburger Geschäftsmannes, 1901 in seinem Tagebuch. Er war 21 Jahre alt, als seine jüngere Schwester Ida von ihrer Freundin Besuch bekam: „Zuerst war ich sehr scheu, da sie Idas Gast war. Als sie mir aber einmal erklärte, daß sie das Küssen sehr ‚schätze‘, besonders das geküßt werden, da wollt ich nicht dumm sein. Vorher hatte ich allerdings schon einmal den Dornröschenprinz gespielt, als sie auf dem Kanapee (wachend!) lag.“ Vielleicht hatte sie an diesem Dornröschenkuss Geschmack gefunden und ergriff deshalb die Initiative. Doch zum Traumprinzen hat es nicht gereicht, denn die Episode war schnell zu Ende.

„Noch einmal gab sie mir Rendez-vous am Arc de Triomphe, damit wir gemeinsam zum five o'clock im Palace Hotel, wo sich die elegante Welt trifft, gehen könnten. Nachher führte sie mich auf allen möglichen Wegen spazieren und war sehr aufgeregt, nicht äußerlich, aber man fühlte es durch.“

Carl Emil W., Tagebucheintrag 1905, Deutsches Tagebucharchiv

Carl Emil genoss es, zu flirten und versuchte, die goldene Mitte zwischen Galanterie und Zurückhaltung zu finden, um keine falschen

Hoffnungen zu wecken. Die Schweizerinnen, die er bei einem Auslandsaufenthalt in Genf kennengelernt hatte, fand er entspannter als die deutschen Frauen seiner Heimatstadt: „Wenn man mit einer Freiburgerin ein paar Worte mehr spricht, so glauben diese gleich, man wolle sie heiraten." Doch auch eine junge Dame aus Genf hatte sich mehr von ihm erwartet. In seinem Tagebuch klagt er, dass sie ihm eine „merkwürdige" Karte geschrieben habe und ihn fragte, warum er ihr böse sei, was er ihr vorzuwerfen habe. „So schöne Stunden ich durch diesen Flirt hatte, so froh wäre ich jetzt, wenn die Sache definitiv aus wäre. Ich bin froh, mich in keiner Weise engagiert zu haben." Offensichtlich hatte er ihr keine Versprechungen gemacht. Damals wie heute ist ein Flirt nicht immer ein Vergnügen, das beide gleichermaßen genießen. Wenn die Erwartungen unterschiedlich sind, bleibt auf einer Seite Enttäuschung zurück.

„Ich konnte nicht lange an mich halten, ich mußte bald ihren Arm ergreifen, ihre Hand drücken und endlich ihr einen Kuß rauben. Sie macht mir noch Vorstellungen, daß ich ihr den Nachmittag verderbe, daß ich sie enttäusche, da ich sei wie alle Männer, warum ich denn nicht bloß ihr Freund bleiben könne."

Carl Emil W., Tagebucheintrag 1905

Carl Emil war häufig zu gesellschaftlichen Veranstaltungen eingeladen, bei denen getanzt wurde. Das waren Gelegenheiten zum Flirten, die er ausgiebig nutzte. In seinen Tagebüchern schwärmt er häufig von seinen Tanzpartnerinnen: „Das kleine, zierliche Ding hatte ein so nettes Gesicht und solchen weißen Teint, daß ich ganz gern meine Lippen etwas näher gebracht hätte, doch leider gab sich's auch später nicht und ich hätte es so gern gethan." Dabei hatte er keine Chance unversucht gelassen. Bei einer Tanzpause legte er den Arm auf ihre Stuhllehne und versuchte, sich ihr zu nähern, aber er kam nicht zum Ziel.

Doch da Carl Emil der Frauenwelt sehr zugetan und leicht entflammbar war, trauerte er dieser kühlen Schönen nicht lange nach, sondern ergriff andere Gelegenheiten bei Festen, Ausflügen, Einladungen und Reisen, um zu flirten. Zurückweisungen hielten ihn keineswegs davon ab, es bei anderen Damen zu versuchen. Heute scheuen sich viele vor Zurückweisungen und weichen auf das Internet aus, weil dort Ablehnungen leichter wegzustecken sind.

„Der schönste Tag meines Lebens! Vom ersten Augenblick umschlang mich ein festes Band mit Dir, Hans W.. Unsere Blicke begegneten sich fast wie ein Zufall und beide wußten wir, wir gehören zusammen! Ich kannte weder Dein Leben noch Deine Verhältnisse, nur las ich in Deinen lieben Augen, daß Du gut, viel besser als ich, sein müßtest. Ich glaubte fest ans Schicksal u. an die wunderbare Fügung. "

Marga, 21 Jahre, Tagebucheintrag von 1925, Deutsches Tagebucharchiv

---

Auch Marga liebte die Leichtigkeit des Flirtens. Doch anders als Carl Emil, hängte sie ihr ganzes Herzblut hinein, wenn ihr jemand gefiel. Schon 1921 als 17-Jährige schrieb sie in ihr Tagebuch: „Mein Unglück ist, daß ich so furchtbar leidenschaftlich bin, gerade in der Liebe!" Sie verliebte sich schnell, flirtete und träumte von der großen Liebe. Manchmal verließ sie die Männer, manchmal wurde sie verlassen. In ihrem Tagebuch zeigt sich, wie mit jeder zerbrochenen Liebesbeziehung die Enttäuschung größer wurde und die Bitterkeit zunahm. Dazwischen flammte die Hoffnung auf, die große Liebe doch noch zu finden. Als 25-Jährige schreibt sie in ihr Tagebuch: „Wie lebe ich, wie liebe ich so gerne! Die Natur erwacht zu neuem Leben u. auch in mir will es, muß es Frühling werden. […] Daß mein Weg mehr als einmal am Glück vorbei führte, hat mich hart gemacht. Ja, ich glaube bisweilen selbst nicht mehr, treu sein zu können. Ich habe so manches Menschenherz kennen gelernt, das mir heilige Liebe schwor, doch stellte man es auf eine kleine Probe, so mußte man bitter erkennen, daß Liebe und Treue doch so selten beieinander wohnen. Nun habe auch ich mich umgestellt. In jeder Gesellschaft, auf jeder Reise finde ich neue Verehrer. Jetzt spiele ich mit ihnen, wie man eben mit mir gespielt hatte. Bis – ja bis eines Tages der Mensch kommen wird, der mir nicht nur sein Herz, sondern auch seine Treue schenken wird."

Flirten wurde für Marga ein Mittel, um ihren Liebeskummer zu betäuben. Sie suchte die Zuneigung der Männer, aber sie wollte sich nicht mehr verletzbar machen, sondern ihre weibliche Macht spüren. „Ich stürzte mich ins Leben, spielte mit den Herzen der Männer. Ja, ich besaß bisweilen eine dämonische Kraft, mir alle die gefügig zu machen, die ich begehrte."

Marga nahm sich die Männer, die ihr gefielen, doch manchmal geschah es andersrum: „Ich gehe zum Zahnarzt. Plötzlich packt es ihn, er reißt mich an sich und küßt mich wie toll. Mit Mühe kann ich mich seinen Armen entwinden, er stammelt Entschuldigungsworte. Was bleibt mir anders übrig, als darüber hinwegzusehen, wie sehr sich auch mein Inneres darüber empört."

Auch ohne Smartphone und Tinder-App mangelte es Marga nicht an Flirtgelegenheiten: „Ich gehe mittags ins Geschäft, ein roter Mercedes stoppt, ein Kavalier aus Mannheim sucht Anschluß. Was soll mir ein so kleiner Flirt?" Ein andermal sitzt sie in einem Café. „Ein Herr lässt mich nicht aus den Augen, folgt mir dann auf Schritt und Tritt u. gibt sich erst zufrieden, bis ich ihm ein Rendez-vous gewähre. So lernte ich den Kunstmaler H. kennen."

Flirts überfallen einen nicht wie ein Blitz aus heiterem Himmel. Es ist ein Spiel, das sich wie eine Blumenblüte entfaltet, wenn beide mitspielen. Marga suchte den Flirt: „Habe in übermütiger Laune bisweilen im Café über 2 Tische hinweg geflirtet". Auch wenn sie in Begleitung war, hielt sie das nicht ab, ihre Wirkung auszutesten.

Doch das Glück fand sie bei diesen Flirts nicht: „Wen ich auch kennenlernte, mit wem ich auch ein Stück Weges wanderte, wenn ich ans Ziel kam, war ich allein. Nicht immer verlassen, aber immer enttäuscht." Die Frage ist, was Marga unter „Ziel" verstand? Wenn sie eine Beziehung mit den Männern aufgebaut hatte? Marga fragt sich, ob sie zu hohe Idealvorstellungen habe oder ob sie aus ihren Erfahrungen lernen sollte. Aber es war wohl keine Frage, der sie ernstlich nachging, sondern ein Ausdruck der Verzweiflung, denn durch ihr Tagebuch zieht sich immer wieder das gleiche Muster: Sie verliebte sich in Männer, die verheiratet waren oder sie nach einiger Zeit wegen einer anderen Frau verließen. Und sie hatte Affären mit Männern, die sie nicht liebte und die sie deshalb irgendwann verließ. Getrieben von der Suche nach der wahren, großen Liebe, stürzte sie sich von einer Beziehung in die nächste. 1933 enden ihre Tagebucheinträge. 24 Jahre lang schrieb sie nicht mehr. Dann folgt der letzte Eintrag. Im Mai 1957 erfuhr Marga, dass sie einen bösartigen Tumor hatte und nicht mehr lange leben würde. In ihrem Tagebuch sinniert sie über ihr Leben. Sie hatte einen „gütigen" Mann geheiratet, aber ihr Traummann war es nicht. In der Ehe habe sie sich einsam gefühlt, weil er ihr Herz nicht berührte. Und dennoch: Mit ihm hatte sie zwei wunderbare Kinder. Sie waren ihr größtes Glück.

Flirten Frauen anders als Männer? Suchen Frauen beim Flirten eine feste Beziehung, während Männer ein kurzes Abenteuer vorziehen? Verallgemeinern kann man das wohl nicht. Und dennoch: Auf den Seitensprungportalen im Internet sind Männer eindeutig an der Überzahl.

Im 18. und 19. Jahrhundert, als Männer die Eroberer waren und von Frauen große Zurückhaltung erwartet wurde, war die Musik ein wichtiges Flirtmittel. Wer ein Instrument beherrschte oder beim Singen wenigstens einigermaßen den Ton traf, war klar im Vorteil. Wenn Franz Liszt am Konzertflügel spielte, fingen die Damen an zu kreischen und wurden ohnmächtig wie Teenies heute, wenn Justin Biber auftritt. „Er spielt allen Damen das Herz aus dem Leibe", schrieb Friedrich Wieck, der Vater von Clara Schumann.

Manche Männer brachten ihrer Angebeteten ein Ständchen. Christina Gabriel, die Ende des 18. Jahrhunderts als Dienstmagd in einem Schloss arbeitete, erzählt: „Nachtmusik wurde mir oft gebracht. Wie angenehm und bezaubernd ist dieses auf dem Lande."

„Als du mir den ersten Kuß gabst, da glaubt' ich mich einer Ohnmacht nahe, vor meinen Augen wurde es schwarz, das Licht, das Dir leuchten sollte, hielt ich kaum."

Robert Schumann an Clara, 1835

Im Bürgertum war das Klavier ein beliebter Ort des Flirtens. Die Liebe zwischen Clara und Robert Schumann begann am Klavier und auch Ludwig van Beethoven hatte eine Schwäche für seine Klavierschülerinnen. Für Giuletta Guicciardi, die nicht besonders gut Klavier spielte, aber äußerst reizend war, komponierte er sogar ein leichteres Klavierstück: die berühmte Mondscheinsonate. Mit diesem Stück gewann er das Herz der Musikliebhaber, aber nicht das von Giuletta Guicciardi. Aus den beiden wurde kein Paar. Das lag nicht an ihren ungenügenden Klavierkenntnissen, sondern weil Giulettas Vater, ein Adeliger, seine Tochter standesgemäß verheiraten wollte und nicht mit einem mittellosen Klavierlehrer.

Wie sehr Mädchen durch gute Fingerfertigkeit am Klavier den Mann ihres Herzens zu beeindrucken versuchten, erzählt auch Sofja Kowalewskaja (1850–1891), die erste Mathematikprofessorin, in ihren Erinnerungen. Fjodor Dostojewski, der damals schon ein berühmter Schriftsteller war, kam oft zu Besuch in das Haus ihrer Eltern in Petersburg, genauer gesagt, zu Anjuta, Sofjas Schwester. Der 43-jährige Fjodor Dostojewski war verwitwet und hatte sich hoffnungslos in Anjuta verliebt. Sie war mehr als 20 Jahre jünger und erwiderte seine Gefühle nicht. Sofja hingegen bewunderte Dostojewski über alle Maßen und als er einmal zu Anjuta sagte: „Was für ein reizendes Schwesterchen Sie haben!" errötete sie. Sofja war überglücklich, dass er sie überhaupt wahrnahm. Ihre Zuneigung zu Dostojewski wurde immer stärker, je schwieriger die Beziehung zwischen ihm und Anjuta wurde. Als er einmal ihr Klavierspiel bewunderte, begann sie mit großem Eifer zu üben. Hatte sie bis dahin Klavierspielen als Pflichtprogramm absolviert, so verbrachte sie nun jede freie Minute am Klavier. In ihren Erinnerungen erzählt sie: „Ich kam darauf, für Dostojewski eine musikalische Überraschung vorzubereiten. Er hatte einmal davon gesprochen, daß er unter allen musikalischen Werken am meisten Beethovens ‚Grande Sonate pathétique' schätzte, weil sie ihn stets in ein Reich jenseits seiner selbst entrückte. Obgleich diese Sonate weit schwieriger war als alles, was ich bisher gespielt hatte, entschloß ich mich dazu, sie um jeden Preis einzuüben; und nachdem ich viel Zeit und Mühe dafür aufgewandt hatte, war ich tatsächlich imstande, sie einigermaßen gut vorzutragen."

Sofja wartete auf eine günstige Gelegenheit. Sie kam, als ihre Eltern und ihre Tante ausgegangen waren und Anjuta sich mit Kopfschmerzen zurückgezogen hatte. Dostojewski und Sofja waren alleine im Salon. „Ich schlug die ersten Akkorde an. Die Schwierigkeiten dieser Sonate, die Notwendigkeit, auf jede Kleinigkeit zu achten, die

Angst, danebenzugreifen, nahmen meine Aufmerksamkeit so völlig in Anspruch, daß ich von dem, was um mich geschah, nicht das Geringste wahrnahm. Ich hatte die Sonate beendet und war überzeugt, gut gespielt zu haben. In den Händen fühlte ich eine Müdigkeit, aber eine sehr angenehme, hervorgerufen durch das musikalische Erlebnis sowie durch das erhebende Gefühl, eine Aufgabe befriedigend erfüllt zu haben. Und nun erwartete ich das meiner Ansicht nach wohlverdiente Lob. Aber alles blieb still. Ich wandte mich um: Das Zimmer war leer. Mein Herz setzte aus. Ich wusste nicht, was ich denken sollte: mit einem bangen Vorgefühl ging ich ins Nebenzimmer. Auch hier entdeckte ich niemand. Ich hob eine Portiere hoch: In dem kleinen verwinkelten Salon nebenan gewahrte ich Fjodor Michailowitsch und Anjuta. Und, mein Gott, was mußte ich sehen! Sie saßen auf einem kleinen Sofa dicht nebeneinander, das Zimmer war von einer Tischlampe mit einem großen Schirm nur schwach beleuchtet; das Gesicht meiner Schwester konnte ich nicht erkennen, da es im Schatten lag; Dostojewskis Gesicht dagegen erkannte ich deutlich. Er sah bleich und verwirrt aus. Er hielt Anjutas Hand umfasst, neigte sich ihr zu und sprach mit leiser, etwas heiserer Stimme, die ich so sehr liebte, leidenschaftlich auf sie ein."

Sofja hörte, wie Dostojewski Anjuta seine tiefe Liebe erklärte und ihr einen Heiratsantrag machte. Sofja fühlte, als ob der Boden unter ihr weggezogen wurde. Offensichtlich hatte ihn Beethovens Sonate tatsächlich entrückt, allerdings nicht so, wie es sich Sofja erhofft hatte. Ein kleines Trostpflaster blieb ihr. Anjuta hatte den Heiratsantrag abgelehnt. So blieb ihr wenigstens erspart, dass Dostojewski ihr Schwager wurde.

Und wie ist es mit dem Flirten heute? Marlies, eine 46-jährige Texterin, die auf Onlinebörsen nach einem Partner sucht, erzählt im Interview mit Susanne Fröhlich und Constanze Kleis, dass es heute sehr schwierig sei, einen Partner kennenzulernen, ob auf Partys, in Clubs oder in der Straßenbahn: „Männer flirten nicht mehr. Frauen auch nicht. Alle schauen auf ihr Smartphone. Wir haben das Feld längst den Partnersuchportalen überlassen."

Männer sind beim Flirten oftmals unsicher, wie man sich Frauen gegenüber verhält, ohne aufdringlich zu wirken. In vielen südeuropäischen Ländern ist das anders. Italiener machen Frauen Komplimente und pfeifen ihnen hinterher. Während Italienerinnen wissen, dass es ein Spiel ist und lachend weitergehen, sehen es viele deutsche Frauen als plumpe Anmache. Aber es gibt auch Frauen, die den südländischen Charme genießen. Die bayerische Kabarettistin Monika Gruber sagt, einmal im Jahr fühle sie sich als Frau, nämlich dann, wenn sie nach Italien fährt. In Deutschland interessiere es keinen Menschen, ob eine Frau oder ein Dackel über die Straße gehe. In Italien hingegen, riefen die Männer hinter ihr her „Que belissima!" und andere Dinge, die sie nicht verstehe, die sich aber wunderbar anhören.

Flirten fällt den Italienern leicht. Das stellen sie jedes Jahr am mittleren Wochenende des Oktoberfestes unter Beweis, dem „Italiener-Wochenende", wenn sie die Campingplätze rund um München belegen. Dann wird im Festzelt geflirtet, was das Zeug hält. Auch die Deutschen geben ihr Bestes, brauchen allerdings etwas Starthilfe. Für die meisten ist es ein Maß Bier – oder zwei. Wem jedoch ein Maß Bier nicht ausreicht, um sich Mut anzutrinken und der bei zwei Maß am Tisch einschläft, für den gibt es andere Flirtunterstützung, zum Beispiel T-Shirts mit klaren Botschaften wie „Dirndl-Jäger auf der Pirsch". Vor einigen Jahren gab es Shirts mit der Botschaft wie „I steh auf di" oder „Ruafst mi o". Darunter war ein Code, den man mit dem Handy abfotografieren konnte und der nach der Entschlüsselung direkt zu der Facebook-Seite des anderen führte.

Unkomplizierter geht das „Obandeln" mit beschrifteten Wiesn-Lebkuchenherzen. Man trägt es entweder selbst, um auf seinen Status hinzuweisen, wie zum Beispiel „Heute Single!" oder verschenkt ein Herz mit der Aufschrift „I mog di", „Supergirl" oder „Zum Anbeißen". Damit ist schon die erste Hürde überwunden. Da es inzwischen für alle Situationen ein Lebkuchenherz gibt, muss man sich allerdings darauf gefasst machen, dass die Schöne auf ihr Wiesenherz zeigt, auf dem steht: „Du mich auch". Das ist als klare Abfuhr zu deuten. Auf Bayerisch übersetzt heißt das „„Schleich di". Hier hilft nur noch der Rückzug hinter das Bier.

Auch im Internet gibt es jede Menge Tipps. Die wichtigste Regel: Nicht zu viel trinken, denn Lallen kommt nicht gut an. Zeigt das

Mädchen Interesse, dann sollte man es auf keinen Fall zuquatschen, aber auch nicht ausfragen: „Ein Flirt ist kein Verhör. Frag nicht systematisch alle Details ab. Verheiratet oder Single? Job?", rät die Chauvi-Seite den Männern. Und vor allem solle man den Frauen nicht ständig auf den Ausschnitt starren. Auch Chauvis sind offensichtlich lernfähig, um erfolgreich zu flirten. Im Übrigen rät die Seite: Locker bleiben! Wenn es mit dem Flirten dieses Mal nicht klappt, dann beim nächsten Mal.

Wer heute Flirten lernen will, kann auf eine große Auswahl an Ratgebern, Flirtschulen und Flirtkursen zugreifen. Auch für Landwirte gibt es inzwischen Flirtseminare. Bei einem Kurs der Fachzeitschrift „topagrar" geht es um die Basics des Flirtens. Man lernt, wie ein Small Talk funktioniert und was die Körpersprache aussagt. Ein bisschen Überwindung kostet es schon. Eine junge Landwirtin, die an solch einem Seminar teilgenommen hat, erzählt, dass sie mit sehr gemischten Gefühlen zu der Veranstaltung fuhr: „Warum habe ich das getan? Ein Flirtseminar! So ein Quatsch! Auf was hab ich mich da nur eingelassen?" Ihre größte Sorge war: „Hoffentlich treffe ich niemanden von zu Hause, den ich kenne." Die Flirtwilligen kamen aus ganz Deutschland, vom hohen Norden bis aus dem südlichen Bayern. Ihr mulmiges Gefühl verschwand bald. Die Leute waren sehr sympathisch. Und das, was sie dort lernte, wie man souverän auftritt oder ein Gespräch beginnt, waren Dinge, die sie auch für ihren Beruf brauchen konnte, bei Verhandlungen mit dem Banker oder bei Gesprächen mit dem Landwirtschaftsberater. Was der Landwirtin besonders gefiel, war die lockere Stimmung. Statt verkrampft Flirtregeln auswendig zu lernen, empfahl der Seminarleiter, dass man einfach öfter rausgehen sollte und nicht von jeder Begegnung gleich das große Ding erwarten. Ein wahrlich wichtiges Grundprinzip! Um jemanden kennenzulernen, muss man offen für andere Menschen sein, ohne den Traumprinz-Scanner laufen zu lassen. Die Landwirtin lernte Gleichgesinnte kennen, plauderte mit ihnen abends bei einem Glas Wein über Kühe, Getreidepreise und Musik. Das Seminar war für sie in vieler Hinsicht ein voller Erfolg. Sie lernte eine Menge nette Leute kennen, erfuhr viel Neues über Auftreten und Kommunikation und kam mit einem Date in der Tasche nach Hause.

Wir standen gestern so gegen 18:30 oder 19:00 beide am
Zahnpasta-Regal, und du hast mich sooo nett mit deinen schönen
braunen Augen angelächelt ...
Blöd wie ich (Mädel mit kurzen braunen Haaren) bin habe ich
nur kurz zurückgelächelt und dann oberbescheuert nicht mehr zu
dir hingesehen.
Jetzt ärgere ich mich total über mich selbst, weil ich die ganze Zeit
denke, ich habe vielleicht eine tolle Chance verpasst!!
Falls es dir auch so geht, melde dich! Ich würde mich sehr freuen!!
P.S.: Ich bin sonst nicht blöd – nur in solch unerwarteten
Momenten. ;-)

www.will-dich-wiedersehen.de

Beim Flirten muss man die Gelegenheit ergreifen, wenn sie sich bietet. Wartet man zu lange, ist das hübsche Mädchen, das einen angelächelt hat, aus der Straßenbahn ausgestiegen. Flirten ist nichts für Menschen mit der Einstellung „Spontanität muss wohlüberlegt sein". Doch dank der modernen Medien haben auch Schüchterne und Zauderer eine zweite Chance, ihren Flirt kennenzulernen. Im Internet gibt es zahlreiche Flirtportals. Bei „Brizzl" zum Beispiel klickt man die Stadt an, in der man den anderen gesehen hat, und beschreibt die Flirtsituation. So schreibt zum Beispiel ein junger Mann unter der Rubrik „Er sucht sie": „Wir haben zusammen den Einstellungstest der Polizei absolviert seit wir uns unten im Foyer gesehen haben konnt ich mich kaum noch auf die Aufgaben konzentrieren :).Vielleich ließt du das ja und meldest dich mal."

Sollte der Verliebte durch den Test gefallen sein, liegt es bestimmt nicht nur an den Konzentrationsschwierigkeiten, sondern auch an der großzügigen Handhabung der Rechtschreib- und Kommaregeln.

„Ich habe dich/Sie gefragt was man für Ratatouille braucht,
weil ich eine Möglichkeit gesucht habe, dich anzusprechen.
Du hast mich sehr nett beraten. Ich könnte auch noch Hilfe für
die Zubereitung gebrauchen und das Essen würde ich auch gerne
mit dir teilen ;-)."

www.brizzl.de Er sucht sie, Berlin, Bio-Supermarkt

Ein anderer Mann setzt andere Schwerpunkte: „Du hast lange glatte blonde Haare, bist relativ groß, eng gebundene schwarze doc's und silberne Kreolen. Deine Mutter hatte eine sac petit noe von louis vuitton und ihr habt euch prächtig verstanden." Mit Handtaschen scheint er sich besser auszukennen als mit Flirten.

Auf der Suche nach einem verpassten Flirt im Zug:
Hallo Unbekannte,
ich bin zwar gerade erst nach Hause gekommen, aber irgendwie hab ich das Gefühl, eine Chance verpasst zu haben.
WAAAH - nicht auszudenken!
Um die Situation noch einmal zu vergegenwärtigen: wir waren Leidensgenossen in einem Abteil ohne Klimaanlage und gefühlten 40°C, dafür mit der wundervollen Betreuung durch drei Junggesellen-Trupps (von denen natürlich nicht die Jungsgruppen mit kühlem Bier, sondern der Mädelstrupp mit lauwarmem Eierlikör vorbeikam).
Wahrscheinlich zu spät, denn erst danach kam ein Gespräch zwischen uns auf – und das war dann schon in Remagen.
Ich hätte es unpassend gefunden, nach der kurzen Zeit nach Deiner Tel-Nr. oder mail-adresse zu fragen – jetzt finde ich es unpassend, es nicht gemacht zu haben.
Wahrscheinlich lag es am verdunsteten Hirnwasser.
Du bist jetzt noch auf dem Weg nach Bochum (und schwitzt wahrscheinlich noch) – vielleicht meldest Du Dich ja auf diesem Weg (dem Forum der verpassten Chancen) – ich würde mich jedenfalls sehr freuen,
Florian

www.will-dich-wiedersehen.de

Neben vielen anderen Portalen, auf denen man seinen Flirt wiederfinden kann, wie „Spotted" oder „Will dich wiedersehen", haben auch die städtischen Verkehrsbetriebe spezielle Seiten eingerichtet, wie zum Beispiel München. Dort schreibt ein Mann: „Ich suche die Frau die heute morgen meine Platinen zum Glühen gebracht hat! Deine müden Augen haben mich verzaubert und ich habe mir beim

Anfahren der U-Bahn versehentlich meinen Kaffee über das Hemd geschüttet. Du hast höflicherweise so getan als hättest Du es nicht bemerkt, obwohl die anderen Fahrgäste gelacht haben. So konnte ich Dich doch unmöglich ansprechen ... Nun bekomme ich Dich aber nicht mehr aus meinem System und würde Dir gerne mehr von mir und meiner Arbeit als System-Informatiker einer großen Firma erzählen. Vielleicht darf ich Dich mal zum Essen einladen? Melde Dich – ich warte voller Hoffnung!"

Um seinen Flirt wiederzufinden, braucht man Glück. Für den anderen muss der magische Moment ebenso bedeutungsvoll gewesen sein wie für einen selbst, sodass er daran anknüpfen möchte. Und dann ist fraglich, ob er in einem Flirtportal nachschaut und zwar im gleichen. Erfolgsmeldungen gibt es kaum. Die Flirtportale sind ein Friedhof voll verpasster Flirts, die vor sich hin verwesen. Viel aussichtsreicher ist es, den Flirt gleich anzusprechen oder eine neue Flirtmethode anzuwenden, die in New York populär ist, nämlich dem anderen eine Datingkarte zu geben. Man könnte natürlich auch einfach eine Visitenkarte oder seine Handynummer überreichen, aber eine Datingkarte ist origineller und macht neugierig. Auf der Karte steht ein Spruch wie „Can I see you again" oder „This card will change your life". Der Vorteil ist, dass man nicht seine privaten Daten freigibt, sondern nur sein Profil auf dem Flirtportal. Empfehlenswert ist es, eine Karte griffbereit zu haben, sodass man nicht erst in den Tiefen der Taschen hektisch kramen muss, und der andere schon weg ist, wenn man sie endlich gefunden hat und freudestrahlend überreichen will. Auch seinen ganzen Stapel Datingkarten aus der Tasche zu ziehen, um eine passende auszuwählen, kommt nicht gut an. Da fragt man sich: Was hat er – oder sie – mit den anderen Karten noch vor? Wirkungsvoller ist es, dem anderen charmant lächelnd eine Karte zu überreichen. Den neugierigen Blicken des Sitznachbarn entgegnet man am besten: „Ich habe heute leider keine Karte für dich."

Fensterln, Maibäume und Taktieren – von Anbandelbräuchen und Datingregeln

„Die meisten Dating-Ratgeber erklären das Miteinander
von Männern und Frauen zu vermintem Gelände, durch das
man den Weg nur findet, wenn man eines dieser Bücher wie
eine kugelsichere Weste vor sich herträgt."

Aus: „Ein Date mit Mr. Darcy" von Lauren Henderson

Wie lernt man den Richtigen kennen? Wer macht den ersten Schritt? Es gibt keine Spielregeln, so wie es früher der Fall war. Insgeheim hoffen die Frauen zwar, dass die Männer den ersten Schritt machen, aber viele Männer positionieren sich hier überraschend klar als engagierte Verfechter der Gleichberechtigung, wie es sich Frauen bei der Hausarbeit oder im Beruf nur erträumen können. „Nehmen wir die Emanzipation ernst!", sagt der Journalist Felix in einem Zeit-Gespräch über die Liebe: „Ich will nicht immer der Trottel sein, der ankommt und dann irgendeinen dummen Spruch macht. Na? Auch hier? Wenn wir Arbeit und Macht gleich verteilen, dann bitte auch die Scheißarbeit. Also Frauen: Sprecht uns an. Und vor allem: Sprecht mich an."

Früher haben viele Bräuche geregelt, wie Frauen und Männer zueinander finden, vor allem auf dem Land. In fast allen Bräuchen kam dem Mann die Rolle des Eroberers zu. Die Frau hingegen musste sich zurückhalten. Wer aus der Rolle fiel, wurde streng bestraft, denn auch Fehlverhalten wurde durch Bräuche geregelt.

Männer warben um die Frauen auf Festen oder in den Spinnstuben. Das Kennenlernen geschah also immer unter Beobachtung. Jeder Tanz, jedes Lächeln wurde registriert. Wollte man sich näher kennenlernen, so war es schwierig, sich alleine zu treffen. Im 18. Jahrhundert war es in vielen Gegenden üblich, dass die Eltern beim Rendezvous dabeisaßen, oder dass die alte, ledige Tante als Aufpasserin abgestellt wurde, die die Zweisamkeit zuverlässig überwachte. Bei Mägden und Knechten übernahm oft der Dienstherr diese wichtige Aufgabe. Die Sittenwächter hatten eine große Verantwortung. Immerhin mussten sie mit einer Strafe rechnen, wenn sie Annäherungsversuche durchgehen ließen. Man kann sich vorstellen, wie entspannt das Kennenlernen unter diesen Umständen war.

Um sich abseits des Dorfpublikums zu sehen, besuchten die jungen Männer ihre Angebetete nachts. Das war in vielen Gegenden Deutschlands üblich und auch in Österreich und der Schweiz. Man nannte diese Treffen Heimgarten, Nachtfreien, Kiltgang, Schlutgehen oder Fensterln. Heute heißt es Windowing. Manche Bräuche sterben nicht aus, sondern bekommen nur neue Namen.

„Einmal brachte ich meine spätere Frau spät abends heim.
Wir ratschten noch zwischen den Holzstößen. Und – entweder sie
hatte den Haustürschlüssel vergessen, oder wir kamen zu spät –
jedenfalls war die Haustüre zugesperrt. Sie meinte zu mir: ‚Auf
der Tenn ist einen Leiter, die holen wir, dann kann ich oben im
Fenster hineinsteigen.‘ (…) Also holten wir die Leiter. In dem
Moment kam der Rossknecht, der damals noch in einer Kammer
im Rossstall schlief, und sieht mich mit der Leiter. Er hatte
natürlich nichts anderes im Sinn, als dass ich bei ihr im Bett
gewesen wäre: Das war aber gar nicht der Fall. ‚Ja, jetzt habe ich
euch beim Fensterln darwischt!‘, rief er. Danach hat er mir
schon geholfen, die Leiter wieder in die Tenn zurück zu bringen.
Aber geglaubt hat er mir nicht, dass er mich nicht beim Fensterln
erwischt hatte."

Handwerker aus Rottau, Ende der 40er-Jahre,
im Interview mit Maria Anna Willer

In Bayern war das Fensterln fast schon ein Volkssport und ging durch alle Bevölkerungsschichten – vom einfachen Tagelöhner bis zum reichen Bauernsohn. Zahlreiche Liebesgeschichten erzählen davon. Und auch von den Missgeschicken, wenn der Nebenbuhler die Leiter umwarf und der Verehrer, fast schon am Ziel seiner Träume, auf dem Misthaufen landete. Oder wenn der heimliche Liebhaber nicht so treffsicher war und die Steinchen an das falsche Fenster warf. Das Fenster der alten Großmutter war meist ungefährlich, weil sie schwerhörig war, aber wenn man das Fenster des elterlichen Schlafzimmers traf, war es aus mit heimlichen Rendezvous. Entweder der Liebhaber wurde in die Flucht geschlagen oder er musste sich offiziell zu seiner Liebe bekennen und sie heiraten, je nachdem wie die Heiratspläne der Eltern aussahen.

Waren zwei junge Leute schon offiziell ein Paar, so war ein nächtlicher Besuch durchaus akzeptiert. Auch wenn die Frau schwanger wurde, war es kein Drama, solange die Heiratsabsicht klar war. Allerdings zögerte das Paar dann nicht mehr, sondern beeilte sich mit der Heirat, um das Kind noch als eine Frühgeburt präsentieren zu können.

„Ehedem mussten geschwächte Weibespersonen am Tage ihrer Hochzeit an statt des Brautkranzes zum Zeichen ihrer verlorenen Ehre mit dem Strohkranze erscheinen, welcher Gebrauch in einigen Gegenden noch üblich ist, da denn eine solche Hochzeit eine Strohhochzeit genannt wird.“

Johann Christoph Adelung, 1780, zitiert in Hans Moser:
Jungfernkranz und Strohkranz

Das Ideal war die jungfräuliche Heirat. Dann durfte die Braut bei ihrer Hochzeit die prächtige Brautkrone tragen, die von der Obrigkeit für diesen besonderen Tag verliehen wurde. Hatte die Braut schon ein Kind, dann musste sie in manchen Gegenden einen Strohkranz tragen. Dazu kam, dass die Kirchenglocken nicht läuteten. Eine zutiefst demütigende Situation, nicht nur für das Brautpaar, sondern für die ganze Familie. Man kann sich deshalb vorstellen, dass die Eltern ein strenges Auge auf das Liebesleben ihrer Kinder warfen.

Die bayerische Obrigkeit betrachtete das Fensterln im 18. Jahrhundert nicht als harmloses Vergnügen. Die nächtlichen Besuche standen unter Strafe. Allerdings wurde kaum eine Strafe vollzogen, denn das Fensterln konnte nur schwer kontrolliert werden. Es sei denn, man legte sich nachts auf die Lauer und wer hatte dazu schon

Lust nach einem langen Arbeitstag. Die Strafe war mehr als Drohung gedacht, damit nicht wild durcheinander gefensterlt wurde.

> *„Alle unehelichen Beiwohnungen sollen bei hoher Strafe ganz und gar verboten sein. Söhne und Töchter dürfen erst mit 25 Jahren heiraten, außer die Eltern oder Vormünder wissen davon und das Gericht hat die Trauung gestattet. Unzulässige, leichtfertige Ehen werden mit Ausschluss vom elterlichen Erbe, mit Leibesstrafen oder mit Verweisung aus dem Gericht bestraft.“*
>
> Rechtsbuch von Grassau und Bergen, 1799

Doch was die Obrigkeit vorgab und was bei den Menschen auf dem Land Brauch war, lag oft sehr weit auseinander. In vielen Gegenden gehörte das Fensterln zur Brautwerbung. Der Ablauf war fest geregelt. So verlief die Eheanbahnung in einem bayerischen Dorf in drei Phasen: Zuerst bekam der Liebeswerber Unterstützung von anderen jungen Männern. Alle zusammen besuchten die Auserkorene und plauderten mit dem Mädchen am Fenster. Bei der nächsten Etappe der Annäherung besuchte der Mann das Mädchen alleine. Dieses Mal durfte er über das Fenster in die Schlafkammer. Die beiden unterhielten sich und dabei sollte es auch bleiben. In der dritten Phase lag es bei der Frau, ob sie mit dem Verehrer intim werden wollte. Dazu war sie allerdings erst bereit, wenn ihr der Mann die Ehe versprochen hatte.

Nicht immer lief es so geregelt ab. Manch ein Mann verschaffte sich Zutritt mit Gewalt. Auf der Insel Föhr wurde das Nachtfreien deshalb 1740 verboten.

Das Kennenlernen durch Nachtfreien war also sehr öffentlich. Die ganze Nachbarschaft bemerkte es, wenn das Mädchen nächtlichen Besuch bekam. Deshalb blieb es auch nicht verborgen, wenn ein Mann eine Abfuhr bekam. Öffnete eine Frau das Fenster nicht, war es eine Schmach, die der Verehrer nicht einfach so hinnahm. In einem Gerichtsprotokoll von 1806 in Schleswig-Holstein wird berichtet, dass ein Mann das Fenster einschlug, weil das Mädchen nicht aufmachte. Seinem erstaunten, ortsfremden Begleiter erklärte er, das sei hier so Mode, wenn ein Mädchen keine Antwort geben würde.

Auch für das Mädchen hatte es weitreichende Folgen, wenn sie nicht öffnete. Sie hätte schwer einen Ehemann gefunden, weil nicht jeder Mann bereit gewesen wäre, eine so öffentliche Abfuhr zu riskieren.

Nachtfreien auf der Insel Fehmarn
„Das Fenstern ist eine naive Liebeserklärung und Brautwerbung,
welches den Namen: ländlich, sittlich, ganz vorzüglich verdient.
Sobald ein Fehmaraner ein schönes Mädchen sieht, kennen lernt,
sey es in der Kirche oder in Gesellschaft und liebt, so geht er in der
Mitternacht, wenn Hausherr und Haushahn schlafen, zu dem
Haus seines Liebchen und ohne dem Mädchen durch irgendeinen
zärtlichen Liebesbrief, in Prosa oder Versen seine Liebe vorgeseufzt,
oder sein Rendezvous erfleht zu haben oder eine Guitarre mitzu-
nehmen und ihr eine hinreissende Nachtmusik zu machen, klopft
er an ihr Kammerfenster und ruft: ‚Lüt Mäderken, Lüt Mäderken,
maak apen!‘ Lüt Mäderken kennt das Klopfen und den Ausruf
schon seit Jahren aus der Nachbarschaft und macht offen.
Unterliesse sie es, so würde der Liebhaber ihr das Fenster einwerfen
und sie zeitlebens Jungfrau bleiben.“

Aus: „Hamburgischer Briefträger“, 1803

Beim Fensterln war es immer der Mann, der die Frau besuchte. Dass eine Frau die Leiter hervorholte, um zu ihrem Liebsten zu gelangen, darüber ist nichts bekannt. Diese Ungleichheit des Brauches hat vor einiger Zeit für Furore gesorgt. Studenten der Universität Passau hatten für einen Sportwettbewerb, den „Campus Games“, einige besondere Herausforderungen geplant. Eine Disziplin war das Fensterln. Die jungen Männer sollten möglichst schnell über eine wackelige Leiter klettern und dabei etliche Hindernisse überwinden, um das Ziel, die „Angebetete“, zu erreichen. Als Belohnung für die ganzen Strapazen durfte er sich bei ihr einen Kuss abholen. Die Gleichstellungsbeauftragte fand das nicht so lustig wie die Studenten. Die Frauen würden zum Objekt degradiert. Und auch der geplanten Disziplin „Wife Carriing“ konnte sie nichts abgewinnen. Bei diesem Wettspiel sollten die Sportler mit einer Frau über der

Schulter um die Wette rennen. Als Lohn winkte dem Sieger Bier so viel wie die Frau wog. So wurden diese sportlichen Disziplinen abgesagt. Die Alternative wäre gewesen, auch die Frauen zum Fensterln zu schicken und ihnen einen Mann auf die Schulter zu legen. Aber dazu war die Vorbereitungszeit zu kurz. Wahrscheinlich hätten die Frauen auch keine Lust gehabt, mit einem Mann am Hals durch die Gegend zu rennen. Andersrum wäre es ihnen vermutlich lieber gewesen. Es war ein Spiel, dem zu viel Gendergewicht aufgeladen wurde. In manchen Dingen sind die Vorstellungen von Spaß sehr unterschiedlich.

Früher, als Fensterln kein Spiel, sondern purer Ernst war, wurden Frauen tatsächlich häufig als Objekt behandelt. Auf der einen Seite erwartete man von ihnen äußerste Zurückhaltung und auf der anderen Seite galten Mädchen, die Verehrer abwiesen, als arrogant und wählerisch. Öffnete ein Mädchen „zu bereitwillig" ihr Fenster, griffen die Burschen in manchen Dörfern sogar zu rabiaten „Erziehungsmethoden": Sie banden das Mädchen am Fensterkreuz fest. Dort musste sie die ganze Nacht ausharren, bis sie morgens jemand befreite. Öffentliche Schande war die Höchststrafe im Dorf. Ein Mädchen konnte leicht in Verruf geraten. Deshalb musste ein Bursche diskret sein, wenn er ein Mädchen umwarb.

Wie ein Mädchen das Fensterln erlebte, erzählt Anna Wimschneider in ihren Erinnerungen: „Eines Nachts kam ein Bursch an mein Kammerfenster. Es war gegen Mitternacht. Meine Schwester schlief auch in der Kammer. Eine Weile ließ ich ihn klopfen und rufen. Weil aber keine Ruhe wurde, öffnete ich doch das Fenster. Wir redeten eine Weile miteinander, dann fing der Bursche an zu jammern, daß ihm so kalt sei und ihm die Zehen frieren, ich möchte ihn doch in mein Bett lassen, damit er sich aufwärmen könne. Zwar wollte ich das nicht recht glauben, er aber ließ nicht nach. Er war aus der Nachbarschaft und ich kannte ihn gut. Schließlich ließ ich ihn doch herein. Da waren wir bald schön warm im Bett, und er rückte mir immer näher und wurde handgreiflich. Das gefiel mir nicht mehr so recht. Da nahm ich von der Außenseite das Leintuch und wickelte mich darin ein, so war er von mir abgeschnitten. Da blieb er nicht mehr lange, zog sich an und ging heim. Meine Schwester schlief so fest und hat nichts gehört, auch der Vater nicht. Am nächsten Morgen war Sonntag, und ich ging zur Kirche. Auf dem Kirchplatz standen die Burschen und lachten ganz laut über mich und auch über den Burschen, weil ich mich ins Leintuch eingewickelt hatte."

Bräuche regelten gesellschaftliche Ordnungen – Ordnungen, die von Männern aufgestellt wurden. Wer sich nicht daran hielt, wurde öffentlich gerügt. Das betraf auch das Verhältnis von Mann und Frau. In der Ehe hatte der Mann das Sagen und die Frau ordnete sich ihm unter. Kehrte sich das Machtgefüge um, so wurde der Mann mit einem Rügebrauch zurechtgewiesen. Im Mittelalter deckten die Nachbarn und andere Dorfbewohner dem Ehepaar das Dach ab, wenn sich der Mann von seiner Frau schlagen ließ. Wie bei allen Bräuchen war die öffentliche Bloßstellung die größte Strafe. Wahrscheinlich griffen Männer zu einer solch drastischen Strafe aus lauter Angst, dass die Frauen sonst das Ruder übernehmen würden. Dass umgekehrt ein Mann seine Frau schlug, wurde zwar auch nicht gern gesehen, aber es wurde nicht bestraft. Großbauern hatten zudem als Hausväter ein Züchtigungsrecht, um ihre Frauen, die Mägde und Knechte auch körperlich zu bestrafen.

Es gab aber auch Bräuche, bei denen die Dorfbewohner die Partei der Frau ergriffen, zum Beispiel, wenn ein Mann seine Familie verlassen wollte. Junge Arbeiterinnen heirateten ihren Freund oftmals erst, nachdem sie ein oder zwei Kinder mit ihm hatten. Entzog sich der Vater der Kinder der Verantwortung, dann machten seine Arbeitskollegen und Nachbarn Katzenmusik vor seinem Haus, was keine Musik war, sondern Lärm mit Waschbrett, Kochlöffeln und Kochtöpfen.

Andere Bräuche, die das Kennenlernen von Mädchen und jungen Männern regelten, waren Maibräuche am Ersten Mai. An diesem Tag wurde an vielen Orten ein Maibaum aufgestellt, wie es auch heute noch Brauch ist, vor allem in Bayern. Im Spätmittelalter war es der Beginn des Frühlings und das Zeichen der Tanzfreiheit und der Ritterspiele. Verbreitet hat sich der Maibaum allerdings erst im 20. Jahrhundert. Unter dem Maibaum wird gefeiert und getanzt.

Auch Anbandelbräuche entstanden rund um den Ersten Mai, um die aufkommenden Frühlingsgefühle gleich in geordnete Bahnen zu lenken. In vielen Gegenden in Deutschland, wie zum Beispiel im Rheinland, stellen junge Männer ein kleines, geschmücktes Birkenbäumchen vor das Haus oder auf das Dach der Liebsten. Dass ein Mädchen am Morgen zwei oder mehrere Maibäumchen vorfindet, kommt nicht vor. Hat sie mehrere Verehrer, so entsorgen die jungen Männer das Konkurrenzbäumchen, um ihr eigenes aufzustellen. Damit das nicht passiert, bewachen die jungen Männer ihr Bäumchen.

Bräuche haben auch negative Seiten: Menschen werden ausgeschlossen oder sie werden gerügt, so auch bei den Maibräuchen. Diese Rügebräuche kommen auch heute noch vor, aber sie waren besonders früher sehr verbreitet. Statt geschmückter Bäumchen stellten manche junge Männer einem Mädchen einen „Schandmaien" vor die Tür. Das konnte ein Nadelbaum sein, eine verkrüppelte, unansehnliche Birke oder ein wilder Kirschbaum, dem man die Blätter abgestreift hatte. Oder man schüttete Häcksel vor die Tür, der bis zur Straße führte, sodass die „Schande" für jeden sichtbar war. Damit bestraften die jungen Männer Frauen, die sich nicht an den Aktivitäten der Dorfjugend beteiligten und deshalb als hochnäsig galten oder die sich zu sehr mit Burschen einließen. Einem Mädchen, dem man Tratschsucht nachsagte, stellten die Burschen ein Espenbäumchen vor die Tür, bei dem sich die Blätter wild bewegten; manchmal war es auch noch mit Klappern behängt. Und auch hier sind es wieder die Mädchen, die öffentlich bloßgestellt wurden, wenn sie nicht der dörflichen Moral entsprachen. Und nicht nur dann: Manch ein Verehrer rächte sich mit einem Schandmaien bei dem Mädchen, wenn er abgewiesen wurde.

Ein anderer Maibrauch ist das Mailehen, das es seit dem 17. Jahrhundert gibt. Unverheiratete Mädchen wurden jungen Männern als Lehen, als eine Art Leihgabe, übertragen und zwar durch Verlosung, Ausrufung oder Versteigerung. Für eine bestimmte Zeit, meistens ein Jahr, war das Mädchen die Begleiterin des Mannes, zum Beispiel bei Dorffesten oder beim Tanzen. Der Sinn des Brauches war, dass die Dorfjugend als Paar in die ländliche Gesellschaft hineinwuchs und eine Art Probeehe unter sozialer Kontrolle führte. Organisiert wurde dieser Brauch von den Junggesellenvereinen, die streng überwachten, wer wen heiratete. Im 17. und 18. Jahrhundert teilten die jungen Männer im Wirtshaus oder auf dem Dorfplatz die unverheirateten Mädchen untereinander auf. Dabei zeigt sich die Ökonomie des Heiratsmarktes wieder, die auch heute noch vorhanden ist, wenn auch nicht so sichtbar. Heute bekommen die attraktivsten Männer die hübschesten Frauen, damals der reiche Bauernsohn die reiche Bauerntochter. Für die beliebten, wohlhabenden Mädchen war es vielleicht angenehm, wenn die Burschen wetteiferten und sich gegenseitig überboten, um das Mädchen als Begleiterin zu gewinnen. Aber für viele Mädchen war der Brauch nicht lustig. Sie mussten bangen, ob überhaupt jemand Interesse an ihnen hatte. Eine Situation, die viele nachfühlen können, die im Sportunterricht in keine Mannschaft gewählt wurden, sondern übrig blieben und dann einer Mannschaft zugewiesen wurden, die keinen Hehl über ihren Unmut machte. Bei den Versteigerungen mussten sich die Mädchen abwertende Kommentare anhören. Hätte ein Mädchen nicht einfach sagen können: Bei so einem Schwachsinn mache ich nicht mit? Dann hätte sie befürchten müssen, dass ihr die Burschen einen Schandmaien vor die Tür stellen.

„Am letzten Apriltage, des Abends nach den Polizeistunden, wird alljährlich hierselbst von den jungen Leuten des Dorfes in einem Wirtshause, in welchem Branntwein verabreicht wird, eine Verhandlung gepflogen, auf welche Euer Hochwohlgeboren Aufmerksamkeit zu lenken ich aus polizeilichen Rücksichten mich verpflichtet halte. Die Verhandlung, von den jungen Leuten Mailehen-Schreiben genannt, besteht darin, daß die genannten jungen Leute die erwachsenen Mädchen des Ortes gewissermaßen unter sich eine öffentlichen Versteigerung ausstellen, und sie dem Meistbietenden mit gewissen (...) Rechten zuschlagen. Der aus dieser Versteigerung gewonnene Erlös wird alsdann von

ihnen in dem Wirtshause, in welchem die Handlung vorgenommen wird, verzehrt. Daß dieses Geschäft eine reiche Gelegenheit biethet, um gewisse, ihnen mißliebige Mädchen dem öffentlichen Spotte und Hohngelächter Preiß zu geben und durch übermäßigen Genuß von Branntwein lärmende Störungen der Nachtruhe herbei zu führen, brauch ich wohl kaum sagen. "

Gemeindevorsteher von Troisdorf an den Bürgermeister von Siegburg, 1851

Auch heute gibt es noch Mädchenversteigerungen. Der Meistbietende bekommt das schönste und beliebteste Mädchen. Die Frau wird dann zur Maikönigin und der Mann zum Maikönig gekürt. Die Mädchen, an denen niemand Interesse hat, werden am Schluss im Sack verkauft. Ein frauenverachtender Brauch! Die Männer erheben nicht nur einen Anspruch auf die jungen Mädchen als wären sie ihr Eigentum, sie preisen sie auch noch an wie auf dem Viehmarkt. Dabei betonen sie die Vorzüge der Mädchen oder – noch schlimmer – sie machen sich über ihre körperlichen „Mängel" lustig. Viele Mädchen machen bei der Mädchenversteigerung nicht mehr mit. Und andere Mädchen drücken dem Brauch ihre eigene Handschrift auf. Sie haben den Spieß umgedreht. Nun ersteigern sie sich die jungen Männer, die ihnen gefallen. Ist das nun männerfeindlich oder ist es die wohlverdiente Rache? Andererseits genießen die Männer auch die angenehmen Seiten der getauschten Rollen. Mit etwas Glück bekommen sie von den Mädchen ein Birkenbäumchen vor die Tür gestellt, allerdings nur an Schaltjahren.

In einem rheinländischen Ort haben junge Frauen der Mädchenversteigerung etwas anderes entgegengesetzt: Sie haben eine Frauenbeauftragte gewählt, die für sie eintritt. Viele Junggesellenvereine haben die Mädchenversteigerung inzwischen abgeschafft und andere Formen des Feierns gefunden.

Ein Brauch, der in den letzten Jahrzehnten sehr populär geworden ist, ist der Valentinstag am 14. Februar. Das ist der Tag, an dem junge Männer der Dame ihres Herzens Blumen schenken oder eine Valentinskarte schreiben. Der Brauch, mit dem man seine Liebe zeigt, ist inzwischen zum Zwang geworden. Auch wenn sich nicht jeder vorschreiben lassen will, wie und wann er seiner Zuneigung

Ausdruck gibt, kann ein Mann diesen Brauch nicht einfach ignorieren. Schenkt man seiner Liebsten nichts, während ihre Freundinnen vom romantischen Essen zu zweit vorschwärmen, kann das eine gewaltige Beziehungskrise nach sich ziehen. Dennoch muss man sich nicht der Diktatur eines Brauches unterwerfen. Verteilt man Zeichen der Zuneigung über das Jahr großzügig, so kann man durchaus vereinbaren, den Brauch zu übergehen.

Inzwischen hat sich der Valentinsbrauch auch in Schulen ausgebreitet. In Klassen gibt es inzwischen Sammelbestellungen von Rosen. Wer nicht nur Blumen sprechen lassen möchte, kann auch eine Valentinskarte dazu bestellen. Doch ähnlich wie bei den Maibräuchen birgt auch dieser Brauch eine öffentliche Bloßstellung in sich. Wenn ein Mädchen am Valentinstag keine einzige Rose bekommt, während alle anderen eine oder mehrere in der Hand halten, und die Freundin einen ganzen Rosenstrauß bekommen hat, geht das ganz schön ans Eingemachte. Manche Schülerin fühlt sich als Loser, hässlich und langweilig. Ein Vater von zwei Teenagertöchtern aus England erzählte, dass eine seiner Töchter am Valentinstag immer mit mehreren Valentinskarten aus der Schule kam, während seine andere Tochter keine erhielt. Weil sie so traurig darüber war, überlegte er, ob er ihr eine Karte anonym schreiben sollte. Aber er hatte die Idee verworfen, was eine gute Entscheidung war. Das Mädchen hätte sich zwar gefreut, aber sich dann wahrscheinlich viele Gedanken gemacht, wer wohl der heimliche Verehrer ist – und dann noch womöglich den Falschen vermutet.

Wer genau dieser Heilige Valentin war, weiß man nicht. Immerhin kennt die Kirchengeschichte drei Heilige mit diesem Namen. Einem von ihnen, Bischof Valentin von Terni, wird nachgesagt, dass er trotz Heiratsverbot für Christen, an diesem Tag Massentrauungen durchgeführt habe. Außerdem erzählen verschiedene Legenden von einem Mönch namens Valentin, der Liebespaaren Blumen über die Klostermauer gereicht habe.

In England wird der Valentinstag seit dem Mittelalter gefeiert. Gedichte und Liebesbriefe bezeugen den 14. Februar als Tag der Liebe. An diesem Tag wurden Paare ausgelost, ähnlich wie beim Maibrauch, allerdings nicht in Dorfkneipen, sondern bei Gesellschaftsabenden. Alle Gäste bekamen ein kunstvoll gestaltetes Kärtchen, auf den sie ihren Namen schrieben. Dann legten sie die Kärtchen in eine Schachtel, die für Frauen und Männer getrennt waren. Anschließend zog jeder eine Karte und bekam somit seinen Valentine. Oftmals schenkte man einander etwas oder schrieb ein Gedicht. Im 17. Jahrhundert kamen die ersten Valentinstagkarten auf, die sich Liebende schickten.

Am Valentinstag 2001 ging übrigens „Paarship" als erste Onlinedatingbörse in Deutschland online.

Bevor man Anbandeln kann, muss man sich erst mal auf dem Heiratsmarkt umsehen, wer überhaupt noch frei ist. Während es heute einige Recherchearbeit braucht, um herauszufinden, wer noch Single oder schon in festen Händen ist, konnte man das früher an der Kleidung erkennen. Frauen, die unter der Haube waren, hatten eine Kopfbedeckung, ledige Mädchen in der Regel nicht. Heute funktioniert die Symbolsprache nur noch beim Dirndl. Singlefrauen binden ihre Schürze auf der linken Seite, Verheiratete rechts, was sie allerdings nicht daran hindert, beim Oktoberfest die Seite mal zu wechseln.

Die Tracht hat früher nicht nur gezeigt, ob das Mädchen verheiratet war oder nicht, sondern auch, ob sie wohlhabend war. Die Zeichensprache der Kleidung war unmissverständlich. Das Foto eines Mädchens aus dem 19. Jahrhundert in Hessen zeigt, dass sie 16 Röcke übereinander trug. Jeder einzelne war nummeriert. So mussten sich die Bewerber nicht groß mit dem Zählen abmühen, sondern bekam gleich einen Überblick über die Sachlage. Für jeden war klar, dass sie eine ordentliche Mitgift bekommen würde. Dass diese Menge an Röcken das Mädchen nicht unbedingt attraktiver machte, kann man sich gut vorstellen. Doch das ist unsere heutige Perspektive. Eine gute Mitgift machte damals jede Frau schön, zumindest in den Augen der aufstrebenden Männer. Heute kann man anhand der Kleidung nicht mehr auf den finanziellen Status schließen. Eine Frau mit Gucci-Jacke und Prada-Handtasche hat diese nicht unbedingt in einem überteuerten Haut-Couture-Store gekauft, sondern im Outlet-Center zum Schnäppchenpreis.

Heiraten war das Lebensziel und der Wunschtraum von jungen Mädchen. Genau wie heute fragten sie sich auch damals: „Wo bleibt der Prinz mit seinem Scheiß-Gaul." So wie dieser Postkartenspruch hätten sie es wahrscheinlich nicht formuliert, aber empfunden haben sie wohl ähnlich. Deshalb versuchten die Mädchen in den Losnächten, die zwischen Weihnachten und Heilige Drei Könige liegen, einen Blick in die Zukunft zu erhaschen. In diesen Losnächten, sagte man, lüftet sich der Schleier, der über der Zukunft liegt, und gibt einen Moment den Blick frei. So werden an Silvester mit Bleigießen Zukunftsprognosen gestellt. In der Thomasnacht, am 21. Dezember, war die Stunde der unverheirateten Mädchen. Sie stellten sich rückwärts zur Tür und warfen den linken Schuh über die Schulter. Zeigte die Schuhspitze zur Tür, so war es ein Zeichen, dass im kommenden Jahr ein Bräutigam das Mädchen holen würde und mit ihm zur Tür hinausging. Zeigte die Schuhspitze nach innen, war das ein schlechtes Zeichen: Der Singlestatus ging in die Verlängerung.

Mägde und Knechte lernten sich oftmals bei der Arbeit kennen. Auch da halfen Anbandelbräuche, um sich näher zu kommen. In den großen Gutshöfen im Nordosten von Deutschland wurde die Getreideernte von Saisonarbeitern gemacht – und zwar immer paarweise: Ein Mäher schnitt das Getreide und die Binderin band es zu Garben zusammen. Ein verheirateter Landarbeiter brachte seine Ehefrau mit. Ein unverheirateter Mann hingegen musste sich eine Arbeitspartnerin suchen, denn die Gutsherren stellten nur Arbeitspaare ein. Oftmals hatte der Mann schon eine Frau im Auge, mit der er nicht nur eine Erntesaison zusammenbleiben wollte. Hatte sich ein Paar gefunden, dann tauschte es kleine Zeichen der Zuneigung aus. Die Binderin schenkte dem Mäher einen schönen Blumenstrauß, den er sich an den Hut steckte und der Mäher fertigte ihr eine Harke an oder verzierte ihre Harke mit Blumenschnitzereien und ihrem Namen. Bei der Arbeit zeigte sich, ob man harmonierte. Die Arbeit auf dem Feld griff ineinander wie ein Zahnrad ins andere. Auf dem Feld waren viele Mäher und Binderinnen zugleich beschäftigt, ein Paar folgte dem anderen. Wenn ein Arbeitspaar nicht miteinander zurechtkam oder ein unterschiedliches Tempo hatte, blockierte es die Arbeit der anderen. Deshalb zählte Fleiß und nicht Schönheit, um einen Mann zu gewinnen.

> *„Wo sich irgend ein zärtliches Verhältnis zwischen Mädchen und Knechten gebildet, gab es sich beim Anmähen kund und zwar dadurch, daß das Mädchen zum Anmähen für sehr weiße Wäsche und einen Blumenstrauß für den Geliebten sorgte und der Knecht für das Mädchen zur Ernte eine Harke anfertigte, die mit schönen Schnitzereien (Blumen und Buchstaben) versehen war. Beim Essen saßen beide dann an der Harke zusammen und gingen nebeneinander heim.“*
>
> Zitiert in: Ingeborg Weber-Kellermann, Landleben

Bräuche verändern sich ständig. Manche Anbandelbräuche sind verschwunden, andere, wie der Valentinstag, werden immer bedeutungsvoller. Statt Bräuche gibt es heute oftmals Spiele, bei denen sich Jungens und Mädchen näher kommen. Ein beliebtes Spiel ist „Wahrheit oder Pflicht“ oder „Flaschendrehen“. Die Mitspieler sitzen im Kreis, eine Flasche wird in der Mitte gedreht und derjenige, zu dem der Flaschenhals zeigt, wählt zwischen Wahrheit und Pflicht. Bei „Wahrheit“ muss er eine Frage, die ihm die anderen stellen, wahrheitsgemäß beantworten. Das nutzen die Mitspieler gnadenlos aus. Sie fragen Dinge, die man niemals preisgeben würde, also zum Beispiel: „In wen bist du verliebt.“ Dann kann man entweder die Gelegenheit nutzen und seinem Schwarm gleich vor versammelter Mannschaft ein Liebesgeständnis machen oder man schummelt doch heimlich und sagt so was wie: „Mir ist noch niemand begegnet, der meinen Ansprüchen genügen könnte.“ Bei Pflicht muss man eine Aufgabe erledigen, die die Mitspieler stellen. Illias erzählt in einer Jugendherbergs-Jubiläumsschrift von einem Erlebnis, das er als 15-Jähriger hatte: „Vor ein paar Jahren waren wir in der Jugendherberge und es war ein ganz besonderes Erlebnis für mich. Schon am ersten Abend fiel mir ein sehr süßes Mädchen auf, mit dem ich immer wieder Augenkontakt hatte. Einer meiner Freunde kannte sie sogar. Sie waren wohl mal auf der gleichen

Schule. Also stellte er sie mir vor. Abends trafen wir uns, gut zehn Leute, in unserem Zimmer, um Flaschendrehen zu spielen. Anfangs war alles noch recht harmlos. Ich hatte aber ohnehin nur Augen für das Mädchen. Sie saß mir gegenüber und wir schauten uns oft an. Nun war sie an der Reihe. Mein Freund fragte „Wahrheit oder Pflicht?" Sie sah mich lange an und sagte „Pflicht". Mein Freund grinste und verkündete „Küssen". Auf wen die Flasche jetzt zeigen würde, den müsste sie küssen. Mein Herz pochte, ich ahnte, was er vorhatte. Ganz leicht drehte er die Flasche. Genau so, dass sie auf mich deutete. Ich wurde rot. Sie wurde rot. Aber Pflicht ist Pflicht. Wir lächelten und … küssten uns. Das war mein erster richtiger Kuss und ich werde ihn nie vergessen."

Es blieb nicht bei dem einen Kuss. Nachdem das Eis gebrochen war, unterhielten sie sich noch lange – und küssten sich. In der Woche, die sie in der Jugendherberge zusammen verbrachten, waren sie unzertrennlich. Der Abschied sei furchtbar gewesen, erinnert er sich.

„Am Freitag auf Samstag letzter Woche gab Sandra eine Party. (…)
Beim Flaschendrehen mussten sie sich gegenseitig auf Backe oder
Mund küssen. Sandra hat nur über ihre Küsse erzählt, nicht über
die von Christoph, was mich viel mehr interessiert hätte.
(Ich schwanke immer noch zwischen In-Christoph-verliebt-sein
und Nicht-in-Christoph-verliebt-sein). Irgendwie bereue ich es
jetzt, dass ich nicht zu der Party gegangen bin. Dann hätte
ich zwar etwas Alkohol runterkippen müssen, wäre Christoph aber
näher gekommen. Aber eigentlich doch besser, dass ich nicht
gegangen bin. Dann wäre mein Streber-Image geplatzt. "

Regina, Tagebucheintrag 2002, Deutsches Tagebucharchiv

Spiele, um sich kennenzulernen, gab es auch schon vor 100 Jahren. Aber sie waren ein bisschen anders. Davon erzählt die 18-jährige Paula 1911 in ihrem Tagebuch. „Nun wollten wir Gesellschaftsspiele machen, setzten uns um den Tisch und ich kam rechts von Herrn de B. zu sitzen. Ich jubelte! Wir unterhielten uns plötzlich sehr angeregt!". Als Auftakt spielten sie „Ringlein, Ringlein, du musst wandern", bei dem jemand seinen Mitspielern unbemerkt einen Ring in die halbgeöffneten Hände fallen lassen muss. Ein anderer musste erraten, in welcher Hand der Ring war. „Dabei kamen Herr de B. und ich uns wieder näher, unsere Hände berührten sich und wir lachten zusammen." Beim nächsten Spiel, „Murmeltier, gib' nen Laut von dir", setzte sich ein ausgewählter Mitspieler mit verbundenen Augen auf den Schoß eines Mitspielers und versuchte anhand seiner Stimme zu erraten, wer es war. „Einmal saß ich auf einem Schoß und konnte nicht raten, worauf ich saß, an der Stimme konnt ich's nicht erkennen. Leise faßt mich jemand halb um, streichelte meinen Hals und gab nochmals einen Ton von sich." Hinterher erfuhr sie, dass es Hans de B. war. Der ließ keine Gelegenheit unversucht, sich ihr zu nähern, auch außerhalb der Spiele. „Ich fühlte unterm Tisch plötzlich wie sein Fuß dicht bei dem meinigen stand. Aber Gott sei Dank, wußte ich mich benehmen", was wahrscheinlich bedeutete, den Fuß zurückzuziehen und den Annäherungsversuch mit empörten Blicken zu strafen. Beim nächsten Spiel „Pfänderverteilung" kam wieder seine Chance. Paula musste eine Zahl sagen, eine Mitspielerin zählte diese Zahl an den anderen ab und landete bei Hans de B. Paula musste ihm einen Kuss durch die Stuhllehne geben. „Ich errötete, entschied mich für Handkuß. Entrüstungsrufe; ich wusste mir nicht zu helfen. Da holte Herr F. seine Uhr raus und sagte, wir sollten die Flächen mit den Lippen berühren; ich argwöhnte nichts, näherte meinen Mund der Uhr, Herr de B. ebenfalls, da – blitzschnell zog Herr F. die Uhr fort und Hans de B.'s Lippen lagen sekundenlang fest auf meinen." Paula sank verwirrt auf ihren Platz, die anderen lachten und Herr de B. meinte „Das war schön, nicht?" Ganz artig als Mädchen aus guten Hause, antwortete sie kühl: „Um Himmelswillen, das kann ich nicht behaupten!" Aber heimlich genoss sie es sehr, dass der junge Mann nicht von ihrer Seite wich und sie umgarnte. Beim nächsten Spiel küsste er sie zweimal auf den Mund, was sie empört mit „Abscheulich!" quittierte. So schrecklich konnte es aber nicht gewesen sein, denn sie berichtet weiter in ihrem Tagebuch: „Wir lachten und scherzten weiter. Als ich aufatmend wieder im Stuhle saß, fühlte ich plötzlich eine heiße Hand auf meiner ruhen, die ich leicht über die Sessellehne gelegt hatte. Sekundenlang ruhten unsere Hände aufeinander, dann zog ich meine plötzlich fort." Die Regeln des Anbandelns, auch im Spiel, waren klar: Der Mann stürmte voran und die Frau wehrte sich entrüstet. Für die Männer war es nicht ganz einfach, zu unterscheiden, wann es ein wirkliches Nein war und wann es Teil der Rolle war, die eine wohlerzogene Dame zu spielen hatte. Dann folgte ein Fragespiel, ähnlich wie heute bei Wahrheit oder Pflicht. „Ob ich schon geküßt hätte? Ich keck, ja meine Eltern!" Bei der Frage, ob sie schon mal ein Rendezvous gehabt hätte, antwortete sie: „Ja, mehr wie eins." Hans de B. nahm jede Gelegenheit wahr, Paula zu küssen, was sie in ihrem Tagebuch kommentierte mit „Ich war sehr bös!" und „Hinterhältig!". Doch wie sie sich wirklich fühlte, zeigen spätere Einträge. Sie dachte viel an Hans de B. und hoffte, er würde sich wieder melden. Und über den Abend schrieb sie: „Wochenlang habe ich noch an den wirklich entzückenden Abend gedacht. Ich hätte gern noch einmal solchen erlebt."

Lange Zeit gab es klare Verhaltensordnungen, wie sich Paare finden. Bräuche und Geschlechterrollen regelten, wer den ersten Schritt machte. Das war fast ausnahmslos der Mann. Die Frau musste sehr zurückhaltend sein, um nicht in Verruf zu geraten. Heute haben Frauen und Männer alle Freiheiten. Kein Mädchen wird komisch angesehen, wenn sie einen jungen Mann anspricht und eine Frau kann ohne Weiteres einen Mann zum Kaffeetrinken einladen. Viele Männer wären nie zu einer Partnerin gekommen, wenn nicht die Frau einen aktiven Part übernommen hätte. Dabei sind Frauen sehr subtil in ihrem Vorgehen, denn trotz Emanzipation wünschen sich die meisten Frauen, dass sie von einem Mann umworben werden.

Frauen sind sich oft unsicher, wie sie sich verhalten sollen, um einen Partner zu finden. Sollen sie sich zurückhalten und hoffen, dass ein Mann sie findet? Oder sollen sie aktiv auf jemanden zugehen. Schreckt eine zu offensive Annäherung einen Mann eher ab? Der Bestsellerautor Michael Nast erzählt in einem Interview, dass er auf der einen Seite schüchtern ist und es schrecklich findet, abgelehnt zu werden, aber auf der anderen Seite Frauen uninteressant findet, die es ihm zu leicht machen. So wie ihm geht es vielen Männern. Wie soll sich eine Frau dann eigentlich verhalten?

Bräuche, die das regeln, gibt es nicht mehr. Dafür aber jede Menge Bücher mit klaren Datingregeln, besonders aus den USA. Diese Handlungsanleitungen sind Bestseller und erobern auch den deutschen Markt: „Wie man heute die Liebe fürs Leben findet" oder „Die besten Regeln, den Mann fürs Leben zu finden", so oder so ähnlich lauten die Titel der beiden Autorinnen Ellen Fein, Psychologin, und Sherrie Schneider, Journalistin. Mit ihrem Buch „The Rules" landeten sie in den 90er-Jahren einen Millionenbestseller, der in 27 Sprachen übersetzt wurde. „'The Rules' is not just a book, it's a movement", so sagte Oprah Winfrey. Tatsächlich löste dieses Buch große Diskussionen aus, wie man sich beim Daten richtig verhält. Inzwischen gibt es Seminare über diese Datingregeln, Beratungen, Coachingangebote und jede Menge weiterer Bücher, zum Beispiel wie man den Mann hält, wenn man ihn erst mal für sich gewonnen hat. Selbst in Serien und Kinofilmen wie „Sex and the City" oder „Mondscheintarif" diskutieren die Frauen, was beim Daten erlaubt ist und was nicht.

Die Regeln der beiden Autorinnen sind klar: Der Mann ist der Eroberer und die Frau muss geschickt taktieren, um ihn nicht in die Flucht zu schlagen. Das Taktieren besteht darin, äußerst zurückhaltend zu sein, ähnlich wie die Bürgerstöchter im 19. Jahrhundert. Der erste Schritt muss immer vom Mann ausgehen und auch danach sollte sie nicht aktiv sein, sondern passiv abwarten, also kein Anruf, keine Nachricht auf den Sozialen Medien und nicht zu lange telefonieren. Manch eine Frau stellt sich eine Eieruhr neben das Telefon. Auf keinen Fall darf sie sich am Wochenende verabreden, weil es sonst aussehen könnte, als ob sie sonst nichts vorhabe. In ihren Büchern versprechen die beiden Autorinnen, dass man mit ihren Regeln jeden Mann gewinnen könne, denn die Männer seien überall auf der ganzen Welt gleich. Schwer vorstellbar, dass ein Stammeshäuptling in Neuguinea bei der Partnersuche genauso tickt wie der Banker in Manhattan oder der Biobauer in Niederbayern. Wie der Mann in dem Ratgeber dargestellt wird, beschreibt die Zürcher Kulturwissenschaftlerin

Brigitte Frizzoni so: „Das begehrte Liebesobjekt wird als leicht durchschaubares und lenkbares Wesen von bescheidenem Intellekt geschildert, als Pawlowscher Hund, der auf Kommando geifert, wenn man ihn nur richtig konditioniert."

Ellen Fein und Sherrie Schneider geben eine Erfolgsgarantie: „Einfach ausgedrückt sind unsere Regeln eine Anleitung, wie Sie jeden Mann, der ein Gespräch mit Ihnen anfängt, ob persönlich oder online, dazu bringen, nur noch an Sie zu denken und sich an Sie zu binden." Auf der Homepage der Autorinnen kann man Erfolgsgeschichten von Frauen lesen, die Dank der genauen Befolgung der Datingregeln „The Rules" den Mann fürs Leben gefunden haben. Besser man hält sich an die Regeln, denn: „Wenn Sie sich nicht an die Regeln halten, ist Liebeskummer garantiert", prophezeien die Autorinnen.

Die Regeln sind sehr konkret. Sie geben nicht nur genau an, wie lange man warten soll, bevor man sich beim Mann nach einem Date meldet, sondern auch, wie man sich stylen soll, um etwas ganz Besonderes zu sein: Lange, glatte Haare sind attraktiv. Wer lockige Haare hat, dem sei ein Glätteisen empfohlen. Bei Kleidung sind edle, dezente Töne wie Schwarz, Weiß, Beige genau das Richtige, von Rollkragenpullis wird abgeraten. Und was die Schuhe angeht: Unbedingt High-Heels tragen! Da fragt man sich: Mit diesem Einheitslook soll man wie jemand ganz Besonderes aussehen? So farblos wird man glatt übersehen. Und glauben die Autorinnen tatsächlich, dass alle Männer – vom Geschäftsmann bis zum Naturburschen – auf den gleichen Typ von Frau stehen? Das ist wohl anzunehmen, wenn sie davon ausgehen, dass alle Männer auf der ganzen Welt gleich sind.

Viele Frauen sind an diesem Taktieren und Einhalten der Regeln schon verzweifelt. So erging es auch der britischen Autorin Lauren Henderson. Sie lebte seit einigen Jahren in New York, als sie sich in einen Amerikaner verliebte: „Das dritte Date an einem Freitag war wunderbar gelaufen. Darauf ließen er und ich uns von unserer wachsenden Zuneigung fortreißen und beschlossen, uns schon am Sonntag wiederzusehen statt am Dienstag, wie wir es ursprünglich vorgehabt hatten." Lauren Henderson war überglücklich. Doch damit verstieß sie gegen zwei entscheidende Datingregeln: Sie wartete nicht lange genug und verabredete sich auch noch am Wochenende! Ihre amerikanischen Freunde waren entsetzt. Sie erklärten ihr, dass es ein Fehler gewesen sei, das Date vorzuverlegen: „Sie behaupteten, ich wirke dadurch übereifrig. Sie erinnerten daran, dass Männer das Gefühl gespannter Erwartung mögen." Also sagte Lauren Henderson ab und verschob das Treffen. Das wiederum verunsicherte ihren amerikanischen Freund, sodass er den nächsten Termin absagte. „Als das nächste Wochenende näher rückte, war ich ein nervliches Wrack und heulte die Kissen nass. Wir hatten es immer noch nicht geschafft, unser nächstes Date festzumachen, und langsam bekam ich das Gefühl, dass er sich von mir zurückzog!"

Die Regeln funktionierten nicht. Dazu fühlte sie sich bei diesem Taktieren richtig schlecht. Sie warf diese Regeln schließlich über Bord und wandte sich den Liebesempfehlungen in Jane Austens Romanen zu, die sie kurz zuvor in ihrem Buch „Jane Austen's Guide to Dating" verarbeitet hatte. Darin plädiert sie für Spontaneität und Authentizität. „Also befolgte ich Jane Austens Grundsatz Nummer eins: Wenn du ihn magst, dann zeige es auch. Wir verabredeten endlich einen Termin für das nächste Treffen, und ich schlug vor, bei mir etwas zu trinken. Er hatte meine Wohnung noch nie zuvor betreten. Sobald er eintrat, küsste ich ihn halb bewusstlos. Er war überglücklich. Im Laufe des Abends gestand er mir, dass er geglaubt hatte, ich sei gar nicht in ihn verliebt, sondern wolle nur mit ihm befreundet sein." So hatten sie sich beide doch noch gefunden.

Interessant ist, dass auch Lauren Hendersons „Jane-Austen-Regeln" in mancher Hinsicht denen von „The Rules" ähneln. Sie betont ebenfalls, dass Männer die Jäger sind und dass Frauen einem Mann niemals nachlaufen sollten. Aber wie ist es umgekehrt? Mögen es Frauen, wenn ihnen ein Mann hinterher läuft? Wenn er Traummannqualitäten hat, dann auf jeden Fall. Dann wird er allerdings nicht lange nachlaufen müssen. Aber wenn ein Mann, der nicht in die engere Auswahl kommt, anhänglich wie ein verlorenes Hündchen nachläuft, dann ist das einfach nur lästig. Beim Daten geht es vor allem um ein einfühlsames Vorgehen und nicht um die strikte Einhaltung von Datingregeln.

Früher waren es Bräuche, die bei der Partnersuche Orientierung gegeben haben, heute sind es Ratgeber. Und davon gibt es eine ganze Menge, auch im deutschen Sprachraum. Doch Partnersuche ist zu komplex, um sie auf einige Regeln herunterzubrechen. Datingregeln können eine Anregung sein, aber letztlich geht es darum, sich auf den Menschen einzulassen, den man gewinnen möchte. Denn jeder Mensch ist anders.

Verwirklichung von Lebensträumen – Heirat als Karriere- und Emanzipationsstrategie

„Wünsche mir die Bekanntschaft einer Dame mit eigenem Lichtspielhaus zwecks baldiger Heirat."

Heiratsinserat aus: Die Zeit 1948

Als meine Schwester im Kindergarten war, hatte sie einen hartnäckigen Verehrer. Fast jeden Nachmittag kam er zu uns auf den Bauernhof und spielte Bauer. Mit voller Kraft trat er in die Pedale unserer kleinen Trettraktoren und raste auf dem Hof auf und ab, als ob es ein Formel-1-Rennen für Landwirte gäbe. Bewundernd stand er vor dem großen Traktor. Das Höchste war für ihn, wenn er oben sitzen durfte. Für ihn stand fest – und das verkündete er auch überall: Wenn er groß wäre, dann würde er meine Schwester heiraten. Ihr Vater habe einen richtigen Traktor.

Dass er nicht sein Leben lang Trettraktor fahren wollte, kann man gut verstehen. Ob seine Leidenschaft für den Traktor nachließ oder die für meine Schwester, daran kann ich mich nicht erinnern. Auf jeden Fall hatten wir irgendwann wieder unsere Trettraktoren für uns alleine.

Seine Lebensträume durch eine Heirat zu verwirklichen, fängt schon früh an. So eine Heiratsstrategie klingt berechnend, aber ist es das auch? Oder hängen Lebensvorstellungen und Partnerwahl nicht eng zusammen? Natürlich gibt es junge, ehrgeizige Männer, die ihre Karriere dadurch beschleunigen, indem sie die Tochter des Firmenchefs heiraten. Und bei Crystal Harris, der jungen, bildhübschen Ehefrau des Playboy-Gründers Hugh Hefner, kann man sich schwer vorstellen, dass sie ihn wegen seiner tollen Charaktereigenschaften und seinem attraktiven Aussehen geheiratet hat. Immerhin war Hugh Hefner bei dieser Hochzeit 86 Jahre alt und damit 60 Jahre älter als sie. Mag er noch so großzügig und charmant sein – andere charmante und großzügige 80-Jährige haben bei 20-jährigen Frauen nicht die gleichen Chancen. Die Vermutung liegt nahe, dass sich das Model Crystal Harris, nun Mrs. Hefner, ihren Lebenstraum von Luxus und Glamourwelt erfüllte – und gleichzeitig ihre Altersvorsorge sicherte. Schließlich sind die Berufsjahre eines Models zeitlich sehr begrenzt und wenn man es realistisch betrachtet, wird sie in nicht allzu ferner Zukunft eine reiche Witwe sein. Auch Hugh Hefner wird sich mit der jungen Ehefrau Lebensträume erfüllt haben. Diese Heirat ist ein Handel, bei dem jeder das bekommt, was ihm wichtig ist.

Eine Liebesheirat stellt man sich vielleicht anders vor. Dennoch ist es eine Illusion zu glauben, dass wir unseren Partner ganz unabhängig von unseren Lebensvorstellungen aussuchen. Jede Heirat ist mit Träumen verbunden. Für viele ist es der Wunsch nach einer eigenen Familie mit Kindern, dazu ein Haus mit Garten und ein Hund. Für andere ist es die Sehnsucht, einmal Prinzessin in einem weißen Traum aus Seide und Spitzen zu sein. Natürlich nehmen sich Menschen dafür nicht irgendjemand, sondern jemanden, für den sie eine Zuneigung hegen. Diese Gefühle entstehen, wenn wir im anderen die Erfüllung unserer Lebensträume sehen.

Es ist durchaus vernünftig, sich im Klaren zu sein, was einem wichtig ist im Leben, welche Ziele und Vorstellungen man hat. Eine Ehe nur am Gefühl festzumachen, ist eine sehr wackelige Angelegenheit. Gefühle kommen und gehen. Ein festeres Fundament dagegen ist, wenn man ähnliche Lebensvorstellungen hat wie der Partner. Was soll eine Frau, die Familie und Karriere haben will, mit einem Macho anfangen, der klare Vorstellungen von Arbeitsteilung hat: Die Frau kocht und macht die Wäsche und der Mann entspannt sich nach seiner harten Arbeit auf dem Sofa. „Augen auf bei der Partnerwahl!", warnen Feministinnen immer wieder. Und sie haben Recht. Es gibt liebenswerte Machos und liebenswerte emanzipierte Männer. Da ist es doch besser, sich den liebenswerten emanzipierten Mann zu nehmen, dem es wichtig ist, Zeit mit seinen Kindern zu verbringen und der Hausarbeit nicht als eine genetische Veranlagung von Frauen betrachtet.

Partnerwahl ist nicht reiner Zufall, sondern ist stark von unseren Lebensvorstellungen geprägt. Ein Mann, dessen Lebenstraum ein eigener Bauernhof ist, findet eine Bäuerin wahrscheinlich interessanter als eine erfolgreiche IT-Managerin. Und jemand der das Landleben mag, verliebt sich eher in jemanden, der gerne draußen ist als in einen Stadtmenschen, der Berge am liebsten in Gemäldegalerien betrachtet.

Es sind oft die gleichen Lebensträume, die den anderen anziehend machen. Eine der erfolgreichsten Bergsteigerinnen unserer Zeit, Gerlinde Kaltenbrunner, verliebte sich in den Extrembergsteiger Ralf Dujmovits. Auf 7200 Meter Höhe, im Angesicht des von Blitzen erleuchteten Mount Everests machte er ihr einen Heiratsantrag. Die Liebe zu den Bergen und ihre Leidenschaft für die Herausforderungen, verband beide. Gerlinde Kaltenbrunner und Ralf Dujmovits waren das erste Paar, das alle 14 Achttausender bestiegen hat. Auch wenn gemeinsame Lebensträume eine gute Voraussetzung sind – eine Garantie für eine dauerhafte Beziehung sind sie nicht. Inzwischen erklimmen sie die Gipfel getrennt.

Um einen Lebenspartner zu finden, ist es am besten, dort zu suchen, wo er sich mit großer Wahrscheinlichkeit aufhält. Die Erfolgsaussichten, einen Surfer zu finden, sind am Meer größer als in den Bergen. Und ein Landwirt hat gute Chancen, die Frau seiner Träume auf einem Landwirtschaftsball, einem Bioanbau-Seminar oder einem Farmer-Single-Portal zu finden. Die Scheidungsrate von Landwirten ist übrigens sehr gering. Das zumindest ergab eine amerikanische Studie der Radford-Universität in Virginia. Und auch in Deutschland sind es nicht mal zwei Prozent der Landwirte, die sich scheiden lassen, stellt der Rheinische Landwirtschafts-Verband fest. Vielleicht liegt die Stabilität daran, dass man als Bauernpaar so eng zusammenarbeitet. Es gibt viel Gemeinsames, was verbindet: die Arbeit, die Gespräche, die Zeitplanung. Und meistens sind Landwirte auch viel mehr am Familienleben beteiligt. Sie nehmen nicht nur den Sohn mit dem Traktor mit, sondern wissen auch, wie man eine Waschmaschine bedient. Vielleicht sind die Ehen auch deshalb stabiler, weil Frauen und Männer in der Landwirtschaft bodenständiger sind. Sie erleben, dass ihre Saat nicht gedeiht, wenn jeden Tag die Sonne scheint, sondern dass es auch Zeiten geben muss, in denen es regnet.

Lange Zeit war die Verwirklichung der Lebensvorstellungen wichtiger als die Gefühle. Ein beruflicher Aufstieg durch eine Heirat? Daran fand man nichts Verwerfliches. Im 17. Jahrhundert, als die Zunftordnung noch bestimmte, wer Meister wurde, konnten Gesellen oftmals nur durch eine Heirat mit einer Meisterswitwe oder einer Meisterstochter zu einem eigenen Betrieb kommen. Der Altersunterschied war teilweise beträchtlich. In Königsberg wird von einem jungen Zirkelschmiedegesellen berichtet, der 1701 eine Meisterswitwe von 74 Jahren heiratete. Eine Verbindung, von der beide profitierten. Der Handwerksbetrieb lief weiter, der Geselle war endlich sein eigener Chef und die Witwe gut versorgt. Die Ehe hielt immerhin sieben Jahre lang. Danach heiratete er eine 16-jährige Frau. Seine zweite Ehefrau war damit 67 Jahre jünger als seine erste.

Auch evangelische Pfarrer heirateten manchmal mit Berufsabsichten, wie eine Geschichte aus Norddeutschland im 19. Jahrhundert zeigt: Als der Pfarrer starb, oblag es der Gemeinde, seine Witwe und die 16-jährige Tochter zu versorgen. Doch um die Kirchenkasse zu schonen, griff die Gemeinde zu einer verbreiteten Sparmaßnahme. Sie wählte für die Stelle einen unverheirateten Mann, der sich bereit erklärte, die Witwe oder die Tochter zu heiraten. Das Vorrecht hatte jedoch die Witwe. Es war ein jüngerer, stattlicher Pfarrer, der zu diesem Handel bereit war. Für ihn sah es gut aus, denn die Witwe erklärte großzügig, dass sie den Pfarrer ihrer Tochter überlassen würde. Doch als die Witwe ihn bei der Probepredigt so stattlich und wortgewaltig auf der Kanzel sah, überlegte sie es sich anders und erklärte dem Gemeinderat, dass sie den Pfarrer selbst haben wolle. Und so musste er statt der jungen Tochter die Mutter heiraten. Man erzählte sich, dass er bei Bauernhochzeiten, bei denen er mit seiner Frau den Tanz eröffnete, seiner Frau zuflüsterte, er wünsche ihr die ewige Ruhe, worauf sie erwiderte, dass sie ihm dasselbe wünsche. Und so kam es auch. Als sie starb, folgte er ihr bald nach.

Auch nach dem Zweiten Weltkrieg nutzten viele Männer ihre Chance, durch eine Heirat einen beruflichen Neustart hinzulegen. Männer waren deutlich in der Minderheit. Viele waren im Krieg gefallen oder noch in Kriegsgefangenschaft. Um diese begrenzte Anzahl von Männern bemühte sich eine große Anzahl von Frauen. Ein klarer Wettbewerbsvorteil für die Männer. Sie mussten sich nicht groß anstrengen und auch mittelmäßige Männer hatten Aussichten auf eine gute Partie. Diese günstige Ausgangslage wussten viele Männer für sich zu nutzen. Zwar äußerten sich nicht alle Männer so deutlich wie der zitierte Inserent, der eine Dame mit Lichtspielhaus suchte, aber es gab etliche Einheiratsangebote von Eltern für aufstrebende Männer: „Jungem Herrn (Fachmann) zwischen 25 und 35 Jahren aus guter Familie und von gutem Charakter wird Gelegenheit zur Einheirat in eine bedeutende, modern eingerichtete Kunstwollfabrik geboten. Tochter ist Mitte der Zwanziger, gutaussehend, gesund, mit gutem Charakter u. einwandfreier Vergangenheit." Da ein Inserat ziemlich teuer ist, wird jedes überflüssige Wort eingespart und nur das geschrieben, was wirklich wichtig erscheint.

Glaubt man, dass nur Männer so strategisch gedacht haben, um durch eine Heirat ihre Karriere voranzubringen, so irrt man sich. Auch Frauen wussten durchaus, das enge Korsett ihrer Lebensgestaltungsmöglichkeiten durch eine Heirat zu sprengen. So zum Beispiel Sofja Kowalewskaja (1850–1891). Sie erlangte als erste Mathematikerin den Doktortitel und wurde Europas erste Professorin für Mathematik in Stockholm. Ohne ihre strategische Heirat hätte Sofja es nicht mal zur Universität geschafft. Ihr Leben hätte sich, wie das der anderen Frauen auch, zwischen Ehemann, Kindern und gesellschaftlichen Verpflichtungen abgespielt. Aber Sofja wollte mehr. Sie war wissensdurstig und hatte schon im Kindesalter über mathematische Formeln gegrübelt.

Sofja Kowalewskaja stammte aus einer russischen Adelsfamilie. Den Winter verbrachte die Familie in Petersburg und den Sommer auf ihrem großen Landgut Palibino. Wie in ihren Kreisen üblich, wurde sie von einem Hauslehrer unterrichtet. Ihm fiel sehr schnell Sofjas mathematische Begabung auf. Ihr Interesse für Formeln und Zahlen wurde schon früh geweckt. Als das Landgut renoviert wurde, reichten die Tapeten nicht aus. So wurde eine Wand in Sofjas Kinderzimmer mit Blättern aus einem Lehrbuch ihres Vaters über Differenzial- und Integralrechnungen tapeziert. In ihren Erinnerungen schreibt sie: „Ich stand, wie ich mich erinnere, als Kind stundenlang vor dieser geheimnisvollen Wand und bemühte mich, mindestens einzelne Sätze zu entziffern und die Ordnung herauszufinden, in der die Bogen aufeinander folgen mussten."

Vielleicht sollten Eltern heute die Kinderzimmer besser mit Englischvokabeln tapezieren anstatt mit Prinzessin Lillifee.

1868 bekam Sofja Mathematikunterricht in Sankt Petersburg. Durch ihren Lehrer kam sie mit nihilistischen, studentischen Kreisen in Kontakt und auch mit der Frauenbewegung. Sofja wollte studieren und ein unabhängiges Leben führen. Aber in Russland durften Frauen nicht studieren. Im Ausland waren die Chancen schon größer. Doch ohne Begleitung ihrer Eltern oder eines Ehemanns konnte sie Russland nicht verlassen, denn Frauen besaßen keinen eigenen Pass. Sie waren im Pass ihres Vaters oder Ehemannes eingetragen. Für ihre Eltern kam ein Studium nicht infrage. Blieb also nur noch ein Ehemann. Ihre Schwester Anjuta und sie fassten deshalb einen Plan. Sie wollten eine Scheinehe eingehen und zwar mit einem Nihilisten. Diese Gruppe unterstützte Frauen in ihrem Kampf um Gleichberechtigung. Weil Frauen jahrhundertelang von Männern unterdrückt worden waren, lautete einer ihrer Grundsätze, dass Männer jetzt ihre Interessen hinter die der Frauen zurückstellen müssten. Einige dieser Männer waren bereit, persönliche Opfer zu bringen, nämlich indem sie eine Scheinehe eingingen. Mit der rein formalen Heirat ermöglichten sie den Frauen ein Studium im Ausland. Die Männer verpflichteten sich, ihre Angetraute nach der Eheschließung ihr eigenes Leben führen zu lassen. Das war eine weitreichende Lebensentscheidung, denn eine Scheidung war in Russland nicht möglich. Man kann sich vorstellen, dass es nicht einfach für die beiden Schwestern war, solche Männer zu finden. Der erste Heiratskandidat, den Sofja ihrem Vater vorstellte, kam überhaupt nicht in Frage. Er war arm und dazu noch unglaublich hässlich. Da half es auch nicht, dass man ihn in bessere Kleidung steckte. Er war einfach nicht standesgemäß. Auch Sofjas Vater nahm den Heiratskandidaten nicht ernst – im Gegenteil, er schien sich zu amüsieren und lehnte ab. Dann lernte Sofja Wladimir Kowalewski kennen, den Sohn eines kleinen Gutsbesitzers in der Nähe von Palibino. Er war Übersetzer und Verleger ausländischer Autoren und stand der revolutionären Bewegung nahe. Eigentlich war er als Ehemann für ihre Schwester Anjuta geplant, aber Wladimir wollte lieber Sofja heiraten. Sofja stellte ihren Eltern den neuen Heiratskandidaten vor. Der Traumschwiegersohn war er nicht. Außerdem fand ihr Vater, dass Sofja mit ihren 18 Jahren noch zu jung zum Heiraten sei. Trotzdem setzte sich Sofja durch. Nach einer schlichten Hochzeit auf Palibino zog das frisch vermählte Paar nach Petersburg und dann nach Heidelberg, um zu studieren. Ihre Schwester Anjuta hatte ihren Vater überredet, mit den beiden mitzugehen, um ebenfalls zu studieren, auch ohne Ehemann.

Wladimir schrieb sich in Geologie ein, aber für Sofja war, wie in Russland auch, die Universität in Heidelberg verschlossen. Frauen waren noch nicht zum Studium zugelassen. Sie konnten nur einzelne Vorlesungen besuchen, wenn der jeweilige Professor einverstanden war.

Nach zwei Semestern ging Sofja nach Berlin, um bei Karl Weierstraß zu studieren, einem führenden Mathematiker. Doch auch in Berlin konnten Frauen nur als Gasthörerinnen studieren. Und Weierstraß hielt von studierenden Frauen überhaupt nichts. Er dachte, er könne sich die ehrgeizige russische Studentin vom Leib halten, indem er ihr eine schwierige Aufgabe stellte. Sie solle wiederkommen, wenn sie die Aufgabe gelöst habe. Schon kurz darauf kam sie wieder. Sie hatte nicht nur die Aufgabe richtig gelöst, sondern auch einen originellen Lösungsweg gefunden. Das hatte Karl Weierstraß nicht erwartet. Er war so begeistert, dass er ihr Privatunterricht gab. Sie wurde „sein bester Schüler", wie er sagte.

Und Wladimir? Mit ihm lief alles anders als geplant. Eigentlich war gedacht, dass er nach der Hochzeit seine eigenen Wege gehen sollte. Doch Waldimir wich nicht von Sofja Seite. Er liebte sie. Seinem Bruder schrieb er 1871: „Ich liebe Sofia außerordentlich, obwohl ich nicht sagen kann, dass ich das bin, was man verliebt nennt; ganz zu Anfang schien sich wirkliche Liebe zu entwickeln, aber nun ist eine ruhige Anhänglichkeit eingetreten. Während unseres Zusammenseins wollte ich dieses natürlich sehr. Ich hätte sogar ihr Ehemann sein können, aber aus vielen Gründen habe ich davor immer wirkliche Angst gehabt. Erstens, besonders da wir für einen bestimmten Zweck verbunden wurden, wäre es nicht richtig gewesen, die Ehe zu vollziehen; es wäre so gewesen, als hätte ich eine Frau gestohlen – eine unangenehme Vorstellung für mich."

Liebe? Das war völlig gegen die Abmachung. Ihre Schwester und ihre Freundinnen waren empört. Sie fanden, er solle sich zurückziehen. Oder wollte Sofja etwa ihre Emanzipation aufs Spiel setzten und stattdessen lieber ein spießiges Ehefrauendasein fristen? Nein, das wollte sie nicht. Andererseits mochte sie Wladimir.

Die Beziehung war schwierig, sie stritten sich viel. Sofja war hin und her gerissen. Irgendwann ließ sich Sofja auf eine wirkliche Beziehung mit Wladmir ein. Sie wurde schwanger und bekam eine Tochter. Aber die Liebe hatte keinen Bestand. 1881 trennte sie sich von ihm und widmete sich wieder ganz ihrer wissenschaftlichen Karriere.

1880 hielt sie auf einem Kongress in Petersburg einen Vortrag, der große Beachtung fand. Unter den Zuhörern war auch der schwedische Mathematiker Gösta Mittag-Leffler. Nach dem Vortrag beschloss er, sich dafür einzusetzen, dass Sofja eine Stelle an der Universität in Stockholm bekam. Eine Frau als Professorin? Das gab es bisher noch nie. Mit großer Spannung und Skepsis wurde sie in Schweden empfangen.

Sofja Kowalewskaja beeindruckte die Menschen mit ihrem Wissen. Sie war Mittelpunkt des gesellschaftlichen Lebens und wurde sogar vom schwedischen König eingeladen. Trotzdem gab es auch Kritiker. Der berühmte schwedische Schriftsteller August Strindberg schrieb an Weihnachten 1884 in einem Artikel, dass „eine Frau als Mathematikprofessor eine schädliche und unangenehme Erscheinung sei, ja, dass man sie sogar ein Scheusal nennen könnte. Die Einladung dieser Frau nach Schweden, das an und für sich männliche Professoren genug habe, die sie an Kenntnissen bei weitem überträfen, sei nur durch die Höflichkeit der Schweden dem weiblichen Geschlecht gegenüber zu erklären." Sie antwortete ihm, dass sie möglicherweise ein Scheusal sei, aber dass es viele männliche Professoren gäbe, die ihr an Kenntnissen überlegen seien, da müsse sie ihm doch energisch widersprechen.

Sofja über Hausarbeit:
„Alle diese dummen, aber wohl unentbehrlichen praktischen
Geschäfte sind für meine Geduld eine harte Probe, und ich fange
an zu verstehen, warum Männer gute praktische Hausmütter
so hoch schätzen. Wenn ich ein Mann wäre, würde ich mir auch
eine hübsche kleine Hausfrau aussuchen, welche mir jedes solches
langwierige Geschäft von den Händen abnehmen würde."

Aus einem Brief von Sofja Kowalewskaja, 1886

Sofja war inzwischen verwitwet. Wladimir hatte Selbstmord begangen, nachdem er sich finanziell ruiniert hatte. Sie war am Boden zerstört. Etliche Verehrer bemühten sich um die Witwe. Einer war der reiche Unternehmer Alfred Nobel, der nach seinem Tod sein riesiges Vermögen in eine Stiftung einfließen ließ, die bis heute den Nobelpreis verleiht. Sofja fand den 20 Jahre älteren Unternehmer jedoch zu steif und gesetzt. Alfred Nobel betrachtete den Mathematiker Gösta Mittag-Leffler als seinen Konkurrenten. Der Grund, warum Nobelpreise für Medizin, Physik und Chemie verliehen werden, nicht aber für Mathematik, liege darin – so lauten Gerüchte – dass Mittag-Leffler ein potenzieller Preisträger war. Ob es stimmt, wissen wir nicht. Sicher ist nur, dass sich Nobel und Mittag-Leffler nicht leiden konnten.

Sofja Kowalewskaja hatte mit ihrer Heirat ihren Lebenstraum verwirklicht. Sie durfte studieren und hat mit diesem Studium wohl mehr erreicht, als sie sich jemals hätte träumen lassen. Als erste Mathematikprofessorin ging sie in die Geschichte ein und wurde damit Vorreiterin für viele andere Frauen. Die Liebe fand sie erst am Ende ihres Lebens in dem ukrainischen Historiker und Soziologen Maksim Kowalewski (1851–1916), ein berühmter Intellektueller und entfernter Verwandter von Wladimir. Vier Monate vor ihrer Hochzeit starb Sofja als 41-Jährige nach einer schweren Lungenentzündung.

Jemanden zu heiraten, den man nicht liebt, nur um seinen Lebenstraum zu verwirklichen, das möchten die wenigsten. Schöner ist es, einen Partner zu finden, der diesen Traum mit einem teilt. Manchmal wird er auch wahr. Clara und Robert Schumann, bei-

115

de begabte Pianisten und Komponisten, lebten zusammen für die Musik. Marie und Pierre Curie lebten für die Wissenschaft – und waren sehr erfolgreich damit. So wie Sofja Kowalewskaja hatte auch Marie einen großen Wissensdurst und den Wunsch nach einem unabhängigen Leben.

„Wie Du vor mir stehst, meine geliebte, geliebte Clara, ach so nah dünkt es mir, als ob ich Dich fassen könnte. (…) Hinter allem Dunkel steht aber immer Dein blühend Bild und ich trag alles leichter. Auch darf ich Dir wohl sagen, daß meine Zukunft jetzt um vieles sicherer steht. Zwar darf ich nicht die Hände in den Schoß legen und muß noch viel schaffen, um das zu erringen, was Du kennst, wenn Du zufällig an dem Spiegel vorbeigehst – indes wirst auch Du eine Künstlerin bleiben wollen, d.h. Du wirst mittragen, mitarbeiten, Freud und Leid mit mir teilen wollen."

Robert Schumann, 25 an die 16-jährige Clara Wieck, 1886

Marie Sklodowska (1867–1934), in Warschau geboren, lernte schon als Kind leicht. Sie wollte Lehrerin für Mathematik und Physik werden. Nachdem sie einige Jahre als Gouvernante und Hauslehrerin gearbeitet hatte, ging sie 1891 nach Paris zu ihrer Schwester, um zu studieren. Voller Begeisterung stürzte sie sich in ihr Studium: „Vor mir tat sich eine neue Welt auf, eine Welt des Wissens, zu der mir endlich der Zutritt gestattet war", schrieb sie in ihren Erinnerungen.

Marie bewegte sich in ihrem Studium in einer Männergesellschaft. Es gab damals kaum Frauen, die studierten und schon gar nicht Naturwissenschaften. Doch nach einer früheren unglücklichen Liebe hatte Marie für Männer keinen Blick.

Und dann begegnete sie Pierre Curie. Nein, es war nicht Liebe auf den ersten Blick. Es war das Forschungsinteresse – an der Mathematik. Marie hatte ihr Studium in Physik abgeschlossen, als Beste ihres Jahrgangs, und wollte nun auch noch einen Abschluss in Mathematik machen. Sie hängte ein Studienjahr an und bereitete sich auf ihr Mathematikexamen vor. Bei einer Teeeinladung hatte Marie Pierre Curie kennengelernt. Pierre war 35 Jahre alt und Dozent für Physik und Chemie. Er war ein sehr begabter

Wissenschaftler und galt in Forscherkreisen als aufstrebendes Talent. Von sich selbst behauptete er, dass er eine „langsame Intelligenz" habe, schrieb Marie in ihren Erinnerungen. Marie widersprach ihm nicht wirklich. Sie meinte, dass der Ausdruck „nicht ganz richtig" sei. Seine geistigen Fähigkeiten würden ihn dazu zwingen, sich sehr intensiv auf etwas zu konzentrieren, bis er zu einem genauen Ergebnis kommen würde. Ein Nobelpreisträger, der von sich sagt, dass er geistig nicht auf der Schnellstrecke fährt? Wir mittelmäßig Begabten sollten uns keine großen Hoffnungen machen, denn Pierre Curies eigene Einschätzung müssen wir als große Bescheidenheit deuten oder als einen sehr hohen Anspruch an sich selbst. Eine so kluge Frau wie Marie an der Seite machte die Sache nicht einfacher.

Pierre Curie hatte eine langsame, bedächtige Redeweise. Marie fand das sehr angenehm, denn es hatte etwas Vertrauensvolles. Über ihren ersten Eindruck schrieb sie: „Was mir an ihm auffiel, war der Blick seiner hellen Augen und eine gewisse, scheinbar lässige Haltung, die einen in seine Gedanken vertieften Schwärmer auszeichnet. Er brachte mir eine einfache Herzlichkeit entgegen und schien mir sehr sympathisch."

Marie fragte ihn nach seinen Forschungsarbeiten. Dass eine Frau sich für seine Arbeit interessierte, hatte er noch nie erlebt. Und dann noch mit solch einem Sachverstand! Das beeindruckte ihn sehr.

Danach trafen sie sich bei verschiedenen Gelegenheiten wieder, nicht bei Teegesellschaften, sondern bei Veranstaltungen der Physikalischen Gesellschaft oder im Labor. Auch hier zeigt sich, dass gemeinsame Interessen Menschen einander näher bringen.

Pierre, der sich bisher mehr für die Wissenschaft als für Frauen interessiert hatte, verliebte sich in Marie. Und auch Marie, die ihre bisherigen Verehrer ignorierte, hatte Feuer gefangen. Der etwas spröde und bedächtige Wissenschaftler fasste sich ein Herz. Er erzählte Marie seine Lebensträume: Eigentlich wollte er nur eines, sich ganz der Wissenschaft widmen. Aber da sei noch ein Platz für sie. Ob Marie seine Frau werden wolle. Und Marie? Sie zögerte. Einerseits gefiel ihr Pierre. Und sie teilte seine Leidenschaft für die Forschung. Andererseits hing sie an ihrer Familie in Polen und konnte sich nicht vorstellen, ganz nach Paris zu ziehen. Doch schließlich sagte sie ja.

Marie hatte eine kluge Wahl getroffen. Mit einem anderen Mann hätte sie ihren Forschergeist nicht so ungehindert entfalten können, sondern wäre vermutlich in der typischen Frauenrolle stecken geblieben. An der Seite eines toleranten Mannes hätte sie höchstens ihren Beruf als Lehrerin ausüben können. Und das wäre schon viel gewesen. Damals glaubte man noch, dass der Intellekt einer Frau gerade mal zu einer gepflegten Konversation ausreichen würde – zu mehr nicht. Was ja auch völlig genügte, weil sie mit der Erziehung der Kinder und dem Haushalt beschäftigt war. Schopenhauer behauptete 1862 zum Beispiel: „Schon der Anblick der weiblichen Gestalt lehrt, dass das Weib weder zu großen geistigen, noch körperlichen Arbeiten bestimmt ist. (…) Zu Pflegerinnen und Erzieherinnen unserer ersten Kindheit eignen sich die Weiber gerade dadurch, dass sie selbst kindisch, läppisch und kurzsichtig, mit einem Worte zeitlebens große Kinder sind; eine Art Mittelstufe zwischen dem Kinde und dem Manne, als welcher der eigentliche Mensch ist." Das sagte er damals so – ohne dass ein Shitstorm auf ihn niedergeprasselt wäre. Sicherlich waren nicht alle Zeitgenossen seiner Meinung, aber man war sich einig: Zuviel Denken schadete der Mütterlichkeit. Zu große Sorgen um aufstrebende Frauen machte man sich allerdings nicht. Es bestand ja auch keine große Gefahr, dass sich Frauen intellektuell verausgaben konnten, denn viel hatten sie ja nicht aufzuweisen. Sogar noch im Jahr 1900 erklärte der deutsche Neurologe und Psychiater Paul Julius Möbius, warum Frauen für ein Studium ungeeignet seien. In seinem Essay „Über den physiologischen Schwachsinn des Weibes" schrieb er: „Verständnis und Gedächtnis sind bei vielen Weibern […] durchaus nicht schlecht. Sie fassen, wenn sie wollen, recht gut auf und merken sich das Gelernte ebenso gut wie die Männer. Da nun dazu kommt, dass sie fügsam und geduldig sind, so haben sie wirklich Anlage zum Musterschüler." Nur reiche die ohnehin bescheidene Intelligenz der Frauen nicht zum selbstständigen Denken. Er erklärte weiter: „Dagegen ist das eigentliche ‚Machen', das Erfinden, Schaffen neuer Methoden dem Weibe versagt. […] Dass die Wissenschaften im engeren Sinne von den Weibern keine Bereicherung erfahren haben, noch erwarten können, ist demnach begreiflich."

Als Möbius das schrieb, war Sofja Kowalewskaja bereits Mathematikprofessorin in Schweden und hatte mit der Lösung des Rotationsproblems die Mathematikforschung um einen Meilenstein vorangebracht. Und das, obwohl Frauen damals noch nicht studieren durften.

Das war also die Zeit, in der Marie Curie die Entscheidung treffen musste, wie sie leben wollte. Marie hatte mit Pierre das große Los gezogen. Es war nicht die große Leidenschaft, die Marie zu Pierre hinzog, sondern der gemeinsame Traum. Mit ihm zusammen wollte sie Rätsel der Wissenschaft lösen. Pierre war ein Mann, der nicht nur ihren Lebenstraum teilte, sondern der sie auch verstand, förderte und unterstützte. Er liebte sie und nahm sie als Lebens- und Arbeitspartnerin ernst. Es war der Beginn einer lebenslangen, innigen Verbundenheit.

Marie und Pierre Curie lebten und forschten in Paris. Ihr zuliebe lernte Pierre ihre Muttersprache Polnisch. Wenn sie mal getrennt waren, schrieb er ihr Briefe auf Polnisch, in einfachen Sätzen, aber sie drücken seine innige Verbundenheit aus und die Sehnsucht, sie bald wieder zu sehen.

„Mein kleines Mädchen, mein Geliebtes, ich habe Deinen Brief heute bekommen und bin sehr glücklich."

Pierre an Marie, in Polnisch geschrieben

Marie und Pierre bekamen zwei Töchter. Weil das Forscherpaar den ganzen Tag im Labor stand, wurden die Kinder von Pierres verwitwetem Vater und einem Kindermädchen betreut. Dass sich ein Mann so ausgiebig der Kindererziehung widmete, war ungewöhnlich. Für den Haushalt war ein Hausmädchen zuständig.

Am Anfang ihrer Ehe unterstützte Pierre Curie neben seinen eigenen Forschungsarbeiten seine Frau bei ihren Untersuchungen über Radioaktivität, die sie für ihre Promotion durchführte. Das Thema interessierte ihn so sehr, dass er schließlich in ihre Forschung mit einstieg. Zwischen dem Paar entstand ein intensiver Austausch.

In ihren Erinnerungen schrieb sie: „Das war so viel mehr, als ich mir bei unserem Zusammentreffen erträumt hatte. Meine Bewunderung für seine außergewöhnlichen Fähigkeiten stieg ständig. Sie waren von einem so seltenen und hohen Niveau, dass er mir manchmal wie ein einzigartiges Wesen vorkam." Die Bewunderung war gegenseitig. Pierre spielte seine eigenen Erfolge herunter und schrieb sie Marie zu.

„Mein Lieber, es ist schön, die Sonne scheint, es ist warm.
Ich bin sehr traurig ohne Dich, komm bald. Ich warte vom Morgen
bis zum Abend auf Dich und sehe Dich nicht kommen. "

Marie an Pierre, in Polnisch geschrieben

Tag und Nacht standen Marie und Pierre im Labor. Dabei riskierten sie auch ihre Gesundheit. Die Auswirkungen der Radioaktivität waren damals noch nicht bekannt. Ihre Fingerspitzen waren wund. Sie arbeiteten ohne Schutzkleidung. Wie hoch die Radioaktivität war, die sie umgab, wird daran deutlich, dass ihre Aufzeichnungen, die sie damals machten, heute noch eine enorm hohe Strahlenbelastung aufweisen.

Das Ehepaar fand in Forscherkreisen höchste Anerkennung und Bewunderung. 1903 bekamen sie zusammen mit Henri Becquerel den Nobelpreis für Physik für ihre gemeinsamen Arbeiten über „Strahlungsphänomene".

Doch dann wurde ihre intensive Lebens- und Arbeitsgemeinschaft auseinandergerissen. Pierre starb bei einem Verkehrsunfall. Er kam unter ein Pferde-Lastenfuhrwerk, als er die Straße überqueren wollte. Marie war am Boden zerstört. Sie vergrub sich in ihrem Leid. Das einzige, was ihr über den schmerzhaften Verlust hinweghalf, war ihre Forschung. So vertiefte sie sich in ihre Untersuchungen über Radium.

„Lieber Pierre, den ich nie wieder hier sehen werde, ich will in der
Stille des Laboratoriums mit Dir sprechen, von dem ich nie gedacht
hätte, dass ich einmal ohne dich darin leben müsste. "

Marie Curie, Tagebucheintrag nach dem Tod ihres Mannes, 1906

1911 erhielt sie ihren zweiten Nobelpreis, in Chemie, diesmal ganz für sich alleine. Nachdem sie beim ersten Nobelpreis von Kritikern nur als Assistentin von Pierre Curie belächelt wurde, erlebte sie nun ihren Triumph.

Marie hat ihren Ehemann klug gewählt. Es war nicht Liebe auf den ersten Blick, als sie Pierre begegnete, aber es war ein Mann, bei dem sich ein zweiter Blick lohnte.

Um eine kluge Partnerwahl zu treffen, ist es sinnvoll, sich erst einmal darüber klar zu werden, was einem wichtig ist im Leben. Oder ob man die Ziele und Träume, die der andere hat, teilen kann. Möchte man eine große Familie mit vielen Kindern? Oder ein Leben auf dem Land mit einer Obstwiese, Hühnern und Pferden? Träumt man davon, beruflich auf der Karriereleiter ganz weit oben anzukommen und die wenige Zeit mit einem Partner im Liegestuhl am Meer zu verbringen?

Gefühle sind für eine Liebesbeziehung wichtig, aber Gefühle kommen und gehen. Und man kann einiges dafür tun, dass Gefühle gedeihen können. Interesse und Wertschätzung am anderen sind der Boden, auf dem Gefühle entstehen können. Im Alltag ist die Frage: „Wie schnell lässt der andere mein Herz klopfen" nicht so wichtig wie die Frage: „Wer räumt die Spülmaschine aus?"

Was kann enger verbinden als gemeinsame Lebensträume?

Der Reiz des Fremden – Liebe über Grenzen hinweg

„Es war nicht Liebe auf den ersten Blick. Ich kann doch nicht jemanden lieben, den ich nicht kenne."

Vildan, eine Türkin, mit deutschem Ehemann

Die Begegnung mit dem Fremden übt auf viele eine große Faszination aus. Doch was als fremd empfunden wird, hat sich im Laufe der Geschichte verändert. Vor einigen Jahrzehnten war schon jemand aus dem Nachbardorf ein Fremder oder jemand, der eine andere Konfession hatte. Heute ist jemand fremd, der aus einem anderen Land kommt. Trotzdem ist Fremdheit schwierig zu fassen. Manchen ist der eigene Ehemann fremd.

Die Welt ist zusammengewachsen. Man begegnet Menschen aus anderen Nationen bei der Arbeit, beim Einkaufen, auf Reisen, im Internet oder wenn man Essen geht, zum Türken, zum Inder oder zu „seinem" Italiener.

Solch enge Begegnungen bleiben nicht ohne Folgen. Fast jede vierte Ehe in Deutschland besteht aus einem Paar aus unterschiedlichen Nationen. Bikulturelle Beziehungen sind schon längst keine Ausnahme mehr.

Welche Nationen finden nun die Deutschen besonders anziehend? Die Deutschlandkarte über Binationale Ehen in einem „Zeit-Magazin" von 2012 zeigt, dass Männer am liebsten Russinnen oder Polinnen heiraten. Deutsche Frauen dagegen favorisieren Türken. Außer in Bayern. Dort sind Österreicher und Österreicherinnen die beliebtesten Heiratskandidaten, „eine Vorliebe, die sie mit niemandem teilen müssen", erklärt Matthias Stolz die Statistik. Dieses Ergebnis überrascht etwas angesichts der vielen Österreicherwitze, die in Bayern immer noch erzählt werden. Aber: Was sich liebt, das neckt sich. Oder doch eher: Gleich und gleich gesellt sich gern? Eine Ehe zwischen einem Bayern und einer Österreicherin ist zwar binational, aber kulturell sind sich beide Kulturen sehr ähnlich. Auf jeden Fall scheint Nachbarschaft eine Liebesbeziehung zu fördern: Man ist sich fremd genug, dass es spannend ist, aber doch noch so vertraut, dass es zu keinem Kulturschock kommt. Das könnte auch der Grund sein, warum Deutsche so häufig Türken heiraten. Karsten aus Berlin hatte sich in die Türkin Vildan verliebt, als er sie zum ersten Mal auf der Straße mit ihrer Freundin sah. Er nahm seinen Mut zusammen und sprach sie an. Doch er holte sich eine Abfuhr. Drei Monate später begegnete Karsten ihr zufällig wieder. Dieses Mal unterhielten sie sich, sogar sehr gut. Langsam wuchs ihre Zuneigung. Fast zwei Jahre dauerte es, bis sie ihre Liebe der Familie offenbarten. Vildan war damals 27 Jahre alt und lebte noch bei ihren Eltern, die traditionsgebunden und streng waren. Karsten war zwar nicht besonders religiös, aber er war bereit, sich in diese Kultur einzufügen. Deshalb konvertierte er zum muslimischen Glauben und ließ sich beschneiden. Und er hielt sich auch an die Regeln der Brautwerbung. Mit strenggläubigen türkischen Paten ging er zu Vildans Eltern. Alle saßen nervös auf der Couch, nur Vildan war in der Küche – genauso nervös. Sie konnte kaum erwarten, wie sich ihr Vater entscheiden würde. Die Eltern, die Paten und der Heiratskandidat aßen und tranken und der Vater fragte, wie Karsten sich denn das alles vorstelle, ein Leben mit Vildan. Karsten fühlte sich wie in einem Bewerbungsgespräch. Er wusste, dass jetzt alles davon abhing, wie er sich präsentieren würde. Am Ende des Gesprächs war es kein Nein – aber auch kein Ja. Der Vater sagte, dass er eine Woche darüber nachdenken wolle. Nach der Bedenkzeit gab er seine Zustimmung. Die beiden durften heiraten. Nur seine zukünftige Schwiegermutter zweifelte noch. Sie fragte Karsten: „Warum willst Du meine Tochter heiraten? Sie kann nicht kochen, sie kann nicht bügeln und ist stinkfaul." Karsten konnte sie überzeugen, dass er Vildan auch ohne hausfrauliche Qualitäten lieben würde. Streng sagte sie zu ihm: „Aber komm nicht später und beschwere dich." Das tat Karsten auch nicht. Seit sie verheiratet sind, steht er am Herd und kocht.

An zweiter Stelle auf der Beliebtheitsskala der deutschen Frauen stehen Italiener. Münchnerinnen lieben Italiener, ihr Aussehen, ihr Essen – Pasta kommt gleich nach Semmelknödel – und vor allem ihren Akzent. Die Kabarettistin Monika Gruber schwärmt, dass sie schon schwach wird, wenn ihr Giovanni von ihrem Lieblingsrestaurant die Speisekarte vorliest. Münchnerinnen fühlen sich den Italienern so nah wie die Berlinerinnen den Türken. Immerhin gilt München als die nördlichste Stadt Italiens und der Gardasee als bayerisches Gewässer. Überhaupt ist der Kulturaustausch zwischen München und Italien sehr eng. Jedes Jahr schunkeln die Bayern und Italiener Arm in Arm in den Festzelten des Oktoberfestes, immer am zweiten Wochenende, am „Italiener-Wochenende" oder auch am „Festa d'ottobre".

Auf dem Oktoberfest haben schon viele interkulturelle Liebesbeziehungen begonnen. Internationale Feste sind eine gute Gelegenheit, jemanden aus einem anderen Kulturkreis kennenzulernen. Die Menschen sind offen und die Stimmung ausgelassen. Voraussetzung ist allerdings, den Alkoholkonsum so zu limitieren, dass man sich am nächsten Tag noch an die Begegnung erinnern kann.

Die Reaktion auf das Fremde ist sehr unterschiedlich. Viele neigen dazu, die Menschen zu stereotypisieren. Das kann positiv oder negativ sein. „Die Amerikaner sind so locker", sagen die einen, „die Amerikaner sind so oberflächlich", sagen die anderen. Und dann gibt es noch diejenigen, die sagen: Eigentlich sind doch Amerikaner und Deutsche gleich: Beide essen gerne Hamburger, fahren große Autos und zeigen den anderen, wo es lang geht. Doch kulturelle Unterschiede zu leugnen, ist genauso gefährlich, wie sie zu stereotypisieren. Oft kommt es zu Missverständnissen, weil man diese Unterschiede ignoriert oder einfach zu wenig über die andere Kultur weiß. Daran sind schon viele Beziehungen gescheitert, nicht nur Liebesbeziehungen, sondern auch wirtschaftliche und politische. Dass man in Japan nicht nein sagt, sondern Absagen höflich umschreibt, muss man wissen. Ansonsten interpretiert man die Umschreibung als ja. Das kann zu peinlichen Situationen führen.

Wenn man sich verliebt, sind es gerade die kulturellen Unterschiede, die besonders anziehend sind, weil man das andere in der eigenen Kultur vermisst. Wenn Frauen also den Charme der Franzosen für unwiderstehlich halten, dann deshalb, weil er bei deutschsprachigen Männern so selten zu finden ist. Sie halten Komplimente für reine

Zeitverschwendung. „Nix gsagt, ist globt gnuag", sagen die Bayern und die Baden-Württemberger. Da sind sie sich ausnahmsweise einig.

Überhaupt sagen die Bilder, die man von einer anderen Nation hat, mehr über die eigene Kultur aus als über die fremde, wie eine Studie zeigt: Amerikaner finden, dass deutsche Paare viel zu wenig Gefühle und Zärtlichkeit zeigen. Japaner hingegen finden es anstößig, dass deutsche Liebespaare in aller Öffentlichkeit Händchenhalten. Diese Wertmaßstäbe zeigen, wie wichtig es in den USA ist, Emotionen zu zeigen. Das ist schon bei den amerikanischen Wahlkämpfen unübersehbar, wenn an die Gefühle der Wähler appelliert wird und kein Politiker die Bühne verlässt, ohne seine Frau an der Hand zu halten. In Japan hingegen geht es nicht um Gefühle, sondern darum, sein Gesicht zu wahren.

Eigene kulturelle Selbstverständlichkeiten werden oft auf die andere Kultur übertragen. Als eine Brasilianerin in Deutschland zum ersten Mal mit dem Zug fuhr, sah sie die vielen Schrebergärten und wunderte sich, dass das reiche Deutschland auch Schattenseiten hat, von denen sie bisher nichts gehört hatte. „Ich dachte am Anfang, das seien die Slums vor den Städten."

Um mit jemandem aus einem anderen Kulturkreis eine Liebesbeziehung zu beginnen, braucht es Offenheit und Sensibilität und oft auch eine gute Portion Abenteuerlust.

„Ein anderes Mal schlug mein Freund vor, seine Freunde in Bern zu besuchen. (…) Nachdem wir mit zwei verschiedenen Straßenbahnen gefahren waren, erreichten wir den Bahnhof. Mein Freund war in großer Eile. Zwischen Rennschritten nahm er jeweils zwei Stufen auf einmal. Er hatte mir einmal gesagt, die Züge würden hierzulande öfters und regelmäßig fahren; ich konnte nicht verstehen, weshalb wir außer Atem rennen mußten, um den Zug zu erreichen. Bevor ich ihm erklären konnte, daß Erwachsene in der Straße nicht rennen sollten, keuchte er mir zu: ‚Beeil dich, sonst verpassen wir den Zug.' Ich trabte widerwillig hinter ihm her und sah, daß andere Leute ebenfalls rannten. Im Zug, als wir endlich ganz außer Atem dasaßen,

fragte ich: ‚Weshalb mußten wir uns so beeilen? Wir hätten auf den nächsten Zug warten können.' ‚Unsere Freunde erwarten uns aber zur Ankunftszeit dieses Zuges.' Damals wußte ich noch nicht, daß hier alles nach einem Zeitplan verläuft."

Agnes Bieri aus Ghana über ihre erste Zeit in der Schweiz,
aus: Amors wilde Pfeile

Thomas hatte die Mexikanerin Silvia auf einer Südamerikareise kennengelernt. Eineinhalb Jahre war er mit einem VW-Bus unterwegs. Als er seine Schwester besuchte, die gerade in Mexico City arbeitete, lernte er ihre Kollegin Silvia kennen. Sie war Textildesignerin. Silvia hatte sich gleich in Thomas verliebt. Schon als Kind hatte sie von einem großen blonden Mann geträumt. Thomas war zwar eher rothaarig, aber für Silvia war alles, was heller aussah als schwarzes Haar, blond. Und jetzt stand ihr Traummann vor ihr. Leider nicht für lange. Er musste wieder nach Hause. Als Thomas wieder in Deutschland war, schrieben sie sich gegenseitig Briefe. Das gab es damals noch! Auch mit Luftpost war die Kommunikation nicht wirklich schnell. Das war vielleicht auch ganz gut so. Thomas war sich über seine Gefühle nicht so sicher, aber nach einem Jahr war für ihn klar: Er wollte mit Silvia zusammenleben. Kurzentschlossen flog er nach Mexiko. Silvia war völlig überrascht, als er vor ihr stand, denn sein Telegramm, das er losgeschickt hatte, war nicht angekommen. Thomas wollte Silvia mit nach Deutschland nehmen, damit sie das Land kennenlernen und sich entscheiden konnte, ob sie mit ihm in Deutschland leben wollte. Doch ihr streng katholischer Vater war dagegen. Seine unverheiratete Tochter mit einem wildfremden Mann nach Deutschland? Niemals! „Dann heiraten wir einfach", beschlossen die beiden. Thomas hatte zwar einen Trauzeugen dabei – sein Freund hatte ihn begleitet – aber nicht die Papiere, die er für eine Hochzeit brauchte. Kurzerhand buchten sie einen Flug nach Texas und heirateten dort. Dann ging es nach Deutschland. Silvia flog mit einem Mann, den sie kaum kannte, in ein wildfremdes Land, zu Menschen, die sie noch nie gesehen hatte und deren Sprache sie nicht verstand. In Deutschland erwartete sie eine ziemlich überraschte Schwiegermutter. Und das

Zuhause von Thomas war auch nicht gerade einladend: eine kleine Kellerwohnung in der Fabrik seiner Eltern mit einer Matratze auf dem Boden und einer Boa-Schlange im Terrarium. Und Deutschland war auch nicht so, wie sie es sich vorgestellt hatte: mitten auf der Schwäbischen Alb, wo die Landschaft karg und die Temperaturen kühler sind, dazu noch weit weg von einer größeren Stadt. Silvia ließ sich davon nicht abschrecken. Sie hatte sich auf Deutschland gefreut und sie liebte Thomas. Deshalb entschloss sie, alles zu tun, um in Deutschland heimisch zu werden. Sie lernte Deutsch in der Theorie und Schwäbisch in der Praxis, machte den Führerschein und nahm Klavierunterricht. Und damit das Heimweh nicht allzu groß wurde, holte sie ihre Schwestern zu sich, zuerst die eine, dann die andere. Die eine Schwester blieb ein Jahr lang, die andere für immer. Sie hatte sich ebenfalls in einen Deutschen verliebt.

Inzwischen ist Deutschland für Silvia zur Heimat geworden. Mit Thomas ist sie seit über 30 Jahren glücklich verheiratet. Sie haben vier erwachsene Kinder und ein Enkelkind. Die beiden unterschiedlichen Kulturen haben Silvia und Thomas nicht als Hindernis erlebt, sondern als Bereicherung. Jeder hat vom anderen dazu gelernt. Thomas hat so gut Spanisch gelernt, dass zu Hause in der Familie Spanisch geredet wird und die Kinder zweisprachig aufgewachsen sind.

Wie es Menschen in bikulturellen Beziehungen ergeht, ist sehr unterschiedlich. Manche Paare leiden unter den erschwerten Bedingungen, zum Beispiel, wenn der Partner keine Aufenthaltsgenehmigung in Deutschland bekommt oder mit Vorurteilen zu kämpfen hat, die man ihm entgegenbringt. Andere empfinden die kulturellen Unterschiede als Bereicherung. Nicht alle Konflikte sind auf die Kultur zu schieben, erklären die Psychologinnen Maria Akpuma-Humeau und Susanne Baierl, beide Österreicherinnen, die mit Afrikanern aus Nigeria und Ghana liiert sind. Sie hätten am Anfang einen großen Teil der Zeit mit heftigem Streiten verbracht. Miteinander zu kommunizieren, die Herkunft des anderen kennenzulernen, Missverständnisse zu klären und zu lernen, mit den Eigenheiten des anderen zurechtzukommen, sind bei allen Paaren, auch aus der gleichen Kultur, wichtige Bedingungen, damit eine Ehe gelingt.

„Fremd ist jemand, der heute kommt und morgen bleibt."

Georg Simmel, 1901

Heute sind viele Menschen im Ausland unterwegs, beruflich oder auf Urlaubsreisen. Und oftmals begegnet man dabei der Liebe seines Lebens. Doch nicht für alle ist es so einfach, als Paar zusammenzuleben. Miriam Gutekunst zeigt in ihrer Doktorarbeit, welche Hürden Paare überwinden müssen, wenn einer der beiden aus einem „negativen Drittstaat" kommt, wie es im Behördendeutsch heißt. Das sind Länder wie Ägypten, Tunesien oder Marokko. Menschen aus diesen Staaten brauchen ein Visum, um in Deutschland einreisen zu können. Und das ist nur sehr schwer zu bekommen. Samira, Tochter einer Deutschen und eines Ägypters, ist in Deutschland aufgewachsen und hat in Ägypten ihren Freund Hamit kennengelernt. Die beiden wollten in Deutschland leben, weil er als Ingenieur und sie als Journalistin dort die besten beruflichen Chancen sahen. Sie beantragten ein Besuchervisum, was eine sehr kosten- und zeitintensive Angelegenheit ist. Aber es wurde abgelehnt. Samira und Hamit waren sehr enttäuscht. Hamit hatte das Gefühl, als Ägypter nichts wert zu sein. Nachdem auch ein zweiter Versuch gescheitert war, gab es für sie nur noch eine Möglichkeit, nach Deutschland zu kommen. Sie mussten heiraten.

So wie Samira geht es vielen Paaren, bei denen einer aus einem visumspflichtigen Staat kommt. Sie können sich nicht in aller Ruhe kennenlernen, bevor sie sich binden, sondern sie müssen heiraten, um sich kennenzulernen.

Doch selbst nach der Heirat ist es nicht einfach, dass der Partner nach Deutschland kommt. Das Ehegattennachzugsverfahren ist eine langwierige Angelegenheit. Das erlebte auch Mona. Sie hatte sich in einen Marokkaner verliebt, Karim. Die junge Deutsche hatte ihn kennengelernt, als sie einen Freiwilligendienst in Casablanca leistete und in einem ärmlichen Stadtviertel Kinder in Französisch und Englisch unterrichtete. Aus Freundschaft wurde Liebe. Nach eineinhalb Jahren heirateten Mona und Karim. Sie wollten zusammen in Deutschland leben, doch so einfach war das nicht. Die Ausländerbehörden kontrollieren eine solche Beziehung genau, um eine Scheinehe auszuschließen. Dass die beiden aus Liebe geheiratet hatten, mussten sie erst mal beweisen. Karim stand im deutschen Konsulat in Marokko Rede und Antwort und Mona bei der Ausländerbehörde in Deutschland. Damit sie ihre Antworten nicht absprechen konnten, wurden beide gleichzeitig befragt, ob sich beide Kinder wünschten, was das Traumreiseziel des anderen ist und was der andere am liebsten isst. Das Lieblingsessen ihres Partners wissen manche Paare nach 20 Jahren Ehe noch nicht. „Mein Mann isst einfach alles, was ihm unter die Gabel kommt", wäre wahrscheinlich keine gute Antwort. Mona musste „Liebesbeweise" bringen, Fotos auf denen beide gemeinsam zu sehen waren und Whatsapp-Nachrichten. „Man fühlt sich wie auf einer Anklagebank", erzählt Mona im Interview mit der Ethnologin Miriam Gutekunst. Es sei hart, wenn man sich liebt und diese Liebe den deutschen Behörden beweisen müsse, auch wenn ihr bewusst sei, dass viele mit einer Scheinehe versuchen, eine Aufenthaltsgenehmigung in Deutschland zu bekommen. Die Liebesbeziehung von Mona und Karim war für die Behörden offensichtlich überzeugend. Karim hat das Visum bekommen.

Viele Frauen und Männer erhoffen sich ein besseres Leben, wenn sie jemanden heiraten, der aus einem reicheren Land kommt. Die Brasilianerin Flávia Silva Cruz Brunner hat sich in ihrer Doktorarbeit mit brasilianischen Heiratsmigrantinnen befasst. Sie selbst ist mit einem Deutschen verheiratet und kennt beide Kulturen sehr gut. Die Forscherin musste, wie viele Brasilianerinnen und Russinnen, gegen das Vorurteil ankämpfen, dass ihr Ehemann sie im Internet bestellt habe wie irgendein Winter- oder Sommerangebot.

In Brasilien, so erzählt die Forscherin, ist ein großer, blonder Mann mit blauen Augen der Märchenprinz. Wer solch einen Mann heiratet, hat es geschafft. Deutsche Männer haben große Chancen bei Brasilianerinnen. Sie gelten als fleißig, zuverlässig und treu, ganz anders als die brasilianischen Machos, die ihre Männlichkeit mit Fraueneroberungen beweisen wollen. Deutsche Männer sind sehr familienverbunden, so sagen die Brasilianerinnen, und sie lassen ihren Frauen viel mehr Freiheiten, zum Beispiel, welchen Kleidungsstil die Ehefrau trägt oder mit welchen Freundinnen sie sich trifft.

Außerdem fühlen sie sich in Deutschland viel sicherer als in Brasilien. Dort sei das Leben sehr gefährlich. Was ihnen in Deutschland fehlt, ist die Herzlichkeit und Wärme. Das vermissen die Deutschen offensichtlich auch, denn das ist einer der Gründe, warum Männer sich zu den Brasilianerinnen besonders hingezogen fühlen. Und ihre dunkle Schönheit ist für deutsche Männer genauso anziehend, wie es die „blonden" Männer für die Brasilianerinnen sind.

Von einer bikulturellen Beziehung profitieren beide Partner. Heiratsmigration wird oft zu negativ gesehen, kritisieren die Soziologen Elisabeth Beck-Gernsheim und Ulrich Beck. Meistens würden beim Thema Heiratsmigration extreme Einzelfälle von Opfern und Tätern in den Mittelpunkt gerückt und nicht das, was am häufigsten vorkommt. „Wer dagegen interessiert sich für die russische Heiratsmigrantin, die seit 10 Jahren in einer Kleinstadt im Niederbayerischen lebt, inzwischen zwei Kinder hat, mit dem Mann ganz gut zurechtkommt, auch wenn er nicht viel redet und manchmal starrköpfig ist, die zur Frauengymnastik geht und im Kirchenchor mitsingt."

Unter Heiratsmigration fällt auch die Auswanderung von deutschen Nachkriegsfrauen, die amerikanische Soldaten heirateten und aus dem zerbombten Deutschland in das wohlhabende Amerika zogen. Nur gab es damals diesen Begriff noch nicht. Diese Heiraten werden nicht negativ bewertet.

Der Wunsch, durch Heirat ein besseres Leben zu erreichen, heißt nicht, der romantischen Liebe den Laufpass zu geben. Viele russische Frauen träumen von einem Mann, der treu und zuverlässig ist und nicht so viel trinkt wie ein russischer Mann. Mit ihm hoffen sie, glücklich zu werden.

Die Begegnung mit dem Fremden war in den vergangenen Jahrhunderten seltener als heute. Fremdheit war früher viel enger gefasst. Die Kulturunterschiede zwischen einem Norddeutschen und Süddeutschen wurden damals als so groß empfunden wie heute zwischen einem Amerikaner und einem Europäer.

Thomas Mann beschreibt den Kulturschock, den Tony Buddenbrock aus Lübeck erlebte, als sie Alois Permaneder heiratete und nach Bayern zog. An die kulinarischen Eigenheiten der Bayern konnte sie sich nur schwer gewöhnen, aber die derbe bayerische

Kommunikation brachte sie völlig aus der Fassung. Der Wutausbruch ihres Mannes „Geh zum Deifi, Saulud'r dreckats!" hätte eine Bayerin wahrscheinlich mit „Hoit doch dei Mai, Hund damischer!" (für nicht Bayrischkundige: Halt doch deine Klappe, du blöder Hund) quittiert. Tony Buddenbrock aber war starr vor Entsetzen und reichte die Scheidung ein.

Auf dem Land hat man unter sich geheiratet, jemanden aus dem Dorf oder – wenn sich dort niemand fand – aus dem Nachbardorf. Die Burschenschaft wachte streng darüber, dass keiner von außerhalb kam und ihnen die Mädchen wegschnappte. Aber auch wenn die jungen Männer eifersüchtig über die Mädchen wachten, letztendlich waren es die Eltern, die bestimmten, wen ihr Kind heiraten sollte. Gab es keinen standesgemäßen Bräutigam für die reiche Bauerntochter, dann nahm man eben einen von weiter weg. Ungern zwar, aber eine gute Mitgift glich den Makel wieder aus. Ein Fremder oder eine Fremde hatten es nie leicht im Dorf. Die Landbevölkerung war gegenüber dem, was sie nicht kannte, misstrauisch. Nicht viele kannten die Welt außerhalb ihres Dorfes. Das waren vor allem die Handwerker, die auf die Walz gingen oder Mägde, Knechte und Erntehelfer, die auch größere Entfernungen auf sich nahmen, um eine Stelle zu finden. Auch Viehhändler kamen weit herum sowie Näherinnen und Schuster, die zu ihren Kunden gingen und dort arbeiteten.

„Wenn ich heute so zurückdenke, wundere ich mich selber, dass ich damals so eine Schneid hatte, in eine ganz fremde Gegend zu gehen, wo ich keinen Menschen kenne. Einheiraten war schon nicht so einfach. [...] Jeder kennt einen, und du kennst niemanden."

Maria Sichler im Interview mit Maria Anna Willer über ihre Heirat 1951

Beim Adel war es ganz anders. Dort heiratete man oft ins Ausland. Meistens waren es die Frauen, die von ihren Vätern an einen Monarchen verheiratet wurden, um politische Verbindungen zu verwandtschaftlichen Beziehungen umzuwandeln. Damit weiteten die Väter ihren Herrschaftsbereich aus. Ganz selten waren es die Männer, die ins Ausland heirateten, so wie Prinz Albert von Sachsen-Coburg und

Gotha (1819–1861). Die englische Königin Victoria (1819–1901) hatte sich auf den ersten Blick in ihren deutschen Cousin verliebt. Glücklicherweise sah auch ihr Onkel darin eine gute Verbindung. Er arrangierte eine Ehe zwischen den beiden. 1840 heiraten sie. Victoria liebte ihren Mann abgöttisch, was in königlichen Ehen selten vorkam. Leicht tat man sich mit dem Fremden damals schon nicht. Albert war den Engländern zu steif und pedantisch. Dass er sehr gebildet war, machte ihn auch nicht sympathischer. Dennoch gelang es ihm, sich mit der Zeit Respekt zu verschaffen.

„Ich kann nie glauben oder zugeben, dass irgendein anderer Mensch vom Schicksal so gesegnet worden ist wie ich, mit einem solchen Mann, einem solch vollkommenen Mann. Papa war für mich alles, ist es auch heute noch."

Königin Victoria an ihre Tochter, 1858

Liselotte von der Pfalz (1652–1722) gelang dies nicht. Sie wurde nach Frankreich mit Herzog Philipp I. von Orléans verheiratet. Das war der Bruder von König Ludwig XIV, dem „Sonnenkönig". Mit der französischen Lebensart am Hofe konnte sie nichts anfangen. Die ausschweifenden Festlichkeiten und die Prunksucht verabscheute sie und die intriganten Machenschaften waren ihr zuwider. Lieselotte fühlte sich sehr einsam. Dass sie von ihrem Ehemann nicht viel erwarten konnte, wusste sie. Die meisten königlichen Herrscher waren so sehr mit ihrer Politik und ihren Mätressen beschäftigt, dass sie für ihre Ehefrau keine Zeit hatten. Bei Lieselottes Ehemann kam noch dazu, dass er homosexuell war. Seine eifersüchtigen Liebhaber intrigierten gegen Lieselotte, was sie sehr belastete. Dass ihr Ehemann sich in anderen Betten vergnügte, nahm sie jedoch gelassen: „Ich habe das Handwerk, Kinder zu machen, gar nicht geliebt". Mit drei Kindern hatte sie ihre Pflichten erfüllt.

Die Integration am französischen Hof gelang ihr nicht. Die Kultur blieb ihr fremd. Auch die Franzosen konnten mit der Deutschen wenig anfangen. Sie galt als ungehobelt und naiv. Eine Schönheit war sie zwar nicht – sie hatte Blatternarben im Gesicht und wurde im Laufe ihres Lebens immer korpulenter – aber sie war klug. Das zeigt sich in ihren seitenlangen Briefen, in denen sie über das Leben am französischen Hof schrieb. Ihr Heimweh war groß. Am liebsten wäre sie zu Hause geblieben, auch unverheiratet. „Glücklich, wer nicht geheurat ist", seufzt sie in einem ihrer Briefe.

Lieselotte von der Pfalz hatte das Fremde nicht gesucht. Sie wurde ungefragt ins Ausland verheiratet. Bei dem bayerischen König Ludwig I. (1786–1868) war das ganz anders. Ihn faszinierte das Fremde, in doppeltem Sinne. Nicht nur, dass ihn andere Frauen mehr interessierten als seine eigene – er war ein notorischer Fremdgänger –, sondern auch, dass er Südländerinnen besonders anziehend fand.

Ludwig I. war mit Therese von Sachsen-Hildburghausen verheiratet. Das ist die Prinzessin, der wir das Oktoberfest zu verdanken haben. Ihr zu Ehren wurde die Wiese, auf der das Pferderennen und das Fest für die Bevölkerung stattfanden, Theresienwiese genannt.

Marianna Marchesa Florenzi, eine italienische Adelige, gehörte zu den Frauen, die Ludwig I. faszinierend fand. Er besuchte sie oft in Italien und war vermutlich der Vater ihres Sohnes. Eine andere Geliebte Ludwig I. sorgte für Schlagzeilen: Lola Montez (1821–1861). Als er ihr begegnete, war es um ihn geschehen. Die heißblütige Tänzerin brachte ihn um den Verstand – und auch um den Thron. Als Lola Montez in Bayern ankam und sich um ein Engagement als Tänzerin bei Ludwig I. bemühte, hatte sie schon einige gebrochene Männerherzen und einen toten Liebhaber hinter sich gelassen, der im Duell niedergeschossenen wurde. Der 60-jährige König verliebte sich in die junge spanische Tänzerin. Dass sie in Wirklichkeit irisch-schottischer Abstammung war und nur einen Tanzkurs in Spanien gemacht hatte, wusste er nicht. Auch nicht, dass Elizabeth Rosanna Gilbert, wie sie eigentlich hieß, wegen Hochstapelei aus England fliehen musste. Es hätte seiner Leidenschaft wahrscheinlich auch keinen Abbruch getan. In einem Brief 1848 schrieb er ihr: „Du kannst Dir nicht vorstellen, wie Atmen und an Dich Denken praktisch dasselbe für mich ist."

„Ich habe Deinen zärtlichen Brief zum zweiten Mal im Englischen Garten gelesen. Ich küsse ihn in diesem Augenblick. Ich trage die Pantoffeln, die Du mir gemacht hast, zweimal am Tag. Ich trage

sie nach dem Aufstehen bis zu meiner Toilette und dann wieder,
wenn ich ins Bett gehe.“

Ludwig I. an Lola Montez, 22. Juni 1848

Ludwig I. machte Lola Montez viele Geschenke, sogar ein Palais war dabei, und er bezahlte ihr pompöses Leben, ohne zu zögern. Seine Liebe kannte keine Grenzen: Er gab ihr sogar das, womit die Bayern sehr knauserig waren: die bayerische Staatsbürgerschaft. Nichts konnte ihn davon abhalten, nicht einmal seine Minister, die alle um ihre Entlassung baten. Minister gab es viele, aber seine „querida Lolitta“ nur einmal. Kurzerhand bildete er einfach ein neues Kabinett. Und dann hob Ludwig I. seine Geliebte auch noch in den Adelsstand und machte sie zur Gräfin von Landsfeld. Als die neugebackene Adelige auch noch Starallüren zeigte, war es mit der Geduld der Bayern endgültig zu Ende. Schon vorher hatten sie missmutig dem Treiben ihres Königs zugesehen, aber nun schritten sie zur Tat und vertrieben die Tänzerin aus der Stadt.

„Mi muy querido Louis,
Ich habe heute zwei Briefe bekommen, einen durch die Post,
einen von Lombard. Es ist gut, daß Du mich liebst, aber in
Wahrheit verdiene ich es auch, weil ich Dich so sehr liebe.
Du kannst mich nicht mehr lieben [als ich Dich liebe].
Aber es dauert so lange, bis ich Dich sehe.

Lola Montez an Ludwig I., 21. Juni 1848

Ludwig I. hielt an ihr fest und finanzierte auch noch lange ihr Leben in der Schweiz, wo sie nach der Flucht lebte. Er muss sehr von sich überzeugt gewesen sein, denn er zweifelte nicht an der aufrichtigen Liebe der blutjungen Schönheit zu ihm. Dabei war er immerhin schon 60 Jahre alt und sie erst 25. Auch heute gibt es viele ältere Männer mit diesem beneidenswerten Selbstbewusstsein, die davon überzeugt sind, dass ihre jungen Geliebten sie nur um ihrer selbst willen lieben.

Ludwig I. war blind vor Liebe, aber irgendwann holte ihn die Realität ein. Als alles zu spät war, schrieb er: „Welch ein Unglück, daß ich gerade an solch ein Weibsbild gerathen mußte. Während sie mir Liebe heuchelte, wollte sie nur Geld von mir; sie hat mich um zwei kostbare Dinge gebracht: um eine poetische Illusion und um meinen Thron."

Gegenüber dem Fremden waren die Menschen schon immer skeptisch, aber im Nationalsozialismus definierten die Machthaber Fremdheit neu, um ihre Rassenideologie durchzusetzen. Mitten in Deutschland wurde das Vertraute zum Fremden erklärt. Und fremd bedeutete nicht „anders", sondern minderwertig. Die Freundin, die man so oft zum Kaffee getroffen hatte, der Kaufmann, bei dem man seine Lebensmittel kaufte, der Arzt, von dem man sich behandeln ließ, der Banker, dem man sein Geld anvertraut hatte – Menschen, die seit Generationen im Land lebten und sogar die Soldaten, die im Ersten Weltkrieg an der Front gekämpft hatten, wurden auf einmal zu Fremden, einfach nur deshalb, weil sie Juden waren. Dass sie genauso Deutsche waren, zählte nicht mehr. Eine Liebesbeziehung zu einem Juden war nun „Rassenschande" und ab 1935 eine Straftat. War ein Mann mit einer Jüdin verheiratet, wurde verlangt, dass er sich von ihr scheiden ließ. So erging es auch Joachim Gottschalk (1904–1941). Er war ein gefeierter Schauspieler und auf der Bühne so erfolgreich wie beim Film. Auch seine Frau war Schauspielerin. Joachim Gottschalk hatte Meta Wolff auf der Bühne kennengelernt und sich in sie verliebt. 1931 heiraten sie, zwei Jahre später kam ihr Sohn Michael auf die Welt. Weil Meta Wolff Jüdin war, endete ihre Bühnenlaufbahn, als die Nationalsozialisten an die Macht kamen. Sie setzten die Schauspielerin mit einem Berufsverbot außer Gefecht. Es nutzte ihr nicht, dass sie sich ihrem Mann zuliebe evangelisch taufen hatte lassen. Das Nazi-Regime war unerbittlich und griff mit aller Härte durch. Bereits 1934, als Joachim Gottschalk in Frankfurt ein Engagement bekam, musste er einen arischen Nachweis bringen. Der „jüdisch versippte" Schauspieler brauchte eine Sondergenehmigung. Um sich und seine Familie zu schützen, hielt er sein Privatleben sehr bedeckt. Und dennoch ließen sich die Wurzeln seiner Frau nicht verheimlichen. Die Nationalsozialisten forderten, dass er sich scheiden lassen müsse, um weiterhin als Schauspieler arbeiten zu können. Seine Frau Meta schrieb an ihre

Freundin Ruth: „Wie wird das alles enden? Ich bin natürlich bereit, mich scheiden zu lassen, wenn es sein muss, wenn Jochen anders nichts kriegt. Er will aber erst alles versuchen – es wird uns schwer, auseinander zu gehen."

Joseph Goebbels bot Joachim Gottschalk an, dass seine Familie in die Schweiz gehen dürfe, wenn er sich scheiden ließe. Doch Joachim Gottschalk lehnte ab. Das Paar beschloss, gemeinsam in den Tod zu gehen – mit Veronal aus dem Gashahn! Meta schrieb zum Abschied an ihre Freundin: „Um uns musst Du nicht trauern, Du weißt, wir sind glücklich." Und Joachims letzte Worte sind an seine Mutter gerichtet: „Meta und der Junge schlafen schon".

Joseph Goebbels verbot einen Nachruf. Außerdem durfte niemand an der Beerdigung teilnehmen. Doch etliche Kolleginnen und Kollegen, darunter Brigitte Horney, Gustav Knuth und Ruth Hellberg, hielten sich nicht daran. Obwohl die Gestapo jeden einzelnen auf der Beerdigung fotografierte, nahmen sie auf dem Friedhof Abschied von ihren Freunden Meta und Joachim Gottschalk.

Auch der Dichter und Kirchenmusiker Jochen Klepper war mit einer Jüdin verheiratet und sah keinen anderen Ausweg, als mit seiner Frau in den Tod zu gehen.

Liebesbeziehungen zu Fremden waren im Nationalsozialismus lebensgefährlich. Das betraf nicht nur Juden, sondern auch Zwangsarbeiter, die aus Polen oder aus Frankreich kamen. Die Bestrafung war brutal. Die Zwangsarbeiter wurden meistens umgebracht und die Frauen öffentlich gedemütigt.

So erging es einer jungen Magd aus Oberbayern. Sie verliebte sich in einen polnischen Zwangsarbeiter, ein fescher junger Mann, wie ein Zeitzeuge erzählt. Die beiden trafen sich heimlich. Aber irgendwann muss diese Liebe entdeckt worden sein – und verraten. Vielleicht bemerkte jemand, dass sie schwanger war. Eines Tages kamen SS-Uniformierte aufs Feld und nahmen den polnischen Zwangsarbeiter mit. Die Magd wurde in eine Klinik gebracht, in der die Ärzte ihr Kind gewaltsam abtrieben. Sie hätten ihr das Kind aus dem Leib gerissen, erzählte sie später. Dann wurden ihre Haare geschoren. Man stellte sie auf dem Marktplatz aus, mit einem Schild um den Hals, das ihr Vergehen zeigte. So gedemütigt musste sie es über sich ergehen lassen, dass die Menschen sie beschimpften und anspuckten. Was mit dem Polen geschehen ist, weiß man nicht. Wahrscheinlich haben die Nationalsozialisten ihn umgebracht. Die Magd hatte später geheiratet, doch sie konnte keine Kinder mehr bekommen. Es ist eine dieser vielen tragischen Liebesgeschichten im Nationalsozialismus, über die der Mantel des Schweigens gelegt wurde und über die man heute viel zu wenig weiß.

Auch nach dem Zweiten Weltkrieg wurden Liebesbeziehungen zwischen Einheimischen und Fremden angefeindet. Vor allem für die ältere Generation kam es nicht infrage, dass ihre Kinder einen Heimatvertriebenen oder einen Soldaten der Alliierten heirateten. In Bayern wurden die Freundinnen der amerikanischen Soldaten als „Ami-Flitscherl" beschimpft. Manche, vor allem empörte Männer, schnitten den Freundinnen von GIs die Haare gewaltsam ab. Es gab sogar Fanatiker, die ein Mädchen umbrachten, weil sie mit einem Amerikaner zusammen war.

„Am 4. Juni 1945 ging ich mit meiner Freundin am Abend ein bißchen spazieren. Und bei diesem Spaziergang lernte ich Charlie, meinen späteren Ehemann kennen. Charlie diente bei der Army und gehörte der amerikanischen Besatzungsmacht an. [...] Wir hatten uns also ein bißchen bekannt gemacht, und nun wollte er mit mir eine Verabredung treffen. Wir konnten uns nur mit Händen und Füßen und per Wörterbuch verständigen, denn ich sprach kein Wort Englisch und er kein Wort Deutsch."

Lebenserinnerungen von Margot, Deutsches Tagebucharchiv

Den Frauen wurde unterstellt – sowohl von deutscher als auch von amerikanischer Seite – sie würden diese Beziehung nur eingehen, weil sie sich Vorteile davon versprachen: Brot, Zigaretten, Lippenstift oder einen Job als Sekretärin. Das gab es auch. Viele Frauen sicherten mit einer Beziehung zu einem Amerikaner das Überleben der Familie. Doch meistens hatte es andere Gründe, warum die Frauen eine Liebesbeziehung mit einem Soldaten eingingen. Die Amerikaner wirkten auf die deutschen Frauen sehr anziehend. Nach dem Krieg waren viele Männer gefallen oder in Kriegsgefangenschaft. Und diejenigen, die nach Hause kamen, waren oft verwundet, abgemagert und verbittert. Die Alliierten hingegen waren die Sieger. Sie strahlten Lebensfreude und Optimismus aus. Etwas, das den Deutschen schon lange verloren gegangen war. Die Amerikaner waren großzügig, lässig und charmant. Sie gaben den Frauen, die in den Kriegsjahren auf sich gestellt waren und die Männer ersetzten, das Gefühl von Weiblichkeit zurück. Die Schauspielerin Anneliese Uhlig, die einen amerikanischen Soldat heiratete, sagte: „Solche Männer kannten wir ja gar nicht mehr. Richtig gesunde Männer, die noch alle Zähne im Mund hatten, die weder humpelten noch auf Krücken gingen, hatten wir schon seit Jahren nicht mehr gesehen."

Manche Liebesbeziehungen mündeten in eine Ehe, doch häufig blieb es bei einer Affäre. Für die Amerikaner war eine deutsche Freundin jemand, die ihnen fernab der Heimat ein Gefühl von Wärme gab und die fehlende Familie ersetzte. Die deutschen Mädchen genossen es, umsorgt zu werden und jemanden zu haben, den sie umsorgen konnten.

In unserem Dorfgasthof quartierte ein Amerikaner seine deutsche Freundin aus München ein. Er verwöhnte und beschenkte sie. Mit ihren modischen Hüten und Stöckelschuhen führte sie ihren Hund durchs Dorf spazieren. Ein ungewohnter Anblick für die Dorfbewohner. Dann musste er wieder zurück nach Amerika. Er würde sie nachholen, versprach er. Sie wartete auf ihn. Vergeblich. Er hatte bereits eine Familie in den USA.

Eine andere junge Frau verliebte sich ebenfalls in einen Amerikaner – und brannte mit ihm durch. Während ihre Eltern auf dem Feld warteten, dass sie kommen und mithelfen würde, schrieb sie einen Zettel, dass sie mit ihrem Freund in die USA auswandern würde. Das tat sie auch. Sie heiratete ihn, doch als ihre Ehe nach zwei Jahren scheiterte, kam sie wieder zurück.

„Dann hörte ich lange Zeit gar nichts mehr von Charlie. Alle Nachbarn freuten sich schon, weil sie meinten, nun hat sie der Ami doch sitzen lassen."

Lebenserinnerungen von Margot H., Deutsches Tagebucharchiv, 1947

Noch häufiger als Liebesbeziehungen mit Amerikanern waren Liebesbeziehungen mit Flüchtlingen und Heimatvertriebenen. Man könnte denken, dass das problemlos gewesen wäre. Immerhin sprachen sie die gleiche Sprache und auch die kulturellen Unterschiede waren nicht so groß wie zwischen Deutschen und Amerikanern. Doch diese Liebe stieß auf größten Widerstand. „Alles darfst bringen, nur keinen Flüchtling", impften die Väter ihren Töchtern ein. Es waren eben Fremde. Sie besaßen nichts und was noch schlimmer war: Viele waren evangelisch. Mehr Fremdheit ging kaum, zumindest nicht für die Bayern in der Nachkriegszeit. Da waren ihnen die katholischen Franzosen noch lieber. Bis zur Nachkriegszeit waren viele Dorfbewohner mit Protestanten noch nie in Berührung gekommen. Ja, man hatte von ihnen gehört, aber gesehen hatte sie noch keiner. Als die ersten evangelischen Flüchtlinge und Heimatvertriebene in die Dörfer kamen, beteten der Lehrer und die Schüler für das arme Heidenkind, dass es auch mal in den Himmel käme. Man kann sich also vorstellen, mit welchen Widerständen ein katholischer Einheimischer zu kämpfen hatte, der sich in ein evangelisches Mädchen verliebte. Viele katholische Pfarrer weigerten sich, ein solches Paar zu trauen.

„Der einzige, der ein Problem mit unserer Verlobung hatte, war der katholische Pfarrer der Gemeinde. Ich war nämlich katholisch und Alfred evangelisch. Regelmäßig kam er zu mir und versuchte mir ins Gewissen zu reden, dass ich Alfred nicht heiraten dürfte. Als er eines Abends wieder im Stall auf mich wartete, als ich völlig durchnässt und müde von der Arbeit im Wald auf den Hof kam, hat es mir gereicht! Er redete auf mich ein, ob es mir denn egal sei, dass ich nicht ins Paradies komme, wenn ich nicht auch einen Katholik heirate. Ich unterbrach ihn und sagte, dass ich nur eine Frage von ihm beantwortet haben wollte: ‚Gibt es einen katholischen und einen evangelischen Gott und ein katholisches und evangelisches Paradies?' Er antwortete entrüstet, dass es natürlich nur einen Gott gebe und ein Paradies! Ich erwiderte, dass somit meine Entscheidung fest steht: ‚Ich glaube an Gott und

weil Katholiken und Evangelische an den gleichen Gott glauben,
heirate ich Alfred.' Danach ist der Pfarrer nie wieder gekommen.'

Maria, seit 64 Jahren mit Alfred verheiratet

Doch auch bei gleicher Konfession waren Heimatvertriebene als Schwiegersohn oder Schwiegertochter nicht akzeptabel. Ein dahergelaufenes Mädchen, das nichts mitbrachte, aber sich ins gemachte Nest setzen wollte, kam überhaupt nicht infrage. Wenn alles nicht half, drohten die Eltern mit Enterbung – und machten ihre Drohung auch wahr. Doch davon ließen sich die Verliebten meistens nicht abhalten. Die Liebe war stärker und das Fremde hatte eine große Anziehungskraft. Die Flüchtlinge brachten eine leichtere Lebenskultur mit. Sie feierten gerne und organisierten Tanzveranstaltungen. Nach all den schwierigen Kriegsjahren hatten die jungen Menschen eine große Sehnsucht nach dieser Unbeschwertheit.

Eine Bauerntochter in Karlsfeld bei München erzählte, wie groß der Widerstand ihrer Eltern war, als sie sich in einen heimatvertriebenen Mann verliebte: „Noch mit 20 Jahren musste ich mir zu Hause stundenlange Predigten anhören und beim Tanzen mussten wir getrennt sitzen", erzählte sie. Der Vater drohte, dass sie bei einer Heirat nichts von ihm bekäme, nicht mal einen Dachziegel. Als sie 21 Jahre alt wurde und somit volljährig war, ließ sie sich nichts mehr sagen. Sie würde ihn heiraten, das war sicher. Ihr Vater sagte sogar noch am Tag vor der Hochzeit, dass er auf keinen Fall zu der Hochzeit kommen würde. Er kam dann aber doch.

Und heute? Sehr viel toleranter sind wir nicht geworden. Eine Heirat mit einem Franzosen oder Amerikaner wird akzeptiert, aber mit einem Flüchtling aus Syrien? Selbst wenn er hochgebildet ist – ein Flüchtling bleibt ein Flüchtling. Daran hat sich in den letzten 70 Jahren nichts geändert. Auch wenn die Welt zusammengewachsen ist, herrschen noch viele Vorurteile gegenüber dem Fremden, wie folgende Geschichte veranschaulicht: Ein Mann im Krankenhaus deutet auf einen dunkelhäutigen Mann im weißen Kittel und sagt zur Krankenschwester: „Von dem Schwarzen lass ich mich aber nicht anfassen." „Keine Sorge", antwortete die Krankenschwester, „unser Professor behandelt sowieso nur Privatpatienten."

Tanzsäle, Spinnstuben und Partys –
Orte des Kennenlernens

„Gestern hab ich in einer Vorlesung ein nettes Mädchen getroffen.
Ich hab die ganze Vorlesung mit ihr geredet und einfach ein gutes
Gespräch geführt."

Student, 23 Jahre

Wo findet man die Frau seines Herzens oder den Mann, mit dem man den Rest seines Lebens verbringen möchte? Fast überall, nur nicht zu Hause in seinen eigenen vier Wänden. Oder wie der Kabarettist und Autor Eckart von Hirschhausen empfiehlt: „Wenn man einen Partner sucht, muss man nicht auf jede Party, aber es könnte helfen, die Wohnung zu verlassen. Es sei denn, man steht auf Postboten und die Zeugen Jehovas."

Gelegenheiten gibt es viele, aber man muss sie auch ergreifen. Patrick Moberg, ein 21-jähriger Illustrator in New York sah in der U-Bahn ein Mädchen, das ihn faszinierte. Sie hatte ihr braunes Haar zu einem Zopf geflochten und an der Seite eine große Sonnenblume eingesteckt. Patrick überlegte, wie er sie ansprechen könnte. Und bevor ihm etwas einfiel, stieg sie auch schon wieder aus. Eine verpasste Chance. Doch so schnell gab Patrick nicht auf. Er zeichnete eine Skizze von ihr, mit ihrer Frisur, den hellblauen Shorts und dunkelblaue Strumpfhosen, und eine Skizze von sich selbst. Dazu schrieb er noch die Subway-Linie, Datum und die Uhrzeit dieser schicksalhaften Begegnung und: „I saw the girl of my dreams on the subway tonight. Please help me to find her." Dann legte er eine Internetseite an und veröffentlichte dort seine Skizze. Außerdem bat er seine Freunde, die Internetseite auf Facebook zu verbreiten. Eine Romanze wie im Hollywoodfilm! Davon berührt, starteten die New Yorker eine einmalige Suchaktion – mit Erfolg. Schon nach zwei Tagen hatte Patrick seine Traumfrau gefunden: Sie war eine Australierin, die in New York gerade ein Praktikum bei einer Zeitschrift machte: Camille Hayton. Eine Kollegin hatte sie

143

erkannt. Als Camille und Patrick sich zum ersten Mal trafen, waren sie sich auf Anhieb sympathisch. Es hatte gefunkt. Ein Happy End. Hier hören die Liebesfilme auf. Aus gutem Grund. Denn wie es danach weitergeht, ist meistens nicht so romantisch. Die Liebesgeschichte von Camille und Patrick dauerte nur zwei Monate. Dann trennten sie sich, aber blieben gute Freunde. Camille ging nach Australien zurück. Geblieben ist die Erinnerung an eine bezaubernde Begegnung.

Es gibt viele Orte, an denen man einen Partner kennenlernen kann. Schwieriger ist es, eine Liebesbeziehung am Leben zu erhalten.

Die Liebe kann überall entflammen, auch in der Kirche:
„Christine,
Sie hatten, so glaube ich, über die vergangenen Ostertage einige unangenehme und allzu scharfe Blicke zu ertragen. Darf ich mich auf diese Weise bei Ihnen entschuldigen und Ihnen zugleich versichern, dass sie aus einem von Sturm und Drang erfüllten Herzen entsprangen. Sie haben mich tief begeistert und entzückt. Gleich bei unserer ersten Begegnung in der Kirche von Miécourt fühlte ich etwas in mir, was man landläufig Liebe auf den ersten Blick nennt. [...]
Ich kam [...] zur Kommunionsbank zurück und empfing von Ihnen einen Blick, ich weiss nicht, er war so tief und doch so geheimnisvoll, so herrlich und doch irgendwie fragend. Meine Andacht war vorher schon gestört gewesen, nun war sie dahin. [...]
Ich schilderte Ihnen, Christine, in aller Offenheit meine Gedanken und Empfindungen. Antworten Sie mir bitte in der gleichen Offenheit, wenn Ihnen die ganze Geschichte nicht lächerlich vorkommt und in Ihnen vielleicht eine ähnliche Zuneigung aufgekeimt ist.“

Liebesbrief von Klaus, 1954, Schweiz

Viele Paare finden sich beim Tanzen. Ob man lieber mit Freunden ausgeht oder alleine – es gibt verschiedene Gelegenheiten zum Tanzen: auf Partys, in Clubs oder in Tanzschulen. Dort gibt es meistens auch spezielle Tanzkurse für Singles.

Für junge Leute ist die Auswahl an Partys und Tanzveranstaltungen größer als für Frauen und Männer im mittleren Alter oder darüber. Trotzdem ist es für die Tinder-Generation nicht leichter, in der realen Welt Liebesbeziehungen zu knüpfen. Ein Münchner Barbesitzer erzählt, dass seine Gäste sich gar nicht mehr trauen, jemanden anzusprechen, sondern sich lieber hinter ihre Smartphones verziehen und chatten. Dazu kommt die Sorge, irgendetwas zu verpassen, eine andere Party, bei der viel coolere Leute sind. Man tauscht sich mit den anderen über das Handy aus, geht zum nächsten Club, aber fühlt sich dort nicht besser. Im Hier und Jetzt zu sein, fällt vielen Menschen in unserer Eventkultur mit den vielen Optionen schwer.

Tanzgelegenheiten gibt es für jedes Alter. An vielen Orten werden Ü40-Partys, also für Frauen und Männer, die älter als 40 Jahre alt sind, oder Ü50-Partys veranstaltet. Dort ist man unter sich und muss nicht mit den jungen Leuten konkurrieren. Um sich beim Tanzen zu verlieben, ist man nie zu alt.

Die Engländerin Florence war verwitwet und ging gerne tanzen. In einem Ü60-Club lernte sie ihren zweiten Mann Bill kennen. Da war sie bereits Witwe. Bill war mit seiner Frau dort. Florence fand Bill von Anfang an sympathisch. Er konnte gut tanzen und war humorvoll. Lachend rief sie einmal beim Tanzen Bills Frau zu: „Kann ich deinen Mann haben, wenn du mit ihm fertig bist?" Sie antwortete: „Nimm ihn doch gleich." Beide ahnten nicht, dass aus dieser scherzhaften Bemerkung Ernst werden würde. Einige Monate später starb Bills Ehefrau. Florence, die sich schon vorher um Menschen in ihrer Nachbarschaft kümmerte, besuchte auch ihn. Sie brachte ihm Essen vorbei, hörte ihm zu und trank mit ihm Tee. Langsam wurde aus der Freundschaft Liebe. Als Florence 96 Jahre alt war, fand sie es an der Zeit, zu heiraten. In einem elfenbeinfarbigen, eleganten Kleid schritt die Braut zum Traualtar, an der Seite ihres 90-jährigen Ehemannes, der an diesem besonderen Tag eine Krawatte mit den Farben seines Lieblingsfußballvereins umgebunden hatte. Und weil Florence bei ihrer Hochzeit besonders hübsch aussehen wollte, ließ sie ihr Hörgerät zu Hause. Als der Pfarrer die entscheidende Frage stellte, ob sie Bill zu ihrem Mann nehmen wolle, rief sie laut: „Wen?" Es war eine Hochzeit, bei der viel gelacht und vor Rührung geweint wurde. Doch für das Brautpaar war der Trubel etwas anstrengend. Nach dem Essen nickten sie im Sessel ein und hielten ein Schläfchen.

„Nachher hat O.L mich im Wagen nach Hause gefahren! (...) O.L hatte und hat ja die ganz feste Absicht, mich zu heiraten.
Um des Himmels Willen, da kriegte ich ja zuviel. (...) Ich gebe zu, dass ich zur Zeit der Tanzsstunde einmal O.L. ganz gern gehabt habe, vielleicht sogar ein bißchen für ihn geschwärmt habe, aber nur ein ganz klein bißchen (...). Himmel, es wäre ja schlimm, wenn man seine Schwärme immer heiraten müßte."

Paula, 18 Jahre, Tagebucheintrag von 1911, Deutsches Tagebucharchiv

---

Früher waren Tanzveranstaltungen ein wichtiger Ort für die Brautschau, oft unter der Aufsicht der Eltern. Tanzen zu lernen, war deshalb ein fester Bestandteil der bürgerlichen Erziehung, genauso wie Klavierspielen, Französisch, Gesangsunterricht und Handarbeiten. Die höheren Töchter und Söhne begannen nach ihrer Konfirmation, Tanzstunden zu nehmen. Oftmals fand der Unterricht in den Häusern reihum statt, unter den wachsamen Augen der Mütter. Dabei ging es vornehm zu. Die Mädchen waren schön gekleidet und wurden von einem Kutscher zum Tanzen gefahren. Meistens waren es die ersten Begegnungen mit dem anderen Geschlecht. Die jungen Leute verhielten sich äußerst zurückhaltend. Man grüßte sich freundlich, wenn man sich auf der Straße oder bei anderen Gelegenheiten sah und wechselte einige Worte, aber mehr wäre kaum möglich gewesen, so erinnert sich eine Frau an ihre Jugend. Es kam schon vor, dass junge Männer eine „Tanzstundenflamme" hatten und ein Gedicht für sie schrieben oder dass junge Mädchen für ihren Tanzpartner schwärmten, aber mehr wurde daraus meistens nicht.

Carl Emil, Sohn eines Freiburger Geschäftsmannes, erzählt 1887 in seinem Tagebuch von seinen Tanzstunden. Er war damals 17 Jahre alt und verehrte ein junges Mädchen, Fräulein B. Bei einer Tanzveranstaltung forderte er sie zweimal auf, doch sie hatte beide Tänze schon anderen Kavalieren versprochen. Und als er sie bei einem anderen Fest wiedersah, machte er keine Anstalten sie aufzufordern: „Ich wollte mir auch nicht, wo alles so schön beisammen saß, einen offiziellen Korb holen, da ich für derartige kalte Douchen keine Vorliebe besitze." Doch er hatte einen anderen Plan: Als er hörte, dass Fräulein B. Tanzstunden nehmen wollte, meldete er sich ebenfalls an. Carl Emil nutzte jede Gelegenheit, mit ihr zu tanzen und brachte sie nach den Tanzstunden nach Hause. Siegessicher schrieb er in sein Tagebuch: „Bis jetzt ging es immer glatt, da ich nur zwei, nach meiner Ansicht unschädliche, Rivalen hatte." Doch die junge Dame machte ihm bald klar, dass seine Avancen vergeblich seien. Sie hatte sich in einen der Rivalen verliebt.

Manche Mädchen aus dem Bürgertum absolvierten ihren Tanzkurs mit wenig Begeisterung. So erlebte es der Komponist und Musikschriftsteller Ludwig Meinhardus (1827–1896). Er schrieb über die Tanzschülerinnen: „Ich erinnere mich nicht einer einzigen, die den Tanz anders zu behandeln schien als eine anständige Pflichterfüllung, eine Art von Metier; so ernsthaft und gelangweilt schauten diese Schönen aus, wenn sie sich erhoben, mit der höchsten Aufmerksamkeit ihren Anzug musterten, sorgfältig mit geübter Handbewegung die eingesessenen Falten ordneten und die geschäftsmäßigen Drehungen um die Achse ihres Tänzers beschrieben."

Gelegenheiten zum Tanzen gab es viele. Junge Mädchen hatten oft ein kleines vorgedrucktes „Merkbüchlein", in dem sie ihre Tanzerinnerungen eintrugen, wo der Tanz stattfand, welches Kleid sie trugen, was für ein Bouquet sie geschenkt bekamen und mit wem sie getanzt hatten. In die Rubrik „Wie unterhalten?" konnten sie eintragen, ob sie es mit einem Langweiler zu tun hatten oder mit einem charmanten Tänzer.

„In meinem Leben habe ich noch kaum so ausdauernd und begeistert getanzt, wie an diesem Abend; natürlich auch besonders dann, wenn Fräulein Berthe meine Partnerin war. Sie tanzt wunderbar leicht und graziös und hat mir auch den Two Step beigebracht. Ich werde die Musik wohl kaum jemals hören können, ohne an sie zu denken."

Carl Emil W., Tagebucheintrag 1904, Deutsches Tagebucharchiv

Während im gehobenen Bürgertum das Tanzen in geregelter Ordnung und unter den Augen der Eltern geschah, ging es im Kleinbürgertum ungezwungener zu. Der österreichische Schriftsteller Arthur Schnitzler (1862–1931) erinnert sich an einen Faschingsball in einer Wiener Vorstadt, den er mit einem Freund besuchte. Der Ball sei nicht besonders festlich oder vornehm gewesen, sondern habe eine „altväterliche Gemütlichkeit" ausgestrahlt: „Im Hauptlokal wurde getanzt, in den angrenzenden Wirtshausräumen saßen bei Speis und Trank die Honoratioren, sonntäglich angetan. Ballväter, -mütter und sonstige Verwandte, größtenteils einem mittleren, wohlhabenden Bürgerstand angehörig, und überall mischte sich Bier- und Zigarrenduft mit edlem Geruch von Blumen und bescheidenen Parfums, den die tanzenden Töchter in ihren hellen oder bunten Sommerkleidern um sich verbreiteten."

Arthur Schnitzler und sein Freund fielen auf. Sie trugen Offiziersuniformen und machten damit großen Eindruck, vor allem bei den Damen. Frauen standen damals auf Männer in Uniformen. Heute bekommen nur noch Flugkapitäne diese Aufmerksamkeit, wenn sie in ihren dunkelblauen Uniformen, in Begleitung von attraktiven Stewardessen, durch die Abflughalle zu ihrem Flugzeug gehen. Arthur Schnitzler erzählt weiter: „Ich für meinen Teil beeilte mich, eine sehr hübsche Blondine zum Tanz aufzufordern; und als wir in einer Pause hin und her spazierend, zufällig in einen Nebenraum gerieten, der eigentlich einer riesigen Rumpelkammer glich, mit einem langen ungedeckten Tisch, umgestürzten Sesseln, unbeleuchtet, an anderen Tagen offenbar als eine Art Klublokal in Anspruch genommen, wurde unsere Unterhaltung so lebhaft, daß wir den Raum nach einigen Minuten schon um vieles vertrauter verließen, als wir ihn betreten hatten." In jeder Tanzpause zogen sie sich in die Rumpelkammer zurück, nicht nur, um sich zu unterhalten. Rumpel- und Besenkammern haben es in sich. Zwischendurch kehrten sie an den Tisch der Eltern des jungen Mädchens zurück. Dass ihre Tochter immer den gleichen Tänzer hatte und mit ihm in den Pausen verschwand, beunruhigte sie nicht. Im höheren Bürgertum wäre das undenkbar gewesen. Ein solches Verhalten hätte den guten Ruf des Mädchens gefährdet. Man hätte befürchtet, dass zwischen beiden mehr entstehen könnte – zu Recht. Arthur Schnitzler führte seine Tanzpartnerin bei jeder Gelegenheit in einer der halbdunklen Ecken, um sie zu küssen. Trotz ihres unschuldsvollen Gesichts war sie keineswegs unerfahren, wie er feststellte.

Im gehobenen Bürgertum oder beim Adel lernten sich die jungen Paare unter Beaufsichtigung kennen. Die Eltern lenkten schon im Vorfeld, wem ihre Töchter und Söhne begegneten, damit sie nicht an den Falschen gerieten. Oftmals fanden die Zusammenkünfte in Privathäusern statt. Man besuchte sich gegenseitig, es gab festliche Abendessen, Tanzfeste oder Hauskonzerte. Auch die Schriftstellerin Caroline Pichler (1769–1843), die am österreichischen Hof von Kaiserin Maria Theresia aufwuchs, erlebte ihre erste Liebe in ihrem Zuhause. Ihr Vater war Hofrat und hatte damit eine führende Position. Caroline war 15 Jahre alt, als sie Herrn von Häring näher kennenlernte. Er war der Sohn einer befreundeten Familie und acht oder neun Jahre älter als sie. Sie hatte ihn einige Jahre nicht gesehen, weil er auf Bildungsreise in Frankreich, England und Deutschland war. Schon davor hatte er großen Eindruck auf sie gemacht, weil er so wunderbar Geige spielte. Und nun war er wieder da: „Seine natürlich vorteilhafte Gestalt hatte sich noch angenehmer ausgebildet. Er war von mehr als mittlerer Größe, blond, mit blauen Augen, bedeutenden Zügen und ernster würdiger Haltung, hatte durchaus nichts Gecken- oder Stutzerhaftes, vielmehr etwas Gehaltenes, das fast bis ans Strenge ging. Eine Nadel in meiner Stickerei ging mir über dem Anschauen des hübschen Jünglings verloren, und als ich sie am Boden suchen wollte, kam er selbst – o welcher Zuwachs an Verwirrung! – mir zu helfen."

Er gefiel ihr, aber von „Liebe auf den ersten Blick" konnte keine Rede sein, so erklärt sie: „Von dem Augenblicke an, war meine Unbefangenheit dahin, und wenn ich mich gleich recht wohl erinnere, daß von jenem ‚Blitz, der in zwei Herzen zugleich einschlägt', von jenem ‚Vorgefühl, daß jetzt das Schicksal unseres Lebens entschieden sei', gar nichts in meiner Seele war, vielleicht schon darum nicht, weil jene Ideen, Geburten einer spätern phantastischern Zeit, damals nicht Mode waren, so weiß ich doch noch recht gut, daß ich glaubte, Herr v. Häring könnte so ziemlich dem

Ideal entsprechen, das ich mir von einem vollkommenen Manne entworfen hatte."

Da stand er nun vor ihr, der Traummann, Mr. Right. Und doch weist Caroline Pichler das Gefühl der Verliebtheit von sich. Aus heutiger Perspektive würde man sagen, dass ihre Gefühlsaufwallung nichts anderes war. Doch sie hatte nicht das Empfinden, dass es genau dieser Mann sein musste und kein anderer. Heirat war eine gewichtige Lebensentscheidung, bei der nicht nur Gefühle entschieden, sondern auch die Meinung der Eltern.

Die Zuneigung beruhte auf Gegenseitigkeit. Caroline war sich allerdings nicht ganz sicher, ob das Interesse ihr galt oder mehr den Karriereaussichten, die sich durch sie boten. Ihr Vater hatte immerhin einen direkten Draht zur österreichischen Monarchin. Aber Caroline war glücklich, dass diese Verbindung von beiden Elternpaaren wohlwollend betrachtet wurde. Es fehlte deshalb nicht an Gelegenheiten, sich zu begegnen. Die Familien luden sich gegenseitig ein und Herr von Häring kam oft zu Besuch, um Caroline an seiner Weltgewandtheit teilhaben zu lassen. Ihr Traummann entpuppte sich bald als Besserwisser, der meinte, sie erziehen und ihr Nachhilfe geben zu müssen. Das gefiel ihr nicht, aber weil sie ihn bewunderte, nahm sie seine Belehrungen hin. Das Violinspiel mit ihm war kein Vergnügen. Herr von Häring – Caroline nennt ihn in ihren Memoiren nur beim Nachnamen – übte Stücke mit ihr ein und ließ nicht den kleinsten Takt- oder Betonungsfehler durchgehen. Dabei hätte gemeinsames Musizieren so romantisch sein können. Auch im Musikempfinden lagen sie weit auseinander. Wo Caroline ein Gewitter im Musikstück hörte, erkannte Häring das Kanonenfeuer einer Schlacht. Der Englischunterricht war nicht viel besser. Auch darin wurde er ihr Meister: „Wir lasen zusammen englische Gedichte, Romane usw. Er gab mir ordentliche Pensa auf, die ich übersetzen mußte, und deren Fehler er korrigierte." Caroline fand die ganze Belehrung entsetzlich langweilig und fragte sich, ob sie die wenige Zeit, die sie miteinander verbrachten, nicht mit Besserem als mit grammatikalischen Übungen ausfüllen könnten.

Häring merkte bald, dass es nicht viel Sinn machte, mit Caroline Englisch zu lernen. Seine Lehrerambitionen gab er jedoch nicht auf: „Nach und nach suchte Häring statt der englischen Lektionen eine andere Beschäftigung in unsere Stunden des Beisammenseins einzuführen. Er brachte mir Bücher, mitunter gute, und las sie mir vor." Das fand Caroline völlig überflüssig. Sie hatte in ihrem Elternhaus eine gute Bildung bekommen und brauchte von Herrn von Häring keinen Nachhilfeunterricht in Literatur. Caroline hatte sich das Zusammensein mit ihm ganz anders vorgestellt, ein bisschen romantischer, mit zärtlichen Worten und Liebkosungen. Andere Männer waren galant und liebenswürdig zu ihr, während Herr von Häring ständig an ihr herumnörgelte. Seine Belehrungen gingen ihr immer mehr auf die Nerven. Was sie jedoch am meisten störte, war, dass er sich vor anderen viel freundlicher und aufmerksamer benahm, als wenn er mit ihr alleine war. Eine unüberbrückbare Kluft war für sie ihre unterschiedlichen Meinungen über Religion. Er war ein Anhänger der Aufklärung und sah im christlichen Glauben ein überholtes Relikt aus früheren Zeiten. Dass der Glaube für sie wichtig war, respektierte er nicht. Im Gegenteil, er machte sich sogar noch darüber lustig. Das verletzte Caroline zutiefst. Der Spötter und Leugner sei immer der Überlegene, meinte Caroline.

Nach drei Jahren beendete sie die Beziehung zu Herrn von Häring. Ihre Eltern hatten Verständnis dafür.

Einige Jahre später lernte sie ihren Mann kennen, ebenfalls bei sich zu Hause. Er war ein Mitarbeiter ihres Vaters und ein Freund ihres Bruders. Ihr Vater veranstaltete häufig Abendgesellschaften und lud Herrn Pichler ein. Er war das Gegenteil von Herrn von Häring: unscheinbar, schüchtern und unbeholfen. Später erzählte er ihr, dass ihm die Einladungen unangenehm gewesen seien, weil er sich in dieser gehobenen Gesellschaft nicht wohl fühlte, aber er konnte die Einladungen seines Vorgesetzten nicht ausschlagen. Der einzige Lichtblick war für ihn Caroline. Für sie war er nicht der Traummann, aber seine Verehrung tat ihr gut. „Meine Eitelkeit war durch die Eroberung dieses vorzüglichen Mannes geschmeichelt, und obwohl nur mein Verstand und noch nicht mein Herz für ihn sprach, so war ich doch sehr zufrieden, wenn er oft kam und ich seines gehaltvollen Umganges sowie der kleinen Sprühfunken seiner nur schlecht verhehlten Empfindung für mich erfreute." Mit der Zeit wuchs ihre Zuneigung zu ihm: „Pichler wurde mir immer werter, und ich fühlte wohl, wie sehr mit seiner vermehrten Achtung für meinen Geist, auch seine Empfindung für mich lebendiger wurde. So entwickelte, vermehrte und stärkte sich unsere wechselseitige Neigung und ward zuletzt zum unauflöslichen Seelenbande, das unsere Gemüter auch nach mehr als 40 Jahren treu und innig zusammenhielt." Eine Liebe, die unspektakulär begann, aber ihr Leben lang anhielt.

„Neulich bekam ich eine Karte von Eckard W., die ich jedoch nicht erwidert habe, obgleich ich es gern gethan hätte, doch Mama meinte, es sei für ein junges Mädchen nicht schicklich, in Korrespondenz mit Jungens zu stehen."

Else, Tagebucheintrag, 12.09.1900, Deutsches Tagebucharchiv

Es waren vor allem gesellschaftliche Anlässe, bei denen sich Männer und Frauen aus dem gehobenen Bürgertum kennenlernten. Heute entstehen Liebesbeziehungen oft am Arbeitsplatz, im Büro oder an der Universität. Damals waren diese Welten Frauen verschlossen. Bis 1900 durften sie nicht studieren und berufstätig waren sie auch nicht. Ein Ort der Bildung waren die Salons von klugen Frauen, wie der bereits erwähnte Salon von Henriette Herz. In den Salons fand so manches Paar zusammen.

Carl Emil war als Sohn eines Geschäftsmannes bei vielen gesellschaftlichen Veranstaltungen und lernte dort viele Frauen kennen. Es waren nicht nur die schönen Frauen, von denen er sich angezogen fühlte. 1898 schrieb er als 18-jähriger in sein Tagebuch: „Je öfter ich Frl. Jeanne M. sehe, desto sympathischer wird mir dieselbe und ich glaube, ich kann noch dazu kommen, mich in dieselbe zu verlieben. Dieselbe ist keine Schönheit, aber ziemlich interessant, schwarz, mit starker Nase." Schwarz bezog sich auf die Haarfarbe. Dazu sei sie heiter und klug. Ihre Intelligenz und ihr souveränes Auftreten in der Gesellschaft beeindruckte und verunsicherte ihn zugleich: „Vor einiger Zeit war ich bei M. abends zum Besuch, allein ich war dabei so verzweifelt dumm und hohlköpfig, daß ich mich eine ganze Woche hernach noch darüber ärgerte".

Die weiteren Begegnungen waren entspannter. Doch wurde aus beiden kein Paar.

Auf dem Land lernten sich die jungen Leute ebenfalls häufig bei Festen kennen, aber es gab nicht so viele Bälle und Einladungen wie im Bürgertum. Hochzeiten wurden groß gefeiert, meistens zusammen mit dem ganzen Dorf. Dazu gab es öffentliche Feierlichkeiten wie Dorffeste, Kirchweih oder Schützenfeste. Bei diesen Gelegenheiten kamen Mädchen und Burschen aus verschiedenen Orten zusammen. Sie tanzten ausgelassen und feierten bis in die Nacht. Die jungen Burschen brachten ihre Tanzpartnerin nach Hause. Der Heimweg dauerte manchmal etwas länger. Nicht selten war die Folge eine Schwangerschaft, schreibt der Historiker Stefan Breit. Auch Wallfahrten waren eine Gelegenheit, einen Ehemann oder eine Ehefrau kennenzulernen. Während des stundenlangen Gehens konnte man zwischen „Ave Maria" und „Vaterunser" das Angebot beobachten. An den Wallfahrtsorten gab es meistens Kirmes und Bierausschank. Nach dem Büßen und Beichten feierte man fröhlich und wandte sich wieder den schönen Seiten des Lebens zu.

Auch heute ist Pilgern eine gute Gelegenheit, interessante Menschen kennenzulernen. Manche pilgern nur einen lang Tag miteinander, andere das ganze Leben. Wenn man stundenlang nebeneinander hergeht, redet man über Gott und die Welt. Fern vom Alltagsstress sind viele offener für Gespräche und erreichen damit ganz andere Gesprächstiefen als bei Small Talks auf Partys und Kongressen. Außerdem verbindet gemeinsames Leiden. Blasen an den Füßen und überfüllte Unterkünfte sind Themen, über die man sich endlos austauschen kann. Ein unschlagbarer Vorteil auf dem Weg nach Santiago de Compostela: Man muss sich nicht stylen oder schminken und kann seine High Heels zu Hause lassen. Kein Laufstegwettbewerb, sondern die Konzentration auf innere Werte – in Wanderstiefel und Anorak wie alle anderen.

Ein Ort, an dem junge Menschen auf dem Land sich fanden, war die Alm. Abseits der sozialen Kontrolle im Dorf, hatten die Sennerinnen größere Freiheiten. Deshalb sahen die Dorfbewohner und vor allem die Geistlichen die Almen als einen besonders gefährlichen Sündenpfuhl an. Ein Zeitgenosse schrieb: „Denn Bursche und Jäger kamen nachts zu Besuch und da sollen beim Schnaps Orgien gefeiert worden sein, vor denen selbst der altheidnische Amor die Augen zugehalten hätte."

Weil man aber das Schlimmste befürchtete, war es verboten, ohne Grund auf die Alm zu gehen, aber ein Grund ließ sich immer finden. So besuchten sich die jungen Mädchen und Burschen gegenseitig auf den Almen, auf denen sie arbeiteten. Andere aus dem Dorf kamen heimlich dazu. Im Chiemgau wurden 1677 16 Jugendliche wegen „Almtanzens" betraft, wie der Historiker Stefan Breit anhand eines Gerichtsprotokolls zeigt. Bei dieser Hüttenparty waren die Mädchen deutlich an der Überzahl. Nur vier Burschen waren darunter.

Dass die ausgelassenen Feiern auf der Alm nicht ohne Folgen blieben, zeigen die Taufregister. Uneheliche Geburten waren bei den Sennerinnen besonders hoch.

Die Kirche griff energisch ein und erließ im 18. Jahrhundert ein Sennerinnenverbot. Der Erzbischof von Salzburg ordnete 1734 und 1756 an, dass auf den Almen keine Sennerin beschäftigt sein durfte. Übertretungen wurden schwer bestraft. Der Almbesitzer musste 100 Taler bezahlen und die Sennerin kam ins Zuchthaus. In manchen Gegenden waren Frauen aus der Berglandschaft völlig verschwunden. Erst als auf den Almen die Arbeitskräfte fehlten, wurde das Verbot gelockert. Sennerinnen durften wieder auf die Alm. Sie mussten sich allerdings zuerst beim zuständigen Geistlichen vorstellen, um sich einen Sittenschein ausstellen zu lassen, der bestätigte, dass sie einen moralisch einwandfreien Lebenswandel führten.

Ein anderer Ort, an dem Mädchen und Burschen sich näher kamen, waren Spinnstuben. Die waren nach sozialer Zugehörigkeit getrennt. Es gab welche für Mägde und welche für Bauerntöchter, sodass die Liebesannäherungen in die richtigen Bahnen gelenkt wurden und nicht womöglich ein Bauernsohn mit einer Magd anbandelte. Im Winter trafen sich dort die jungen Mädchen, um zu spinnen oder zu stricken. Das war geselliger und man sparte Licht und Brennholz. Nachdem die jungen Frauen ein Weilchen gearbeitet hatten, kamen auch die jungen Männer dazu. Man erzählte sich den neuesten Dorfklatsch oder las sich Geschichten vor. Zu später Stunde wurde die Stimmung ausgelassener. Es wurde musiziert, getanzt, getrunken und gelacht. Ähnlich wie heute in Clubs. Und manchmal begleitete ein Bursche ein Mädchen nach Hause. Die Kirche betrachtete nicht nur die Almen, sondern auch die Spinnstuben argwöhnisch. Die Geistlichen schimpften, dass die Mädchen nur vorgeben würden zu spinnen, um in Wirklichkeit wilde Partys feiern zu können.

„Gewöhnlich geht es vergnügt und lustig zu in den Lichtstuben, jedoch besonders immer dann, wenn der Ein- und Ausstand (erster und letzter Tag in der Lichtstube), der Pfeffertag, Lichtmess und Fastnacht mit Bier, Weißbrot, Wurst und Küchlein gefeiert werden. Von Arbeit ist an diesen Abenden keine Rede, aber sonst wird eifrig gestrickt, genäht und gehäkelt. Daneben verhandelt man die Tagesneuigkeiten mit einem wahren Feuereifer (…). Ist man des Sprechens müde, so werden ein paar Volkslieder angestimmt, vielleicht stellen sich auch etliche Burschen zu Besuch ein. Um 10 Uhr macht sich alles auf den Heimweg. Häufig kommt es dann vor, dass beide Geschlechter zusammentreffen, was natürlich nicht ohne Ruhestörung abgeht. Aber nur schwer lässt sich gegen die schlimmen Auswüchse des Lichtstubenwesens ankämpfen, die ganze Sache ist zu tief eingewurzelt."

M. Schnurr (Lehrerin) über die Spinnstuben in Laichingen,
Schwäbische Alb 1909, in: Spinnstuben auf dem Dorf

Christina Gabriel (1766–1835), die zuerst Dienstmagd und später Hebamme war, lernte ihren Mann bei der Arbeit kennen. Sie schrieb 1821, im Alter von 54 Jahren, ihr Leben auf, sodass wir einen seltenen Einblick in die Gefühlswelt einer Dienstmagd bekommen.

Christina Gabriel war 17 Jahre alt und Kammerjungfer von Fernandine von Fürstenberg im Schloss Herdringen in Westfalen. Die Arbeit gefiel ihr, sie war beliebt. Ihre Herrin schätzte Christina Gabriel sehr, weil sie geschickt und fleißig arbeitete und ein fröhliches Wesen hatte. Auch an Verehrern mangelte es ihr nicht, denn mit ihren rosigen Wangen – damals ein Zeichen von Gesundheit – galt sie als besonders hübsch.

Dann lernte sie Johann Carl Müller kennen. Auch er arbeitete im Schloss. Als Stallmeister, der sich um die wertvollen Pferde kümmerte, hatte er die ranghöchste Position. Er war das, was heute der Geschäftsführer eines großen Unternehmens ist. Seine Arbeit machte er so gut, dass er bald die rechte Hand des alten Schlossherrn wurde. Der Seniorchef schätzte ihn außerordentlich und traf keine Entscheidung, ohne seine Meinung zu hören. Sogar die Söhne des Schlossherrn mussten Johann Müller um Erlaubnis fragen, wenn sie ausgehen wollten und ein Pferd brauchten. „Aber er hatte das beste Herz und ließ die jungen Herren tun, was sie wollten", schrieb Christina Gabriel.

Johann Müller war ein Traummann. Er sah gut aus, hatte eine Führungsposition, war beliebt und verdiente auch noch ausgezeichnet. Eine glänzende Partie. Johann hatte nur Augen für Christina. Für ihn war es Liebe auf den ersten Blick. Er suchte ihre Nähe und warb um sie. „Das half aber alles nichts", schrieb Christina in ihrer Biografie, „er gefiel mir nicht, denn ich hatte hier Anbeter genug." Sie hatte ein Auge auf den Hausadvokaten, also den juristischen Berater der Familie, geworfen. Aber Johann ließ nicht locker. Er bot seinen ganzen Charme auf und brachte ihr Geschenke mit, die sie allerdings nicht annahm. Sein ganzes Werben prallte bei ihr ab – bis sie eines Tages ihre Herrin auf einer Reise begleitete. Christina saß mit ihr im Wagen, während Johann Müller mit einem Bediensteten auf den Pferden hinterher ritt. Er suchte ihre Nähe und ritt immer wieder dicht an die Kutsche heran, damit er sie sehen konnte. Als Caroline ihn so niedergeschlagen sah, rührte es sie: „Er war sehr stattlich in seiner Stallmeisters Uniform gekleidet – sein trauriges Aussehen flößte mir Mitleid ein. Ich hatte ihn oft durch mein hartes Betragen, was mir jedoch erst jetzt einfiel, gewiss mehrmalen beleidigt. Jetzt sah er so sehnsuchtsvoll, so schmachtend und so traurig zu mir in den Wagen, mein Mitleid verwandelte sich in Liebe."

Als sie für eine Pause anhielten, bewunderte sie sein schönes Pferd. Daraufhin meinte er: „Ach, ich wollte, der Reiter gefiele Ihnen." Sie meinte, dass es schon sein könne. Als er seufzte: „Ach, wenn ich nur so glücklich wäre wie mein Pferd", war es um sie geschehen. Christina verliebte sich in ihn.

Während der weiteren Fahrt suchte Johann Müller die Nähe zu Christina. Er stieg vom Pferd und lief neben der Kutsche her, wobei er eine Unterhaltung mit der Schlossherrin begann und redete und redete. Die Herrin und der Arzt, der sie ebenfalls begleitete, wunderten sich über seine Gesprächigkeit, aber sie bemerkten nicht den Grund, warum ihr Stallmeister auf einmal so redselig war. „Es war nämlich ein Fenster am Wagen mit einem kleinen Vorhang. Hinter diesem hat ich meine Hand liegen und Müller, der sich am Wagen hielt, hatte ebenfalls seine Hand hinter diesem Vorhang auf meiner Hand. Das konnten die zwei nicht sehen, da er mir nun immer die Hand drückte und ich dann und wann seine wieder drückte, so hielt ihn dieses so fest am Wagen als wenn er angenagelt wäre. So ging er 4 volle Stunden gegen dem Wagen zu Fuß. Ich wurde oft voll Lachen, wenn die gnädige Frau sagte: ‚Herr Stallmeister, Sie gehen ja im Wasser' oder er sagte, auf dem Pferde wäre es ihm zu kalt."

Als sie ankamen, war es schon dunkel. In ihren Erinnerungen schrieb Christina: „Auf der Treppe gab ich ihm den ersten Kuss."

Zurück in Herdringen hielten sie ihre junge Liebe geheim und schrieben sich Briefe. Mehrmals täglich schickten sie sich kleine Nachrichten hin und her. Vor Whatsapp-Zeiten war es noch etwas umständlicher. Johann Müller engagierte das Stubenmädchen für diese Botendienste und entlohnte sie fürstlich. Auch Christina überhäufte er mit kleinen Geschenken.

Als Johann Müller Christina bat, seine Frau zu werden, nahm sie seinen Heiratsantrag an. Ihre Herrschaften richteten ihnen ein fürstliches Hochzeitsfest auf dem Landgut aus: „Wir mussten uns in einen prächtigen Wagen sitzen, wo wir von 4 Rappen zu der Kirche gefahren wurden. Der jüngste Sohn von Fürstenberg namens Theodor begleitete uns auf einem schönen Reitpferde nebst noch einigen andren, alle zu Pferde bis zur Kirche. Ich wusste nicht, wie mir geschah." Christina fand diese Prunkhochzeit ziemlich übertrieben. Schließlich war sie Dienstmagd und Kammerjungfer. Die Hochzeit war völlig unüblich für ihre Schicht, doch sie zeigt, wie sehr die beiden von den Schlossherren geschätzt wurden.

Christina war glücklich mit Johann: „Mein Mann trug mich auf Händen, er war sehr gutmütig gegen alle Menschen, das hatte ich lange gewusst, und der zärtlichste Ehemann, dass er aber leichtsinnig war, wusste ich noch nicht. Wir lebten eine Zeitlang sehr glücklich – ich wusste nicht, dass Müller leichtsinnig war. Oh, wie liebten wir uns."

Doch dann begann das Unglück. Johann Müller hatte dem Sohn des Schlossherrn Geld geliehen, das dieser aber nicht zurückzahlte. So hatte Müller sehr viel Geld verloren. Sein Lebensmittelhandel, den er sich mit Christina aufgebaut hatte, musste er aufgeben. In seiner Verzweiflung begann er zu trinken, ließ sich auf krumme Geschäfte ein, spielte und log Christina an. Immer wieder verschwand er und wenn er wiederkam, bat er Christina um Verzeihung und versprach, sich zu ändern. Irgendwann hatte Christina genug von seinen Lügen – inzwischen hatten sie drei Kinder – und schrieb ihm, dass er nicht mehr zu kommen brauche. Sie war verzweifelt und so arm, dass sie nicht wusste, wie sie ihre Kinder durchbringen sollte. Aber sie kämpfte sich aus diesem Elend heraus und wurde später Hebamme, die großes Ansehen genoss.

Singletreff als Ort des Kennenlernens:
„Wir haben auch komische Leute hier.
Aber wie viele komische Leute gibt es, die verheiratet sind?"

Pfarrer Jürgen Birnstiel, Gründer des christlichen Singletreffs Chringles
in der Schweiz

Heute gibt es für Singles viele Orte, um sich zu finden. Am Arbeitsplatz, beim Weinfest, beim Tanzkurs, im Fitnessstudio oder im Bekanntenkreis. Wenn der Bekanntenkreis allerdings nur aus drei Skatbrüdern besteht, ist es schwierig, eine Frau kennenzulernen. Dann sollte man über ein neues Hobby nachdenken, zum Beispiel Kochen. Damit gewinnt man schnell neue Freunde, denn Essen liebt jeder genussfreudige Mensch. Man kann Kochkurse buchen und dort neue Leute kennenlernen. Da sieht man bereits beim Karottenschnippeln, ob man es mit einem Pedanten oder einem kreativen Chaoten zu tun hat. Es gibt inzwischen eine große

Auswahl an Singlekochkursen. Beim Zubereiten eines „fruchtigen Avocado-Quinoa-Salats auf Radiccio" oder bei der „Crème Caramel mit Ingwer und Limette" finden auch Schüchterne genügend Gesprächsstoff. Und wenn man hinterher das köstliche Menü bei einem guten Wein genießt, ist man schon warmgelaufen. Die Chancen auf einen schönen Abend sind groß. Ist es mit dem Flirten nichts geworden, so hat man wenigstens gut gegessen.

RENDEZVOUS
ABREISSKALENDER

SONNTAG

2. 5. 1909.

Viehhändler, Speeddating und „Bauer sucht Frau" – alte und neue Formen des Verkuppelns

„London, den 31sten Oktober. Seit Kurzem ist hier ein Heiraths-Institut errichtet, welches Ehelustigen Gelegenheit zum Briefwechsel und Zusammenkünften verschafft. Es wird allem Ansehn nach Fortgang haben, weil es schon die Verbindung einiger Personen, die sich zuvor ganz unbekannt waren, veranlaßt hat."

Vossische Zeitung, 1797

Partnervermittlung ist eine spannende Sache. Millionen von Zuschauern fiebern mit, wenn Bauern vom Land und Singles aus der Stadt nach ihrer Traumfrau suchen. „Bauer sucht Frau" und „Der Bachelor" sind Quotenhits.

Gegensätzlicher könnten die Sendungen nicht sein. Auf der einen Seite ein einsamer, übergewichtiger Bauer auf einem maroden Bauernhof abseits eines kleinen Dorfes, für den man mit Mühe Frauen findet, die bereit sind, ihn sich wenigstens einmal anzusehen. Und auf der anderen Seite ein muskelbepackter Single in einer Villa in Miami, für den sich Hunderte von Schönheiten bewerben. Wer es bei „Germanys Next Topmodel" nicht geschafft hat, versucht es dort.

Datingshows sind inszenierte Partnervermittlungen. Der „lustige Milchbauer Thomas" ist weder lustig noch einsam und der erfolgreiche Bachelor Leonard ist kein Unternehmensberater aus Berlin, sondern ein Versicherungsfachmann aus Spandau. Und wenn der Bachelor zu einem romantischen Candle-Light-Dinner auf einer einsamen Insel einlädt, folgt er genauso der Regieanweisung wie der Bauer, der seine Kandidatin mit dem Traktor vom Bahnhof abholt. Welcher normale Bauer käme denn sonst auf so eine Idee? Es ist ein Deal, so erklären die Macher von „Bauer sucht Frau": Die Bauern bekommen eine kostenlose Partnervermittlung und im Gegenzug bieten sie Unterhaltung. Gerne auch mit schrägen Typen wie dem 71-jährige Hühnerbauer Hansi, der das Wasser seines wöchentlichen Bades in der Wanne lässt, um die Toilette damit zu spülen.

Die Bauern-Brautschau ist weltweit ein Erfolg. Was 1983 in der Schweiz mit „Bauer sucht Bäuerin" begann, fand Nachahmer in fast allen Ländern Europas von Spanien, Polen, Norwegen bis Großbritannien. In Amerika und Australien läuft die Datingshow unter „Farmer wants a wife". Dort bemühen sich gestylte Schönheiten um eine ländliche George-Clooney-Ausgabe, während man in der deutschen Version nur unbeholfene Bauern zu Gesicht bekommt. Die Zeitschrift „Stern" fragte verwundert: „Warum lässt der Deutsche Bauernverband zu, dass seine Mitglieder als komplette Vollidioten dargestellt werden und kippt dem Kölner Sender nicht zwei Tonnen Mist vor den Eingang?" Dabei hat ja auch Deutschland attraktive Landwirte zu bieten. Der Jungbauernkalender in einer streng limitierten Auflage ist zu einem Sammlerobjekt geworden, das innerhalb weniger Tage vergriffen ist.

Es gibt jede Menge Datingshows. Das Niveau mancher Sendungen ist kaum mehr zu unterbieten. Gegenüber „Schwiegertochter gesucht" ist „Bauer sucht Frau" Qualitätsfernsehen. Dabei lernt man wenigstens noch etwas über Rinderzucht und Schweinehaltung.

Nachdem „Bauer sucht Frau" sich als ein Quotenbringer herausgestellt hatte, schickte Sat.1 adelige Männer als Heiratssuchende ins Rennen. Die Sendung „Gräfin gesucht" wurde jedoch nach der ersten Staffel wieder eingestellt. Soweit man weiß, hat es keine Frau in den Adelsstand geschafft. Das Konzept „Bestatter sucht Frau" von Pro7 ging gar nicht erst auf Sendung.

Eine neue Datingshow heißt „KissBangLove" und ist eine Art Fast-Food-Partnervermittlung. Mit verbundenen Augen küsst die Partnersuchende eine Reihe von Kandidaten durch und entscheidet sich dann für zwei, mit denen sie jeweils ein Wochenende verbringt. Danach trifft sie ihre Entscheidung, wer sie weiterhin küssen darf. Meistens ist aber sehr schnell ausgeküsst und die Partnersuche beginnt von vorn.

Auch bei den anderen Datingshows liegt die Erfolgsquote im nicht messbaren Bereich. Am Ende der Sendung präsentiert man den Zuschauern zwar ein Happy End, aber das Liebespaar ist schon wieder getrennt, sobald die Kameras aus sind – außer bei „Bauer sucht Frau". Aus dieser Datingshow sind tatsächlich Paare hervorgegangen, die geheiratet und sogar Kinder haben. Vielleicht liegt es an der Bodenständigkeit der Landwirte, die sich mit dem begnügen, was sie haben können und nicht auf unerreichbare Traumfrauen hoffen.

In den Datingshows geht es nicht um Partnervermittlung, sondern darum, die Zuschauer zu unterhalten. „Bauer sucht Frau" ist Kult. Viele behaupten zwar, sie sähen sich die Sendung nicht wegen der Bauern an, sondern wegen der süßen Kälbchen und der schönen Landschaft. Der Erfolg liegt vermutlich in der gelungenen Mischung aus Exotenkabinett und Heimatfilm.

Dass in manchen Datingshows jedes Mittel recht ist, um die Zuschauerquote hochzutreiben, hat Jan Böhmermann aufgedeckt. Sein Team hatte zwei Schauspieler bei „Schwiegertochter gesucht" eingeschleust, aus denen die Sendungsverantwortlichen vollkommene Deppen kreierten: einen einsamen Eisenbahnfreund, der Schildkrötenfiguren sammelt, und sein weinerlicher Vater, der sich den Tag mit Biertrinken und Puzzeln vertreibt.

Datingshows boomen. Sie sind vermutlich deshalb so beliebt, weil Partnersuche in jedem Leben eine große Rolle spielt und viele Emotionen damit verbunden sind. Dass sie so rasanten Zuwachs haben, sagt viel über unsere Singlegesellschaft aus. Je mehr Leute auf Partnersuche sind, umso mehr Datingshows gibt es, obwohl man dort kaum einen Partner findet. Aber es ist unterhaltsamer und weniger riskant, dem Bachelor oder der Bachelorette – das ist die weibliche Ausgabe – beim Daten zuzusehen, als sich selbst auf eine feste Beziehung mit allen Schwierigkeiten einzulassen. „Generation Beziehungsunfähig" nennt Michael Nast diesen Zeitgeist mit der Scheu vor Verbindlichkeit. Offensichtlich finden sich viele darin wieder, denn sein Buch mit diesem Titel wurde ein Bestseller.

Datingshows und andere Filme, die sich um Liebe drehen, haben große Auswirkungen auf die heutige Partnersuche, denn Medien prägen unsere Vorstellung von der Welt mehr als die Alltagsrealität. Wenn der Bachelor nach der „einzig wahren Liebe" sucht und erklärt, dass er auf keinen Fall eine langweilige Beziehung möchte, setzt er Maßstäbe. Und wenn er sagt, dass es im Leben darum gehe, glücklich zu sein, spricht er vielen Menschen aus der Seele. Dauerglück in der Liebesbeziehung ist jedoch ein Märchen, an das wir heute nur allzu gerne glauben möchten. Die Folge ist, dass dieser Anspruch der Realität nicht standhalten kann und Beziehungen daran zerbrechen. Die Suche nach einer neuen Liebe, die einen endlich glücklich macht, geht weiter.

Weil Beziehungen immer häufiger scheitern, entstehen auch neue Formen der Partnersuche und Partnervermittlung. Die Filmemacherin Lia Jaspers begleitete drei Singles bei ihrer Suche und dokumentierte ihre Erfahrungen in dem Film „Match me!". Die Wienerin Sarah, die ihren Mann auf einem „Yoga-Matching-Festival" kennengelernt hat, wurde bereits im Kapitel über arrangierte Ehen vorgestellt.

Auch die Münchnerin Johanna vertraute nach einigen gescheiterten Liebesbeziehungen lieber einem erfahrenen Partnervermittler. Wie so viele moderne Menschen hoffte sie, dass ein neutraler Blick von außen erfolgsversprechender sein würde als der eigene Blick durch die rosarote Brille. Deshalb reiste Johanna nach Irland zum größten Matchmaking-Festival Europas. Der Matchmaker Willy Daly verzichtet auf Computertests und Algorithmen, sondern vertraut seiner Menschenkenntnis. Um mehr über Johanna und ihre Vorstellungen zu erfahren, musste sie einen Fragebogen ausfüllen. Wie aus einem vergangenen Jahrhundert mutet der Stapel abgegriffener Fragebögen auf dem Schreibtisch des irischen Vermittlers an. Und das trifft auch zu, denn die ältesten stammen von seinem Vater und Großvater, die ebenfalls schon viele Ehen gestiftet haben.

Das Abenteuer Partnersuche in Irland startete mit einer Party. Erstaunlich viele Menschen waren auf die Grüne Insel gekommen, um dort ihr Glück zu suchen. Willy Daly stellte Johanna einen Mann vor, der zu ihr passen könnte, und am nächsten Tag bei der nächsten Party einen anderen. Obwohl sie sich mit beiden Männern gut unterhielt, fühlte sich Johanna bei diesen arrangierten Dates nicht wohl. Alles wirkte zu erzwungen auf sie. Deshalb nutzte die Künstlerin ihre Zeit in Irland, um das zu machen, was sie mehr interessierte, als noch mehr Männer zu treffen: fotografieren.

Zurück in Deutschland lernte sie einen Mann kennen, bei dem es sofort funkte, ganz unspektakulär in einer Kneipe.

Nicht jeder kann sich mit dieser Form der Partnersuche anfreunden. Und dennoch liegt eine große Chance darin. Man trifft auf einen Schlag viele Menschen, die alle das gleiche Ziel haben: jemanden kennenzulernen, mit dem sie ihre Frühstücksbrötchen teilen und sich über den Abwasch streiten können.

Auch Sampsa aus Finnland suchte sein Glück über eine Vermittlungsagentur. Die „Lovers' Matchmaking Agency" in Helsinki bringt Menschen auf besonders originelle Weise zusammen. Die beiden Veranstalter, Johanna McDonald und Aarni Korpela – beide kommen vom Theater –, erklären, dass sich ihre Agentur von anderen dadurch unterscheidet, dass es bei ihnen nicht darauf ankommt, den einzig Richtigen zu finden. Der Richtige stehe im Moment des Datings vor einem. Man müsse sich auf den anderen nur einlassen. Und dazu wählt die Agentur ungewöhnliche Methoden des Kennenlernens. Das beginnt schon bei der Auftaktveranstaltung, der Blind-Date-Party, eine überschaubare Runde in einem gemütlichen Ambiente. Und dafür muss man sich nicht mal stylen, denn es ist ein Blind Date im wahrsten Sinne des Wortes. Allen Partnersuchenden werden die Augen verbunden. Eine wirkliche Herausforderung. Die Singles schauen sich erst mal um, nein, sie tasten sich vorwärts, um sich im Raum zu orientieren. Dabei kommen sie ins Gespräch mit den anderen. Sampsa und ein anderer Mann öffnen eine Tür. „Wohin wohl diese Tür führt?" fragen sie sich. Der Zuschauer sieht es sofort, die beiden Kandidaten können es nur erahnen: „Das stinkt irgendwie nach Toilette."

Verwirrung herrschte auch, als Sampsa auf dem Sofa einen Platz gefunden hatte und sich der Dame zu seiner Linken vorstellte. Diese streckte die Hand zur Begrüßung aus. Doch die Dame zu seiner Rechten fühlte sich ebenfalls angesprochen und streckte die Hand aus. Beinahe hätten sich die beiden Frauen die Hand gegeben. Man sieht, schon von Anfang an ging es locker und unkonventionell zu.

Das Agenturteam schlug Sampsa drei Frauen vor. Mit jeder Frau musste er gemeinsam eine Aufgabe lösen. Die Aufgabe mit der ersten Kandidatin war, eine Regel zu brechen. So ein Erlebnis schweiße zusammen, erklärten die Veranstalter. Beim ersten Date schlug die Frau lachend vor, ihn zu umarmen und auf den Mund zu küssen, weil das gegen die Regel wäre. Damit war Sampsa sofort einverstanden. Das Date fing für ihn schon gut an. Die Aufgabe beim zweiten Date war, gemeinsam essen zu gehen und miteinander ins Gespräch zu kommen. Doch das war noch nicht die eigentliche Aufgabe, obwohl es für manche schon Herausforderung genug wäre. Denn die eigentliche Aufgabe bestand darin, dass man dem anderen im Laufe des Abends immer wieder an das Glas klopft und der andere daraufhin sagen muss, was er gerade denkt. Man kann davon ausgehen, dass die Antwort nicht immer wahrheitsgetreu ausfällt. Kaum einer würde sagen: „Ich denke gerade: Was hat der Mann mir gegenüber für eine piepsige Stimme." Oder: „Hoffentlich ist die nächste Kandidatin hübscher." Egal, ob man die Wahrheit sagt oder sich nur etwas Passendes einfallen lässt – auf jeden Fall kommt man in andere Gesprächstiefen und tauscht sich nicht nur über Beruf und Hobbys aus. Sampsa und seine Kandidatin unterhielten sich jedenfalls sehr gut. Beim dritten Date ging das Paar ebenfalls wieder Essen. Im Restaurant sollten sie andere Gäste ins Visier nehmen und eine Geschichte über sie erfinden.

Sampsa genoss diese Treffen sehr. Bei zwei Frauen hat es sogar geknistert. Bei der Abschlussparty zeigten sie sich jedoch reserviert. Und auch Sampsa ergriff keine Initiative, sondern beobachtete das Geschehen vom Sofa aus. Vielleicht ist es das, was Partnersuche heute so schwierig macht: Jeder wartet auf die große Liebe. Wenn jeder wartet, geschieht nicht viel. Vielleicht traut man sich auch zu wenig, weil die Scheu vor einer Abfuhr groß ist. Auf Datingbörsen ist eine Ablehnung viel leichter zu verschmerzen, weil man den anderen ja nicht kennt und es viele andere Angebote gibt, die einen darüber hinwegtrösten. Sampsa war dennoch hoffnungsvoll. Er hatte die Handynummer von einer anderen Frau, die er bei der Agentur kennengelernt hat. Vielleicht ruft er sie an, überlegte er.

Es gibt viele Arten der Heiratsvermittlung. Eine ganz ungewöhnliche Heiratsvermittlerin ist kein Mensch und auch keine Institution, sondern ein Baum: die Bräutigamseiche. Mit ihren 500 Jahren ist sie die älteste Ehevermittlerin und immer noch im Dienst. Die Bräutigamseiche steht im Wald bei Eutin in Schleswig-Holstein und verfügt über eine eigene Adresse: Bräutigamseiche, Dodauer Forst, 23701 Eutin. Ihre Vermittlung besteht darin, dass sie als Briefkasten für Partnersuchende zur Verfügung steht. Der Briefkasten ist ein gelb umrandetes Astloch, für jeden als Zuständigkeitsbereich der Deutschen Post erkennbar. Fast täglich klettert der Postbote die Leiter hoch und wirft Briefe aus aller Welt hier ein. Bis zu 40 Briefe an einem Tag wurden schon gezählt. Das Interessante ist: Hier gilt das Briefgeheimnis nicht. Jeder kann die Briefe lesen und, wenn etwas Passendes dabei ist, den Brief mit nach Hause nehmen und darauf antworten. Über 100 Ehen habe die Bräutigamseiche schon gestiftet, erklärt die Informationstafel.

Dass die Eiche zur Partnervermittlerin wurde, geht auf ein Liebespaar zurück. Eine Försterstochter und der Sohn eines Schokoladenfabrikanten hatten sich heimlich Liebesbriefe über dieses Astloch ausgetauscht, weil ihr Vater gegen diese Verbindung war. Doch gegen diese Liebe war der Vater machtlos. Wahrscheinlich war es die Aussicht auf eine ergiebige Schokoladenquelle, die ihn zur Vernunft brachte. Niemand lässt eine solche Partie sausen. Am 2. Juni 1891 ließ sich das Paar unter dieser Eiche trauen.

Die Partnervermittlung hält die Eiche offensichtlich jung. Sie sei trotz ihres hohen Alters bei bester Gesundheit. Die Deutsche Post ist zuversichtlich, dass sie auch die nächsten Generationen bei der Partnersuche unterstützen kann.

Heiratsvermittlung gibt es wahrscheinlich schon seit Menschen heiraten. Bereits in der Bibel ist davon die Rede. Abraham suchte eine Frau für seinen Sohn Isaak und beauftragte seinen Knecht damit. Er reiste in Abrahams frühere Heimat und kam mit Rebekka zurück.

Schon bei den Römern gab es gewerbsmäßige Ehevermittlung. Allerdings war es kein angesehener Job, denn Maklergeschäfte wurden insgesamt gering geschätzt. Auch im Mittelalter nutzten die

Menschen die Dienste von Heiratsvermittlern. Dass Maklertätigkeiten anrüchig waren, hielt sich sehr lange, was nicht verwunderlich ist, denn es gab viele schwarze Schafe, die ein schnelles Geschäft erhofften. Auch heute gibt es zwielichtige Gestalten, die sich mit unlauteren Methoden in das Maklergeschäft einklinken. Seriöse Heiratsvermittler müssen immer wieder um ihren guten Ruf kämpfen.

Juristen diskutierten, ob man für eine Heiratsvermittlung überhaupt Geld verlangen dürfe. Im Bürgerlichen Gesetzbuch von 1900 wurde festgelegt, dass die Vermittlungsgebühr sittenwidrig und deshalb nicht einklagbar sei. Deshalb kassierten die Heiratsvermittlerinnen schon vorher ab. Auch heute noch wird in den Agenturen erst bezahlt und dann vermittelt.

Heiratsvermittlungen gab es sowohl in der Stadt als auch auf dem Land. Aber auf den Dörfern ging es viel unbürokratischer zu. Es war eine Nebentätigkeit, ein Zusatzgeschäft für Leute, die viel herumkamen. Das waren vor allem Viehhändler. Sie schauten sich nicht nur das Vieh an, das verkauft werden musste, sondern auch die Töchter und Söhne, die an den Mann oder die Frau gebracht werden sollten. Der Viehhändler wusste, auf welchem Hof es ein Mädchen oder einen jungen Mann im heiratsfähigen Alter gab. Vor allem wusste er genau, welche Mitgift zu erwarten war. Denn darum ging es bei der Heirat. Auch manche Näherinnen und Schuster, die auf die Stör gingen, die also zu ihren Kunden reisten, verdienten sich manchmal durch Heiratsvermittlung etwas dazu. In Bayern hatte der „Schmuser", wie man den Heiratsvermittler nannte, eine große Bedeutung. Viele haben seine Dienste in Anspruch genommen.

Im Bürgertum etablierte sich die Heiratsvermittlung als Geschäftsidee im 19. Jahrhundert. Bei der jüdischen Bevölkerung war es schon länger üblich, einen Ehevermittler zu engagieren. Weil Juden eine Minderheit bildeten, war es oft nicht so einfach, einen passenden Ehepartner zu finden. Dort war die Bezahlung auch geregelt. Jüdische Heiratsvermittler durften zwei Prozent vom Heiratsgut verlangen.

Um 1900 boomte das Geschäft mit der Heiratsvermittlung. „Es ist bekannt, dass es derzeit eine grosse Anzahl von Instituten gibt, die sich ausschliesslich mit der Vermittlung von Ehen befassen", so steht in es in einer juristischen Studie von 1901. Diese „Ehevermittlungsanstalten" würden kaufmännisch vorgehen, so wie andere Geschäfte auch. Sie erfragten von ihren Kunden die Vermögensverhältnisse und andere wichtige Daten und würden dann Listen der Heiratskandidaten zusammenstellen.

Heiratsvermittlungen wurden vor allem von Frauen durchgeführt. Auf ihre Dienstleistung machten sie in Zeitungen aufmerksam. Eine Kleinanzeige in der Vossischen Zeitung am 15.5.1892 verspricht: „Reiche Heirath! Durch persönliche Verbindungen in den besseren Kreisen vermittelt seit Jahren streng diskret feine Partien gegen bescheidenes Honorar, V. Busse in Berlin, Weißenburger Str. 19."

Nach den beiden Weltkriegen bekam die Heiratsvermittlung durch die Not der Frauen einen neuen Aufschwung. Viele Männer waren gefallen. Die einen Frauen suchten einen Ehemann und die anderen eine Arbeit, von der sie leben konnten. Heiratsinstitute schossen deshalb wie Pilze aus dem Boden.

„Eheanbahnung Frau Tischler berät Sie unverbindlich.
Neue zeitgemäße Bedingungen. Hamburg, Dammtorstr. 21a,
Fernsprecher 348670. Seit 39 Jahren von bestem Ruf."

Inserat aus: Die Zeit 1948

In den Zeitungen warben Heiratsvermittlerinnen um Kunden. „Frau Renate" versprach, „rasch, taktvoll und individuell bei der Wahl Ihres Lebensgefährten" zu helfen. Diskretion war wichtig. In den Inseraten stand zum Beispiel „Auskunft kostenlos in neutralem Umschlag". Viele Institute warben mit Heiratsmöglichkeiten in wohlhabende und gebildete Kreise, ähnlich wie die Datingbörse „Elite" heute. Oftmals machten die Heiratsinstitute mit einem verlockenden Angebot auf sich aufmerksam, genau wie heute. Bei diesen Angeboten fragt man sich: Warum findet diese Traumfrau keinen Mann? Ganz einfach: Weil es diese Frau gar nicht gibt. Damit werden nur Kunden angelockt. Ein Heiratsvermittler erzählte in einem Spiegel-Artikel von 1956, dass er mit erfundenen Heiratskandidaten auf einen Schlag mehr Briefe bekommen habe, als er jemals mit einer Institutswerbung erreicht hätte. Bei manchen Inseraten ist es nicht zu übersehen, dass hier die Fantasie des Texters durchgegangen ist. In der Zeit stand 1964 folgendes Inserat: „WIRTSTÖCHTERLEIN – eigener Betrieb – 18, zierl., hübsch, zärtl. und herzenswarm, aber – einsam, ersehnt LIEBESEHE! Vermögen nicht gefragt, habe genug und fahre mit Begeisterung schnellen Wagen. Wann also starten wir ins ‚GROßE GLÜCK‘? fragt ‚Biggi 100‘."

Interessant ist, dass dieses Heiratsinserat von einem der wenigen männlichen Heiratsvermittler stammt. Das erklärt vielleicht auch, warum der „schnelle Wagen" hier erwähnt wird. Ein Mann weiß einfach, was Männer mögen.

Auch heute noch werben manche Institute mit einem erfundenen Kandidaten. 2016 kam es deshalb zu einer Gerichtsverhandlung. Ein Landwirt wandte sich an eine Heiratsagentur, um die Frau kennenzulernen, die sie in einem Inserat präsentierte. „Leider schon weg", bedauerte die Agentur, aber es gäbe ja noch andere interessante Frauen in ihrer Kartei. Aber stur wie Bauern manchmal sind, ließ er sich nicht davon abbringen. Er wollte diese Frau kennenlernen und sich nicht mit einer anderen abspeisen lassen. Am Schluss stellte sich heraus: Es gab diese Frau gar nicht. Der Bauer klagte und bekam die Vermittlungsgebühren erstattet.

Auch wenn heute Onlinedating immer mehr Zulauf bekommt, gibt es viele Menschen, die sich lieber von einer realen Person als von einem Computerprogramm vermitteln lassen.

Heiratsvermittlerinnen punkten mit dem, was ein Computer nicht leisten kann: persönliche Beratung und Schutz vor Betrug – sofern sie nicht selbst zu den schwarzen Schafen gehören, die ihre Kunden betrügen. Ein Heiratsschwindler lässt sich nicht in einer Agentur registrieren und bezahlt Gebühren. Das Beantworten von Heiratsinseraten ist preiswerter und im Internet kann er anonym bleiben.

Die sehr erfolgreiche Heiratsvermittlerin Christa Appelt vermittelt Reiche und Prominente, die nicht wegen ihres Geldes geliebt werden möchten. In ihrer Agentur finden diese Menschen Gleichgesinnte, so erzählt sie. Erfolgreiche Menschen haben oft nicht die Zeit, einen Partner oder eine Partnerin zu suchen, und überlassen es der Agentur. Christa Appelt erzählt von einem sehr wohlhabenden Schweizer, der zu ihr kam. Sie nahm alle seine Daten auf, ließ sich seine Vorlieben erzählen, seine Interessen und seine Vorstellungen, wie denn seine zukünftige Frau sein sollte. Erst später erfuhr Christa Appelt, dass der Mann in ihrem Büro nicht derjenige war, der eine Frau suchte, sondern dass er von seinem Chef beauftragt war, der keine Zeit hatte. Die Agentur schlug dem Schweizer tolle Frauen vor, aber er hatte keine Zeit, sie zu treffen.

Auch wenn man sich nicht vorstellen kann, dass es in Deutschland heute noch arrangierte Ehen gibt, so herrschen in manchen wohlhabenden Kreisen noch solche Heiratsgebräuche. Firmeninhaber wenden sich an die Agentur, um einen passenden Schwiegersohn zu suchen, erzählt Christa Appelt. Die Töchter würden nicht dagegen protestieren, weil sie mit den Wertevorstellungen erzogen worden sind, dass der Ehemann in ihre Kreise und ihre Firma passen muss. Vermutlich treffen die Väter die Vorauswahl und die Töchter entscheiden dann, wen sie heiraten wollen.

Wie es hinter den Kulissen einer anderen Heiratsagentur zugeht, die Wirtschaftsgrößen, Adelige und Prominente vermittelt, erzählt eine frühere Agenturmitarbeiterin in einem Interview mit Susanne Fröhlich und Constanze Kleis. Die sehr erfolgreichen Männer bevorzugen jüngere Frauen. Über 50-Jährige hätten es deshalb eher schwer. „Für die gab es kaum Nachfrage. Männer, die eine gleichaltrige oder gar ältere Partnerin – von wünschen will ich gar nicht reden – akzeptierten, waren so selten wie zwei Daumen an einer Hand." Die Männer, die bereit waren, eine gleichaltrige Frau zu treffen, hatten eine große Auswahl. „Unserer Kundinnen, das waren alles sehr schöne, intelligente Frauen, die wirklich ein super Standing hatten, aber die adäquaten Angebote waren so rar, dass sie irgendwann fast jedes Angebot akzeptierten."

Die Agentur hatte eine hohe Erfolgsquote, denn – so erklärt die Mitarbeiterin – die Geschäftsleiterin hatte ein unglaublich gutes Gespür, wer zu wem passte. Sie verbrachte viel Zeit damit, die Kandidaten zu treffen, um sie kennenzulernen. Psychologisches Geschick und Einfühlungsvermögen sind in diesem Beruf absolut von Vorteil.

Reiche scheinen es zu bevorzugen, sich ihren Lebenspartner über eine Agentur vermitteln zu lassen. Auch die exklusive Partnervermittlung Gray & Farrar muss sich um ihre Auftragslage keine Sorgen machen. Die Warteliste ist lang, wie Tina Kaiser bei ihrer Recherche für einen Artikel in „Die Welt" in Erfahrung gebracht hat. Der Hauptsitz befindet sich in London, aber es gibt auch weltweit Büros in Paris, Monaco, Brüssel, Genf, Singapur, Los Angeles und New York, eben überall dort, wo sich viele Reiche tummeln. Hinter dem Firmennamen Gray & Farrar verbirgt sich eine Frau, die Agenturinhaberin Virginia Sweetingham. Das Büro in London ist ein pompöser Raum im englischen Landhausstil und die Firmenchefin eine vornehme, gepflegte Dame, die den Umgang mit Milliardären gewohnt ist. Sie hatte die Agentur gegründet, als ihr Mann sie mit vier Kindern sitzenließ und sie damals keine Partnervermittlung fand, die ihren Ansprüchen genügte. Außerdem brauchte sie sowieso einen Job.

Die Agentur arbeitet ohne Computer. Damit will Virginia Sweetingham verhindern, dass vertrauliche Daten durch Hacker an die Öffentlichkeit kommen. Diskretion ist in diesem Beruf unerlässlich.

Die Vermittlung ist zwar nicht günstig, aber ein guter Service hat auch seinen Preis. Die Milliardäre haben oft eine sehr konkrete Vorstellung, wie ihre Traumfrau aussehen soll. Und diese Traumfrau muss die Agentur für ihren Auftraggeber finden. Deshalb arbeitet sie mit Model-Agenturen zusammen. Die intensive Betreuung macht sich bezahlt. Die Erfolgsquote beträgt 90 Prozent.

Virginia Sweetingham hat ihre Ansprüche. Männer, die zwar viel Geld besitzen, aber sich nicht zu benehmen wissen, haben bei ihr keine Chance, in die Kartei aufgenommen zu werden.

Eine etwas andere, modernere Form der Heiratsvermittlung ist Speeddating. Wie der Name schon sagt, ist es ein beschleunigtes Kennenlernen. Sieben Frauen und sieben Männer sitzen sich gegenüber und haben sieben Minuten Zeit, sich zu unterhalten. Je nach Veranstalter variiert die Anzahl der Teilnehmer oder die Gesprächsdauer. Danach wechselt man die Partner. Und am Schluss kreuzt man auf einem Fragebogen an, wen man gerne treffen möchte. Besteht das Interesse am Kennenlernen auf beiden Seiten, gibt der Veranstalter die Kontaktdaten raus. Alles Weitere ist Sache der beiden.

In London gibt es seit neuestem ein Speeddating ohne Worte. Man sitzt sich 90 Sekunden gegenüber, ohne irgendetwas zu sagen. Wahrscheinlich wartet man einfach ab, ob der Funke überspringt.

Die Deutsche Bahn hatte vor einigen Jahren am Valentinstag einen Flirt-Express auf die Schienen geschickt – für ein zweistündiges Speeddating. Der Andrang war groß. Alle fünf Minuten wechselte man den Sitzplatz. Mit Sekt, der reichlich ausgeschenkt wurde, ging das Flirten zunehmend leichter. Dafür wurde es immer schwieriger, sich an die einzelnen Kandidaten zu erinnern. Das ist jedoch nicht nur dem Sekt zuzuschreiben, sondern auch der hohen Teilnehmerzahl. Aber immerhin gab es anschließend eine After-Dating-Party, die der Erinnerung nachhalf und bei der man das eine oder andere Gespräch vertiefen konnte: Warst Du derjenige, der sein Gemüse auf dem Balkon zieht oder derjenige mit der Curry-Wurst-Bude? Obwohl die Nachfrage sehr viel größer war als die verfügbaren Plätze, gab es diese Flirtaktion nur zweimal.

Die geniale Idee des Speeddatings stammt von einem Rabbi. Weil es überall Singles gibt, die aber nicht zusammenfinden und weil sie viel Zeit bei der Arbeit verbringen, dachte sich Yaacov Deyo Ende der 90er-Jahre den Plan aus, möglichst viele jüdische Singles in kurzer Zeit zusammenzubringen. Beim Speeddating lernt man in sieben Minuten mehr potenzielle Partner kennen als sonst in einem Jahr. Die Idee kam sehr gut an und verbreitete sich schnell rund um den Globus. Im Kino wurde der Film „Shoppen", eine Komödie über Speeddating, ein Kassenschlager.

Heute gibt es Speeddating in allen größeren Städten und für alle Altersgruppen. Gegenüber dem Onlinedating hat diese Form der Partnersuche den Vorteil, dass man mehr auf dem Boden der Tatsachen bleibt und sich nicht so sehr in Traumvorstellungen verliert. Oder wie es Susanne Fröhlich klar formuliert: „Im Internet wollen gefühlte 98 Prozent aller über 50-jährigen Kerle Frauen zwischen 28 und 42 Jahren. Beim Speeddating könnten sich Männer meines Jahrgangs natürlich auch für die Altersklasse ihrer Töchter anmelden, würden dann aber zwischen lauter Jungs im Alter ihrer Söhne sitzen und so im direkten Vergleich vielleicht endlich verstehen, weshalb sich jüngere Frauen eher für jüngere Männer interessieren."

Überhaupt gewinnt man beim Speeddating einen realistischeren Eindruck vom anderen als beim Onlinedating, wo sich die meisten auf sehr kreative Weise ins beste Licht rücken.

Ein anderer Vorteil ist: Das Angebot ist viel übersichtlicher als beim Onlinedating. Je größer die Auswahl, umso schwieriger die Entscheidung. Das bestätigt auch eine Studie über Speeddating der britischen Forscher Alison Lenton von der University of Edinburgh und Marco Francesconi von der University of Essex. Die begrenzte Auswahl und der direkte Kontakt wirken sich positiv darauf aus, eine Verabredung zu treffen. Eine Studie an der Humboldt-Universität in Berlin ergab, dass sich 39 Prozent nach dem Speeddating getroffen haben. Zwar waren nach einem Jahr nur fünf Prozent zu einem Paar geworden, aber man kann davon ausgehen, dass die Ausbeute größer ist, wenn man an mehreren Speeddatings teilnimmt.

Die Autorin Annabel Dillig erzählt in ihrem Buch „Diesen Partner in den Warenkorb legen" über ihren Selbstversuch beim Speeddating. Mit den zwölf Männern, die ihr gegenübersaßen, hatte sie sich gut unterhalten. Doch am Ende stellte sie fest, dass es nicht einfach war, sich später an jeden einzelnen noch zu erinnern. Ihr Fazit fällt dennoch positiv aus: „Nach vier Kandidaten beginnt alles zu einer großen Small-Talk-Suppe zu verschwimmen. Aber ich amüsiere mich mit allen. Von zwölf Männern ist nicht einer dabei, bei dem ich mir wünschen würde, die Zeit verginge schneller. Zehn sind richtig nett. Zwei supernett und obendrein noch attraktiv. Keine schlechte Bilanz." Annabel Dillig kreuzte vier Männer an, die sie gerne treffen wollte. Diese vier Männer hatten sie ebenfalls angekreuzt, sodass der Veranstalter die Kontaktdaten freischaltete. Doch sie bemerkt schnell, dass es ein Unterschied ist, ob man sich mit jemanden nur sieben Minuten unterhält oder drei Stunden. Das Gespräch mit einem Kandidaten verlief zäh: „Das sind also die Dates. Spüre ich was? Funkt es gerade? Absurd, sich das überhaupt fragen zu müssen. Sein Lachen ist eigentlich toll. Ich mag auch sein Bairisch, seine Bodenständigkeit und die Tatsache, dass er sich viele Kleinigkeiten gemerkt hat, die ich beim Speeddating erwähnt hatte.

Aber ich werde das Gefühl nicht los, dass unsere einzige Gemeinsamkeit darin besteht, Single zu sein."

Es blieb bei dieser Verabredung. Was wäre gewesen, wenn sich Annabel Dillig auf ihn eingelassen hätte? Wenn sie versucht hätte, herauszufinden, ob es noch mehr Gemeinsamkeiten gibt als den Singlestatus? Oder ob es Unterschiede gibt, die eine Beziehung bereichern? Eine Beziehung einzugehen, ohne dass es funkt und knistert, erscheint heute unmoralisch, geradezu berechnend oder gar verzweifelt. Hollywood-Romanzen und gepostete Fotos von strahlenden Verliebten haben unseren Blick, wie Liebe entstehen kann, sehr verengt.

Speeddating ist nicht jedermanns Sache. Und doch hat es viele Vorteile gegenüber dem Onlinedating. Das findet auch Susanne Fröhlich, die verschiedene Möglichkeiten der Partnersuche ausprobiert hat: „Mir gefällt die ganze Idee des Speeddatings: Das Angebot ist übersichtlich. Das ist schon von Vorteil. Gegen die drei Sekunden, in denen man sich im Internet bloß wegen eines blöden Shirts oder einer schlechten Frisur gegen jemand entscheidet, sind die sieben Minuten, die man sich hier für jeden Zeit nehmen kann, fast schon Spielfilmlänge. Und ehrlich: Alle – mich eingeschlossen – haben es verdient, dass man sich etwas länger mit ihnen beschäftigt als für die Dauer eines Mausklicks."

Eine sehr genussvolle Art, Menschen kennenzulernen, ist „Jumping Dinner", eine Mischung zwischen Speeddating und dem TV-Konzept „Das perfekte Dinner". Es ist offener und weniger zielgerichtet als Speeddating, denn es geht in erster Linie darum, Menschen kennenzulernen. Wenn sich dabei ein Paar findet, ist es gut, und wenn nicht, dann hat man einen tollen Abend mit netten Leuten verbracht. Der Datingdruck ist nicht so groß. Beim Jumping Dinner kochen sechs Teilnehmer in drei verschiedenen Wohnungen ein Drei-Gänge-Menü. Man kocht immer zu zweit. Meldet man sich alleine an, bekommt man einen Kochpartner zugeteilt. Einmal ist man selbst Gastgeber und zweimal geht man zu den anderen beiden. Und nach dem Dessert trifft man sich zum Come together. Bei der kleinen Abschlussfeier kann man sich besser kennenlernen und nicht nur Kochrezepte austauschen.

Eine ganz andere Form der Partnervermittlung veranstaltet der Chinesische Verein für seine Landsleute, die in Deutschland leben. Die meisten von ihnen möchten jemanden aus ihrem eigenen Land heiraten. So wünschen es die Eltern und deren Ansichten sind für die Lebensplanung entscheidend. Deshalb organisiert der Verein eine Datingshow, „Find the missing piece", bisher in Marburg und in München. Für die Münchner Veranstaltung bewarben sich mehr als 100 Kandidaten. Acht Männer und zwölf Frauen wurden ausgewählt. Die Chinesinnen stellten sich in selbstgedrehten Videos vor, die auf einer riesigen Leinwand gezeigt wurden. Und die jungen Männer präsentierten ihre Begabungen – Tanzen, Singen, Kampfkunst – bei einem Liveauftritt. Mit einer grünen Karte signalisierten die Frauen, wen sie gerne kennenlernen wollten. Waren mehrere Kandidatinnen interessiert, entschied der Mann. Nach vier Stunden waren alle Männer vergeben und die Show beendet.

Das Interesse an der Veranstaltung war groß. 400 Menschen saßen im Publikum und sahen diesem Dating zu. Einige von ihnen hätten gerne selbst mitgemacht und baten, sich ebenfalls vorstellen zu dürfen. Das ging natürlich nicht, denn die Vorauswahl war wohlüberlegt. Die Organisatoren hatten Kandidaten ausgewählt, deren Profile zueinander passten. Doch auch die anderen Singles im Publikum bekamen ihre Chance: Für sie gab es danach eine Party, um sich kennenzulernen.

Eine Kandidatin erzählte in einem Interview mit der „Süddeutschen Zeitung", dass sich die Show für sie gelohnt habe: Die Finanzmathematikerin lernte einen Mann kennen, der ebenfalls Mathematik studiert hatte und dazu noch promoviert war. Die 31-Jährige empfand es als großes Glück, denn in China ist man mit 30 Jahren fast schon zu alt zum Heiraten und findet nur noch schwer einen Ehemann.

Die verschiedenen Partnervermittlungen eröffnen viele Möglichkeiten, jemanden kennenzulernen. Am Schluss bleibt jedoch immer die gleiche Hürde, nämlich sich auf jemanden einzulassen, auch wenn er nicht den Kriterien des Traummanns entspricht.

Gudrun Kugler, die eine katholische Partnerschaftsagentur im Internet betreibt, veranstaltet jedes Jahr im Winter eine Winterfrei-

zeit für Singles. Eine lockere Atmosphäre, um jemanden kennenzulernen. Tagsüber Skifahren und danach gemütliche Hüttenabende.
Man hat Zeit, sich zu unterhalten und die Seele baumeln zu lassen.
Doch nicht jeder sieht die Chance, die darin liegt. Gudrun Kugler
erzählt von Johanna, einer Teilnehmerin, die schon am zweiten Tag
wieder ihre Koffer packte. Auf die Frage nach dem Grund, antwortete Johanna, dass für sie nichts Passendes dabei sei. Gudrun Kugler
erklärt, dass Johanna etwas Entscheidendes nicht verstanden habe.
Bei der Partnersuche geht es nicht darum, den anderen abzuscannen, ob er den eigenen Vorstellungen vom Traummann entspricht,
sondern offen zu sein, offen für Menschen, die genauso wenig perfekt sind wie man selbst und die erst beim näheren Kennenlernen
interessant werden.

„Traumfrau sucht Traummann zum Träumen" – Heiratsinserate und Kontaktanzeigen

„Achtung! Junger Landwirt 23 J, sucht Frau m. Mähdrescher ab 250 cm Schnittbreite, zwecks späterer Heirat. Bitte Bild v. Mähdrescher beilegen."

Erschienen in einem landwirtschaftlichen Wochenblatt der Schweiz, 80er-Jahre

„Unsere Tageszeitungen sind voll von sogenannten Heiratsannoncen, und selbst die besten Journale tragen keine Bedenken, derartigen Inseraten ihre Spalten zu eröffnen", schrieb der Jurist Ernst Schindler 1901 in seiner Studie über die „gewerbsmäßige Heiratsvermittlung". Es gebe sogar neuerdings Zeitschriften, die nur aus Heiratsannoncen bestünden.

Nicht nur Heiratsvermittlerinnen inserierten in Zeitungen, es gab auch viele Frauen und Männer, die auf eigene Faust einen Partner suchten.

Die erste „Heiratszeitung" erschien 1870 in England, die „Matrimonial News". Sie brachte es wöchentlich immerhin auf 500 bis 600 Heiratsgesuche. Ein wahrhaft boomender Heiratsmarkt. Auch in Deutschland gab es solche Zeitschriften. Eine davon trug den vielversprechenden Titel „Allgemeiner Heiratsthempel".

Bevor die Partnersuche ins Internet verlagert wurde, waren Heiratsinserate und Kontaktanzeigen die Möglichkeit, seine Auswahl zu erweitern. Man war nicht mehr auf das überschaubare Angebot im eigenen Bekanntenkreis angewiesen. Und vor allem: Auch Frauen konnten auf diese Weise aktiv einen Ehemann suchen.

„Vielredner und Selbstdarsteller suche ich nicht. Auch nicht Mamas Liebling. Ich (Journalistin, Ende 30, blond, schlank) möchte einen heiteren, gelassenen Mann kennenlernen, der auch über sich selbst lachen kann.

Der Boom der Heiratsinserate ging jedoch sehr zögerlich los. Die erste Annonce erschien 1695 – ebenfalls in England – und zwar in einem Wochenblatt für Landwirtschaft und Handel. Man kann sich vorstellen, wie erstaunt die Großgrundbesitzer und Unternehmer waren, als sie zum ersten Mal ein Heiratsgesuch vorfanden. Zwischen Viehmarkt und Verkaufsangeboten von Kutschen und Heuwagen suchte „ein Herr von etwa 30 Jahren mit ansehnlichem Besitz für die Ehe eine junge Dame mit einem Vermögen von ca. 3000 Pfund". Die Leser glaubten zuerst, das sei ein Scherz. Wer kam auf diese Idee, eine Frau per Inserat zu suchen? Der Herausgeber musste den Lesern erklären, dass hinter der Annonce eine ernste Heiratsabsicht steckte. Was hatte den Mann zu diesem ungewöhnlichen Schritt veranlasst? War es die pure Verzweiflung, weil er keine Frau fand? Oder war es Geschäftssinn, weil er das Geld für sein Unternehmen brauchte? 3000 Pfund war damals sehr viel Geld und entsprach ungefähr dem Jahreseinkommen einer wohlhabenden adeligen Familie. Zum Vergleich: Das Jahreseinkommen einer Arbeiterfamilie betrug ungefähr 15 Pfund. Vielleicht bot sich im Umfeld des Heiratssuchenden keine standesgemäße Partie. Oder er selbst war kein standesgemäßer Partner, um eine Frau mit diesem Vermögen heiraten zu können. Wir wissen es nicht. Und wir wissen auch nicht, ob er mit dieser Annonce erfolgreich war. Auf jeden Fall war diese Methode der Partnersuche so befremdlich, dass es zunächst keine Nachahmer gab.

In Deutschland erschien das erste Heiratsinserat am 8. Juli 1738 in den Frankfurter Frag- und Anzeigen-Nachrichten, und zwar von einer Frau: „Ein honettes Frauenzimmer, ledigen Standes, guter Gestalt sucht … einen guten Doctor oder Advocaten ledigen Standes …, so groß und wohl aussieht.“

Geld war dieser Dame offensichtlich nicht so wichtig wie ein angesehener Beruf und ein attraktives Äußeres.

Frauen hatten mit dem Aufkommen der Heiratsannoncen erstmals die Möglichkeit, aktiv nach einem Partner zu suchen, anstatt passiv abzuwarten, dass Kandidaten um sie warben, um dann aus dem Angebot das kleinste Übel auszusuchen. Mit einem Heiratsgesuch konnten sie selbst ihre Wünsche formulieren.

1872 erschien in der bürgerlichen „Vossischen Zeitung“ folgendes Inserat: „Eine junge Dame aus vornehmer Familie gegenwärtig in Sorgen lebend, sucht die Bekanntschaft eines reichen achtbaren Herren.“

Frauen hatten damals keinen Beruf und waren davon abhängig, von ihrem Vater oder ihrem Ehemann versorgt zu werden. Ganz klar äußerte die Dame, dass sie nicht nur irgendwie versorgt, sondern gut versorgt werden möchte. Der gesuchte Mann sollte „reich“ sein. Den Wunsch nach einem wohlhabenden Mann hatten wahrscheinlich viele junge Frauen, aber nicht jede war bereit, selbst aktiv auf Partnersuche zu gehen. Einen Mann über ein Anzeigenblatt zu suchen, das forderte schon sehr viel Mut. Heiratsannoncen waren damals noch selten und ungewöhnlich. Der offene Handel und das Geschacher um die Mitgift stießen auch auf Kritik. Es widersprach den romantischen Vorstellungen von Ehe. Als ein 40-jähriger Mann 1793 in einer „Hamburger Zeitung“ nach einer gesunden Frau unter 30 Jahren suchte, „die mindestens 16000 Thaler Barvermögen besitzt“, empörten sich vier Frauen darüber, dass „der süßeste, heiligste aller Verträge, die Ehe“ zu solch einem Handel wurde.

„Ich möchte so gerne einmal wieder geliebt werden so recht von Herzen, und dieses Sehnen wird immer stärker, mit welcher Energie ich auch dagegen angehe. Ich hatte vor, in die Zeitung zu rücken: eine junge Dame wünscht mit jungem gebildeten Herrn in

Romantische Liebe war damals noch ein Wunschtraum. Bei einer Heirat kam es auf andere Dinge an, wie ein Inserat von 1920 im „Altöttinger Liebfrauenboten" zeigt. Ein Mann namens Joseph schrieb: „Mittlerer Staatsbeamter, led., kath., 43 J. tadellose Vergangenheit, auf dem Lande, sucht sich m. e. gut kath., reinl. Mädchen, das gut kochen u. alle Hausarb. kann, auch im Nähen bewandert ist und Einrichtung besitzt, bald. zu verehelichen. Verm. erw., jedoch nicht Bedingung. Angebote wenn mögl. m. Bild."

Wenn man sich durch die Abkürzungen durchgearbeitet hat, erfährt man, dass dieser nicht mehr ganz junge Mann sich eine gute Hausfrau wünscht. Und weil Joseph ein genussfreudiger Mensch war, sollte sie nicht nur kochen, sondern gut kochen können. Der Wunsch nach einer Einrichtung war keine dreiste Forderung, denn auf dem Land war es üblich, dass die Frau bei der Heirat mit dem Kammerwagen zum Ehemann zog. Auf dem Kammerwagen war der ganze Hausrat: ein Schrank, gefüllt mit Wäsche, eine Truhe, Ehebett, Tisch und Stühle. Damit wäre Joseph schon ganz zufrieden gewesen, aber noch besser wäre es, wenn sie ein Vermögen mitbringen würde. Kann man verstehen. Betrachtet man die vielen Abkürzungen, bekommt man den Eindruck, dass Joseph sich kaum das Inserat leisten konnte. Dabei hätte er doch zweimal das Wort „kath." sparen können, denn in einer katholischen Sonntagszeitung hätte Joseph nicht erklären müssen, dass er sich ein „gut katholisches" Mädchen wünscht. Ein evangelisches Mädchen war in diesem bayerischen Wallfahrtsort so selten wie ein Einhorn im Wald.

Joseph hatte Glück. Er fand seine Maria. Reich war sie zwar nicht, aber immerhin Köchin und gut katholisch. Drei Monate später heirateten Maria und Joseph. Und was ist aus dieser heiligen Familie geworden? Sie bekamen ein Kind, das später Papst wurde: Benedikt XVI. Und auch die anderen beiden Kinder weihten ihr Leben der katholischen Kirche. Georg Ratzinger wurde Priester und Kirchenmusiker und Maria Pfarrköchin. Sie machte den Haushalt ihrer beiden Brüder.

Man sieht, der Erfolg einer Heiratsannonce hängt sehr stark davon ab, welche Zeitung man für sein Inserat wählt. Eine Vegetarierin wird in einer Tierzeitschrift eher fündig als in einem Fachblatt für Metzger. Und Frauen, die einen Arzt heiraten möchten, sei es aus Prestigegründen oder weil sie hypochondrisch veranlagt sind, haben in einem Ärzte-Fachblatt gute Chancen. Wobei es dennoch nicht einfach werden dürfte, denn heutzutage gibt es mehr Ärztinnen als Ärzte.

Nach dem Zweiten Weltkrieg suchten immer mehr Menschen ihren Partner über eine Heiratsannonce. Viele Frauen hofften, dadurch einen Mann zu finden, denn viele Männer waren gefallen oder in Kriegsgefangenschaft. Aber es inserierten auch erstaunlich viele Männer. Etliche hofften, bei diesem großen Angebot an Frauen eine gute Partie machen zu können. Und dann gab es noch die Väter, die für ihre Tochter einen Ehemann suchten. Vielen war es peinlich, über die Zeitung nach einem Schwiegersohn zu suchen. „Kriegs- und Nachkriegsjahre bedingen dieses Inserat", erklärte ein Vater 1948 entschuldigend. Und auch in den 1960er-Jahren wurde in den Inseraten noch darauf hingewiesen: „Diskretion verlangt und zugesichert".

„Sympathische, gebildete Frau, gute Erscheinung, möchte sich samt ihrem größeren Besitz einem guten klugen Mann (nicht unter 50) anvertrauen, der eine Häuslichkeit besitzt und geistig interessiert ist."

Die Zeit 1948

Der Heiratsmarkt war heiß umkämpft. Die Frauen fuhren all ihre Qualifikationen auf, vor allem Vermögen, hausfrauliche Qualitäten und eine gute Herkunft. Am höchsten waren die Heiratschancen, wenn man als Frau die Versorgung des Mannes gewährleisten konnte. Das waren im zerbombten Deutschland eine Unterkunft und vor allem Essen. Eine Frau schrieb in ihrer Heiratsannonce: „2-Zimmer-Wohnung, 2 CARE-Pakete pro Monat" und erhielt daraufhin 2437 Zuschriften. Und das bei dem immer wieder beklagten Männermangel!

Auch Frauen, die Männern nach dem Krieg eine berufliche Zukunft boten, hatten große Chancen. Oft fehlte in der Familie der Firmenerbe. Nach Kriegsende, als es darum ging, das eigene Unternehmen wieder aufzubauen, war der Verlust besonders groß. Deshalb suchten die Väter für die Töchter einen Mann, der die Firma weiterführen konnte. Oftmals steckte hinter den Einheiratsangeboten eine richtige Not. So schrieb eine Mutter 1948: „Arztwitwe sucht für verwaiste Praxis für ihre 23jährige Tochter schöngeistig veranlagten Frauenarzt bis 40 J. ohne deren Wissen, zwecks späterer Heirat. Angebote sehr dringend." Die Dringlichkeit bezog sich wohl auf die Praxis und nicht auf die Tochter.

„Leben auf dem Lande.

Wir leben auf der Schwäbischen Alb, wo sie noch am natürlichsten ist und versuchen, ein alternatives Leben zum üblichen Stadtleben zu führen. Wir – das sind Geschäftsmann, 41/1,75 mit 2 Töchtern, 11/9. Wir lieben die Natur (Wandern – Radfahren), die Tiere (insbesondere Pferde), die Blumen, nicht nur im Garten beim Haus. Gesucht wird eine gleichgesinnte, unabhängige Dame (auch mit Kind), die sich durch diese Lebenseinstellung angesprochen fühlt."

Die Zeit 1980

Bei den Einheiraten stand die Firma im Zentrum, über die Heiratskandidatin wurde wenig gesagt. So auch in folgendem Inserat: „Einheirat in altes, gutgehendes Baugeschäft geb.[geboten] für seriösen Baumeister oder Architekten im Alter von 30 bis 45 Jahren. Witwer nicht ausgeschl.[ausgeschlossen]." Es hört sich mehr wie ein Stellenangebot an als eine Heiratsannonce. Über die Tochter erfährt man hier gar nichts.

Das Liebesverständnis war ein anderes als heute. Es stand in der Tradition der „vernünftigen Liebe" des 19. Jahrhunderts. Man sinnierte nicht groß über Gefühle, sondern vertraute darauf, dass die Zuneigung wuchs, wenn man sich gut verstand.

184

Erst als sich das Leben nach den Aufbaujahren wieder normalisiert hatte, stellten die Menschen andere Ansprüche an die Ehe. Frauen und Männer wünschten sich eine innige Verbundenheit. In den Heiratsinseraten drückten es die Inserenten mit dem Begriff „Neigungsehe", „Ehekameraden" oder „Lebensgefährte" aus. Damit war nicht eine Ehe ohne Trauschein gemeint, sondern jemand, der mit einem durchs Leben geht.

Auch wenn Liebe in der Ehe wichtiger wurde, suchten Frauen und Männer dennoch einen „standesgemäßen" Partner: „Herr aus bekannter traditionsbewußter Familie ohne Anhang und in selbständiger, freiberuflicher Stellung bietet evang. gesunder, naturverbundener und gewandter Dame bis Mitte 30 Einheirat in modernes Landhaus in schönster Einzellage mit entsprechendem Lebensstil. Vermögen erforderlich."

Hier stellt sich die Frage, ob der Mann eine lukrative Heirat anbietet oder ob er eine sucht. War das Vermögen der Frau deshalb erforderlich, um sich „das moderne Landhaus und den entsprechenden Lebensstil" leisten zu können?

Dass man die Konfession angab, war bis in die 80er-Jahre so wichtig wie die Körpergröße, die heute in keinem Inserat fehlen darf. Die Grenzen zwischen Katholiken und Protestanten waren immer noch unüberwindlich. Eine „Mischehe", wie man damals sagte, stieß auf große Vorurteile.

In den 60er-Jahren hatten viele Frauen eine gute Ausbildung. Sie suchten nicht mehr einen Mann zur Versorgung, sondern als Lebenspartner: „Berufstätige Apothekerin [...] aus guter Familie, liebt ihren Beruf, ist aber der Meinung, daß sie ihre volle Lebensaufgabe als Frau in ihrem Beruf nicht ganz finden kann. Sie sucht deshalb einen gediegenen, aufgeschlossenen Lebenskameraden aus ähnlichen Kreisen, den sie lieben und schätzen kann, zwecks späterer Heirat kennen zu lernen. Möchte in der Ehe zufrieden und glücklich machen und auch selbst werden."

Man sieht, wie sich Bedeutungen von Wörtern und die damit verbundenen Werte ändern. Ein „gediegener" Partner – da muss man schon beim Lesen gähnen. Heute würde man formulieren: „ein Mann, der mit beiden Beinen auf dem Boden steht". Ein anderes Beispiel ist das Wort „neugierig". In den Inseraten der 90er-Jahre durfte dieses Wort in keinem Inserat fehlen. Aufgeschlossen, offen für Neues, interessiert – das alles verbarg sich dahinter. Jeder, der mal ein neues Kuchenrezept ausprobiert hat, bezeichnete sich als neugierig. In den 60er-Jahren wäre niemand auf die Idee gekommen, „neugierig" in einem Heiratsinserat zu verwenden, denn es bedeutete damals, sich ungefragt in fremde Angelegenheiten einzumischen.

Die Vorstellung von Ehe war bei Frauen und Männern unterschiedlich. Ein deutlicher Unterschied zeigt sich in folgendem Inserat: „Ein alter Junggeselle, der nun 46 Jahre durchs Leben vagabundierte und seine Daseinskreise mit allerhand Interessen und einem Haufen Bücher aus- und anfüllte, vermißt in zunehmendem Maße ein passendes weibliches Pendant – vielleicht eine Junggesellin, die ihren Lebenskreis entsprechend ergänzen und dabei diesen zugleich beibehalten und anpassen möchte. Sie dürfte etliche Jahre jünger sein und einige pflegerische Qualitäten – erlernte oder angeborene – haben. Er ist durch Kriegsleiden behindert, geht an zwei Krücken, konnte wegen dieses Leidens sein chem. Studium nicht zu Ende führen und betätigt sich jetzt als Zeitungsschreiber, ist ev." Es ist schwer vorstellbar, dass eine Frau in einem Inserat nach einem Ehemann gesucht hätte, der sie pflegt, und dann auch noch einige Jahre jünger sein sollte – oder wenigstens nach einem Arzt, der ihr Rheuma behandelt. Sehr vielsagend ist auch, dass der Inserent bei Frauen ein Pflege-Gen vermutet. Auch wenn Frauen oft pflegerische Aufgaben übernehmen, sind sie bei ihnen genauso wenig angeboren wie bei Krankenpflegern.

„Vor einer klugen Frau hätte ich [...] keine Angst und wenn sie Mensch und Frau geblieben ist, könnte der gemeinsame Weg im Kreise einer zu gründenden Familie reich an innerem und äußerem Erleben sein."

Die Zeit 1964

Mit der Zeit wurden Liebe und Romantik immer wichtiger. Dabei scheint es ein völliger Widerspruch zu sein, per Zeitung die große Liebe zu suchen. So sah es auch Jürgen Habermas: „Unübersehbar klafft der Widerspruch zwischen der vom geltenden Liebesideal zugespielten und zugemuteten Rolle auf der einen und der rationalisierten Praxis der Heiratsbörse auf der anderen Seite." Er fragte sich, warum so viele Menschen sich verkaufsfertig präsentieren „und dem öffentlichen Spiel von Angebot und Nachfrage feilbieten."

Was so oft als Widerspruch gesehen wird, ist in Wirklichkeit keiner. Im Gegenteil: Heiratsinserate und Kontaktanzeigen lassen die Suche nach der romantischen Liebe umso deutlicher hervortreten. Der Wunsch nach romantischer Liebe ist so groß, dass Frauen und Männer nicht den netten Kollegen als Partner wählen, sondern lieber ein Inserat in Kauf nehmen, um ihren Traummann zu finden, auch wenn es nicht der Weg des Kennenlernens ist, den sie sich wünschen. „Schöner wär's gewesen, wir hätten uns zufällig getroffen!", schreibt eine Inserentin.

Wie sehr Romantik gefragt ist, zeigt sich in folgenden Formulierungen: Eine Inserentin möchte mit ihrem Traummann „gemeinsam leben, lieben, lachen, reden, genießen und noch viel mehr", eine andere „über den Wolken schweben" und eine dritte wünscht sich „ein Leben voller Überraschungen, ein Leben ohne Langeweile, mit Sternen und Stacheln". Bei den Männern sieht es ähnlich aus.

Ein Mann suchte „die einzigartige Frau, mit der ich das lange ersehnte Gefühl von absoluter Glückseligkeit und Harmonie erleben kann", ein anderer wünschte sich „ein herrliches Leben zu zweit".

„Mit Dir möchte ich ein spannendes Leben führen, neugierig sein und unseren eigenen Raum füllen mit Spaß, dem Teilen unserer Freuden, Genüsse, Sehnsüchte, nach Kultur, in der Natur, bei Gesprächen und in stillen Buchten und Lachen über unsere Leiden."

Die Zeit 1996

Seit den 90er-Jahren suchen die Inserenten den „Richtigen" oder die „Richtige", weil sie bisher leider an die Falschen geraten waren. Das war in den 70er- und 80er-Jahren noch anders. Damals betonten viele Inserenten, dass sie gemeinsam an der Beziehung arbeiten wollten. Eine glückselige Partnerschaft, die einfach vom Himmel fällt, daran glaubte man damals nicht. Die Leute waren kritisch, suchten nach Selbstverwirklichung und alternativen Lebensweisen und hatten politische Überzeugungen, die sie auch in Heiratsinseraten formulierten, zumindest in den Zeitungen wie die „Zeit": „Münchner mit allen Vorzügen und Nachteilen eines vor 33 Jahren an der Isar geborenen, weder königstreu noch Franz-Josef-hörig, selbständig dahin lebenskünstelnd, überzeugter Karl-Valentinist, Feinschmecker und Weinschlürfer, Tomaten- und Schnittlauchzüchter, lässt sich seinen Optimismus nicht austreiben. Ein intelligentes, den Genüssen des Lebens genauso wie ich verfallenes Wesen, das ‚Freud und Leid' dennoch lieber zu zweit teilen möchte, gibt's das?"

Ein politisches Statement wäre heute in einer Kontaktanzeige undenkbar. Kein Bayer würde heute in einem Inserat schreiben: „Bin Seehofer-Fan" oder „Söder-Skeptiker".

Ob der „Weinschlürfer" mit seiner Annonce erfolgreich war, wissen wir nicht. Aber seine Erfolgsaussichten dürften groß gewesen sein, denn er sparte nicht an Worten und bewies damit Großzügigkeit. Außerdem hatte er auf abgeschriebene Heiratsinserat-Textbausteine verzichtet und seine Persönlichkeit facettenreich dargestellt.

Das wirkt originell und individuell. Und seinen Sinn für Humor hat er nicht einfach in einer Reihe von anderen umwerfenden Eigenschaften aufgezählt – „gutaussehend, erfolgreich, vielseitig interessiert, humorvoll" –, sondern gleich unter Beweis gestellt. Was Humor angeht, so gibt es zwischen den Geschlechtern sehr unterschiedliche Erwartungen. „Die Frau will einen, der witzig ist. Der Mann möchte eine, die ihn witzig findet", erklärt Eckart von Hirschhausen.

„Gutaussehender Er, 180, m 27 J. schlank […] mit schulden-
freiem Aussiedlerbetrieb in Süddeutschland sucht nette Sie,
die Kühe/Milchquote mitbringt oder Einheirat bietet. "

Topagrar 1997

Von einem anderen Inserenten, der 1982 in der „Zeit" inserierte, wissen wir, dass er die Liebe seines Lebens gefunden hat. Es ist der Autor und Journalist Christian Nürnberger. Mit Petra Gerster, der Moderatorin des Heute-Journals ist er seit mehr als 30 Jahren verheiratet. In seinem Buch „My First Lady" erzählt er über seine Erfahrungen mit Heiratsinseraten.

Christian Nürnberger hatte sich zu einem Heiratsinserat entschlossen, weil andere Möglichkeiten, die Frau fürs Leben kennenzulernen, zu wenige Erfolgsaussichten boten. „Ich hätte natürlich in die nächste Anmachkneipe gehen und dort, wie die anderen 150 einsamen Herzen auch, mit kaschiertem Hungerblick lässig herumlungern und die eine oder andere cool Herumlungernde ganz locker anquatschen können. Habe ich auch versucht, dabei aber hauptsächlich erfahren, wie ich vom lockeren Herumstehen allmählich verkrampfe, wie schwer es mir fällt, meinen Hunger nicht zu zeigen, und wie ich schließlich nach mehrstündiger Demonstration cooler Überlegenheit entnervt das Lokal verlasse."

Danach sinnierte Christian Nürnberger noch über andere Möglichkeiten: „Am Arbeitsplatz ist das Angebot viel zu gering. Die interessanten Frauen sind in festen Händen. Ein Verein, der Urlaub, irgendeine Zufallsbekanntschaft? Ich bin aber in keinem Verein, diese Mühe erscheint mir zu aufwendig für die geringen Aussichten, die ich damit verbinde. Außerdem wüßte ich gar nicht, in welchen ich eintreten sollte. Im Urlaub hat es bisher nicht geklappt. Warum sollte es im nächsten klappen? Dasselbe gilt für die Zufallsbekanntschaft. So viele habe ich schon gemacht. Die Richtige war nie dabei. Was berechtigt mich zur Hoffnung, die nächste oder übernächste werde es sein?"

---

*„Das ist `ne Kontaktanzeige aus Hamburg und es geht so:
Du (schlau/zierlich/flacher Bauch/NR) liest das, findest die Anzeige
aber auch sowas von toll, dass Du mir (44/203/118/Bauch),
bombastisch gutaussehend & mörderschlau, das mitteilst. Dann
2-3x treffen, dann Heirat, dann Sex, vorher nicht! Obwohl …
Wegen der Kennlerngeschichte sagen wir, dass wir uns bei der
Hochbegabtenförderung trafen. Ich liebe Sauna, Kabarett und
Kochen. Und bald Dich?"*

Die Zeit 2016, Er sucht sie

Auch von einer Flirtschule und einem Heiratsinstitut erwartete er nicht viel. Schließlich schlussfolgerte Christian Nürnberger: „Dann bleiben nicht mehr viele Möglichkeiten. Genaugenommen bleibt nur noch eine: die Anzeige. Nur mit der Anzeige kann ich Zehntausende von Frauen anmachen, ohne sie belästigen und ohne je damit rechnen zu müssen, auf aggressive Ablehnung zu stoßen. Mit der Anzeige erreiche ich auf einen Schlag so viele Frauen, wie ich sie während eines ganzen Lebens nicht antreffen würde. Mit der Anzeige erreiche ich jene Selbstbewußten, denen ihr Studium, Beruf und ihre Selbstständigkeit zunächst wichtiger waren als eine schnelle Hochzeit. Mit der Anzeige erreiche ich jene Stillen und Stolzen, die ich in der Anmachkneipe nicht antreffe. Mit der Anzeige erreiche ich die Frauen, die zu intelligent sind, um sich von irgendwelchen Eheanbahnungsinstituten einseifen zu lassen, die sich auf der Flirtschule ein wenig blöd vorkämen, die bisher zu anspruchsvoll gewesen sind, um sich mit der nächstbesten Arbeitsplatz-, Urlaubs- oder Zufallsbekanntschaft zufriedenzugeben."

Um seine Traumfrau zu finden, scheute er keine Kosten und Mühen. Für das Inserat bezahlte er 1000 DM und legte sein ganzes journalistisches Können in die Formulierung.

„Der Engländer Patrick Moore hatte es satt, sich jeden Morgen
an- und abends wieder auszuziehen.
DARUM NAHM ER EINEN STRICK UND ERHÄNGTE SICH.
Mir geht's ähnlich, aber meine Konsequenz daraus ist noch
radikaler. Ich werde heiraten. Und zwar eine Frau, die mir mor-
gens die Klamotten so auf den Tisch legt, daß ich nur hinein-
zuschlüpfen brauche. Bügeln und waschen tu' ich sie selber.
Die Frage ist nur: Wer will mich? Bin ein geborener Bauernbub,
gelernter Physiklaborant, ausgebildeter Bundeswehroffizier,
erfahrener Kellner, Barkeeper und Lastwagenfahrer, studierter
Philosoph und Theologe, jetzt 31, Redakteur bei einer über-
regionalen Tageszeitung und auch sonst ein ziemlich hoffnungsloser
Fall. Ich lese zu viel, bewege mich zu wenig, bin harmoniesüchtig
und neige zur Eigenbrötlerei. Früh übte ich den Umgang mit der
Mistgabel, später kam die Bohrmaschine hinzu, gegenwärtig ist's
der Kochlöffel, alles mit bescheidenen Erfolgen. Bescheiden sind
auch die Hoffnungen, die ich noch aus meiner APO [Außer-
parlamentarische Opposition]-Vergangenheit mit mir herum-
schleppe. Ich bin nicht mehr links, deswegen noch lange nicht
rechts und erwarte mir auch von den Grünen keine Wunder.
Die erhoffe ich mir eher von einem gefühlvollen, sanftmütigen
Weib, das recht hübsch und ruhig ein bißchen mollig sein und im
Übrigen jede Weltanschauung vertreten darf, wenn sie ihr nur
kritisch und verständig genug gegenübersteht und wahrhaftig ist.
In dem Abenteuer Ehe sollte sie nicht ein Mittel zur Selbstverwirk-
lichung, sondern einen Dienst sehen, den man einander erweist.
Der Diener ist 176/75, schwarzhaarig, vorzeigbar und wohnt in
Frankfurt.

Inserat von Christian Nürnberger, Die Zeit 1982

Er hatte nicht das bekommen, was er wollte, so schreibt Christian Nürnberger. Statt einer sanftmütigen Frau bekam er eine zän-
kische, die nicht daran dachte, ihm die Kleidung zurechtzulegen.
Und doch hatte er mit ihr sein Glück gefunden. Das Beispiel von
Christian Nürnberger zeigt, wie wichtig es ist, bei der Partnersuche
offen zu sein. Man bekommt dann vielleicht nicht das, was man

sich wünscht, aber das, was man braucht, um seine Persönlichkeit weiterzuentwickeln. Petra Gerster war für den „harmoniesüchtigen" Christian Nürnberger genau die Richtige.

Seine Vorstellung von der Ehe stimmte mit der von Petra Gerster überein, nämlich, dass Ehe ein Dienst ist, den man einander erweist. Christian Nürnberger hat in seinem Inserat einen entscheidenden Aspekt genannt, der heute in Beziehungen so oft ignoriert wird und für das Scheitern so vieler Beziehungen verantwortlich ist: Ehe ist kein Mittel zur Selbstverwirklichung.

Bis Christian Nürnberger seine „First Lady" gefunden hatte, war es jedoch ein weiter Weg, den er in seinem Buch schildert: Auf sein Heiratsinserat bekam er rund 200 Zuschriften. Christian Nürnberger konnte sein Glück kaum fassen, als die ersten Zuschriften eintrudelten. „Noch nie fühlte ich mich so gefragt wie damals", schreibt er. Christian Nürnberger kaufte sich erst mal neue Klamotten und genoss dieses Gefühl, ein begehrter Mann zu sein. Auch heute erzählen viele, die sich auf einer Datingbörse anmelden, wie sehr die vielen Anfragen ihr Selbstbewusstsein aufbauen.

Er sortierte die Briefe in mehrere Stapel von „O ja" bis „gleich retour". Voller Sorge, dass seine Traumfrau womöglich ausversehen im falschen Stapel gelandet sei und er sie aussortiert haben könnte, las er die Briefe nochmal und sortierte sie wieder um. So war er eine Weile beschäftigt. Partnersuche ist sehr zeitaufwendig. Aber das war ja erst der Anfang.

Der nächste Schritt war, seinen Favoritinnen zu antworten und etwas mehr von sich preiszugeben. Er setzte sich hin und schrieb einen Antwortbrief mit 50 Seiten, so jedenfalls erzählt es Christian Nürnberger. Das kam selbst ihm zu ausführlich vor, sodass er seinen Brief auf 20 Seiten kürzte. Dann ging er in den Copyshop und kopierte den Brief hundertmal. Er packte diese 100 Briefe in 100 Umschläge, steckte jeweils eines von seinen 100 Fotos dazu, frankierte sie und gab sie zur Post. Diese Vollzeitbeschäftigung, Antwortbriefe auf ein Inserat zu schreiben, und dazu noch die Portokosten sind im Zeitalter von E-Mail und Whatsapp unvorstellbar. Wer würde heute einen Text von solcher Länge verfassen außer jemand, der ein Buch schreibt. Andererseits: Betrachtet man die Lebensäußerungen auf Facebook und Whatsapp, dann kommt man locker auf diese Menge Text, allerdings häppchenweise in Satzfragmenten und reich bebildert.

Wie gesagt, Christian Nürnberger scheute weder Kosten noch Mühen. Insgesamt gab er für seine Partnersuche ungefähr 4000 Mark aus. Aber das war es ihm wert. Die Investition hate sich für ihn mehr als gelohnt.

Christian Nürnberger lernte faszinierende Frauen kennen. Er fühlte sich wie im siebten Himmel. „Insgeheim hoffte ich damals, es möge die Richtige noch nicht dabei sein, damit ich es vielleicht nochmal machen könnte. Aber so wie es dann gekommen ist, war es noch besser." Denn dann kam der Brief von Petra Gerster – aus Paris. Sie studierte dort Französisch. Christian Nürnberger war sofort angetan von ihr. Ihre Augen und ihre ganze Ausstrahlung faszinierten ihn. Der Brief kam ebenfalls in seine Sortierung und zwar auf seinen Top-Favoriten-Stapel ganz oben.

Eigentlich hatte Christian Nürnberger seine Entscheidung schon getroffen. Dennoch verabredete er sich noch mit einigen anderen Frauen. Es waren interessante Begegnungen, die er auch als bereichernd erlebte, aber als er nach Paris fuhr, um Petra Gerster zu treffen, war ihm schon beim ersten Zusammentreffen klar: Sie ist es! Die beiden verbrachten die Zeit in Paris mit Reden und Sightseeing. Sie sprachen über ihre Familie, ihre Herkunft, ihre Ansichten und über ihre Vorstellungen von Ehe. Seine Ansicht über Ehe, die den anderen sieht und nicht sich selbst in den Mittelpunkt stellt, war einer der Gründe, warum Petra Gerster auf sein Inserat geantwortet hatte.

Als Christian Nürnberger von Paris wieder nach Hause fuhr, hatte auch Petra Gerster ihre Entscheidung getroffen. Sie heirateten und bekamen zwei Kinder. Christian Nürnberger gab seine Festanstellung auf, arbeitete freiberuflich und als Hausmann und hielt damit seiner Frau den Rücken frei. Sie förderten sich gegenseitig und schrieben gemeinsam Bücher. „Eine Ehe als Dienst am anderen" ist vermutlich das Erfolgsrezept ihrer Beziehung.

Attraktive Vegi Lady, schl. feminin A 50 lachend, wünscht Partner
mit schönem Lebensstil & NR, BmB

Süddeutsche Zeitung, Mai 2016

Heute im Zeitalter des Onlinedatings geht die Zahl der Kontaktanzeigen zurück, aber es gibt sie noch. Und wenn man einige Regeln beachtet, kann man auch heute noch erfolgreich inserieren.
Ein sehr verbreiteter Fehler ist, abgedroschene Phrasen von anderen
Kontaktinseraten abzuschreiben. Mit nichtssagenden Formulierungen, wie „vielseitig interessiert" oder „kultiviert" oder für „gemeinsame Unternehmungen", geht man in der Masse der Inserate unter.
Es gibt Formulierungen, die immer wieder auftauchen. Unter den
Top Ten steht seit den 70er-Jahren „Jeans und Abendkleid", nicht
nur in der „Zeit". Die Formulierung gefiel sogar den Landwirten
so gut, dass sie diese für sich abänderten. Die Traumbäuerin sollte
„nicht nur im Abendkleid, sondern auch in Jeans und Gummistiefel eine gute Figur abgeben". Und selbst heute noch beschreiben
sich Frauen als „attraktiv in Jeans und Abendkleid". Nichts ist so
beständig wie Formulierungen in Heiratsinseraten.

„Hallo Mädels! Nur Inserate lesen reicht nicht aus. Ihr müßt uns
(57 u. 26) schon schreiben, wenn Ihr dem Glück nicht im Weg
stehen möchtet. Wir, Vater und Sohn, suchen zwei Frauen, die
die tägliche Arbeit mit Kuh und Kalb nicht scheuen. Daher
solltet Ihr nicht nur im Abendkleid, sondern auch in Jeans und
Gummistiefel eine gute Figur abgeben. Wir bieten Ehrlichkeit,
Treue, Charakter und natürlich die Einheirat auf einen modernen
existenzfähigen Milchviehbetrieb. "

Topagrar 1997

Merkwürdig ist eine neue Formulierung, die seit einiger Zeit
in Inseraten auftaucht: „keine Altlasten". Man versichert, „keine Altlasten" mitzubringen oder wünscht sich jemanden „ohne
Altlasten". Was bedeutet das eigentlich? Jeder, der über 40 ist,
hat doch eine Geschichte hinter sich, die Spuren hinterlassen hat.
Verletzungen aus alten Beziehungen zum Beispiel. Oder sind mit

Altlasten etwa Kinder aus früheren Beziehungen gemeint, für die man sorgen muss? Oder ein Haus, das noch nicht abbezahlt ist? Wer ein unbeschriebenes Blatt möchte, muss sich unter den 20-Jährigen umsehen, wird damit aber wahrscheinlich wenig Erfolg haben.

Statt Allerweltsfloskeln zu verwenden, um damit möglichst viele Menschen anzusprechen, sollte man konkret schreiben. Damit spricht man zwar weniger Menschen an, aber dafür solche, die passen. Wenn eine Frau inseriert: „Ich liebe Sonntagabende auf dem Sofa mit Rosamunde-Pilcher-Filmen", dann werden die Tatort-Freunde nicht darauf antworten, aber vielleicht der Mann, der sich endlich als Rosamunde-Pilcher-Fan outen darf.

Beim Lesen der Annoncen sollte man realistisch sein. Hinter den Inseraten stecken ganz normale Männer und Frauen. Der „Topmanager" ist möglicherweise Filialleiter bei Aldi und eine „Blondine" sieht nicht automatisch aus wie Heidi Klum. Abgesehen davon ist eine Haarfarbe veränderbar und auch Heidi Klums Haare sind gefärbt.

Es empfiehlt sich, Kontaktanzeigen kritisch zu lesen. Bei folgendem Inserat, das 2016 in der „Süddeutschen Zeitung" erschienen ist, sollten alle Alarmglocken klingeln: „Suche Mann für glückliches Leben. Russin, Doktor, 56, 1,60, sehr hübsch, aus guter Familie, eigene Firma, finanziell unabhängig." Und statt einer Chiffre gibt sie eine Mail-Adresse und eine Telefonnummer an. Eine hübsche Russin mit einem Doktortitel – oder meinte sie den Beruf Arzt – und ganz ohne Erwartungen, wie ihr Zukünftiger aussehen soll, dazu noch eine Firma! Wahrscheinlich ist das einzige, was hier stimmt, die eigene Firma, nämlich eine Heiratsagentur. Es ist anzunehmen, dass hier ein Heiratsvermittler neue Kunden akquiriert, zumal dieses Inserat in mehreren Ausgaben auftaucht.

„Kein falscher Fuchziger, sondern flotter Achtziger sucht Frau + 75. Bin Münchner Witwer, mit 85 nicht sichtbaren Lenzen voll positiver Lebenserfahrung, ansehnlich verpackt in 177cm, NR, gesund und beweglich geblieben."

Süddeutsche Zeitung 2016

Auch folgendes Inserat, das 2016 in der Zeit erschien, sollte skeptisch betrachtet werden: „Sie sind eine reife, ältere Dame und wünschen sich einen jüngeren gutaussehenden Mann? 58 Jahre, groß, schlank, NR, studiert, gebildet. Freu mich auf ihren Brief mit Telefon-Nummer." Wenn ein Mann von fast 60 Jahren sich als „jüngerer" Mann bezeichnet, dann fragt man sich: Was stellt er sich unter einer „reifen, älteren" Frau vor? Bedenklich ist auch, dass er eine Telefonnummer, aber kein Foto von der Frau verlangt. Und außerdem ist es sehr verdächtig, wenn ein Mann sich eine ältere Frau wünscht. In der Regel suchen Männer eine Frau, die mindestens 10 Jahre jünger ist. Männer werden nicht mal misstrauisch, wenn sich eine 40 Jahre jüngere Frau meldet.

„Da ich selbst keinen Betrieb habe, aber dennoch Landwirt mit Leib und Seele bin, suche ich, staatl. gepr. Landwirt, 30 Jahre alt, liebevolle Frau, die mir alles geben kann, was ich suche. (Nicht nur einen Hof.)

Topagrar 1997

Kontaktanzeigen lassen mitunter tief in die Wünsche und Sehnsüchte von Partnersuchenden blicken. In Atlanta, USA, erschien folgendes Inserat: „Alleinstehende schwarze Lady sucht männlichen Gefährten, Hautfarbe egal. Ich bin sehr hübsch und spiele gerne. Außerdem mag ich lange Waldspaziergänge, fahre gerne mit deinem Pick-up mit, gehe gerne jagen und campen und mag Angelausflüge und gemütliche Winterabende am offenen Kamin. Bei einem Candlelight-Dinner fresse ich dir aus der Hand. Und wenn du von der Arbeit nach Hause kommst, warte ich schon an der Tür auf dich."

Das scheint es zu sein, wovon Männer träumen. 1500 Männer antworteten auf dieses Inserat und wollten die Dame kennenlernen. Doch die schwarze Lady war ein Labrador Retriever, der acht Wochen alt war und für den der Inserent ein neues Zuhause suchte.

Vielleicht sollten Frauen, die inserieren, sich mehr mit der männlichen Psyche beschäftigen und auf das eingehen, was Männer wirklich wollen. Eine Frau, offensichtlich mit Humor, hat dies erkannt. Sie inserierte im April 2016 in der „Süddeutschen Zeitung": „Studierte mit dunklen Locken, WEBER Grill und eigenem Garten sucht Mann bis 41 zum Lachen und Sporteln."

Onlinedating – die Qual der Wahl

„Im Internet ist man ja so anonym, da kann man schreiben, was man will, seine Bilder beschönigen und endlich mal der tolle Hecht sein, wenn man sonst auch nur ein armes Würstchen im Büro ist."

Elke, 41 Jahre, Onlinedaterin, im Interview mit Julia Dombrowski

Eine Frau über 35 läuft eher Gefahr, von einem Tiger gefressen „zu werden, als einen Mann zu finden", so heißt der Titel eines Bestsellers aus den 90er-Jahren. Wer sich diesen verzweifelten Titel wohl ausgedacht hat? Die Autorin Serena Gray auf jeden Fall nicht, denn der englische Originaltitel würde übersetzt lauten: „Gestrandet an der Küste der Liebe." Das klingt schon hoffnungsvoller.

Seit den 90er-Jahren haben sich die Aussichten, einen Partner zu finden, entscheidend verbessert. Man muss nicht mehr auf Partys die Gäste nach Singles abscannen oder auf den Zufall hoffen, sondern kann gezielt im Internet suchen. Um einen Partner zu finden, muss man heute nicht mal aus dem Haus gehen. Man kann ganz gechillt zu Hause in Jogginghosen und ungewaschenen Haaren auf der Couch das Angebot durchforsten, wie beim Onlineshopping. Vor dem ersten Date wären allerdings eine Dusche und ein Klamottenwechsel ratsam.

Für viele ist es nicht so einfach, auf einer Party oder beim Einkaufen jemanden anzusprechen. Die Scheu vor einer Abfuhr ist groß. Es ist leichter, im Internet jemanden anzuschreiben: „Hallo, ich find Dein Profil interessant", als damit den attraktiven Mann vor dem Gemüsestand anzusprechen. Eine Absage im Internet steckt man schneller weg. Dann versucht man es eben beim nächsten. Die Auswahl ist schließlich groß genug. Im normalen Alltag ist das schwieriger. Meistens ist so schnell keine Alternative in Sichtweite. Und wenn man gleich den nächsten anspricht, wirkt das schon sehr wahllos und verzweifelt. Im Internet hingegen ist das Durchklicken Teil des Programms.

Partnersuche im Internet ist zu einer gesellschaftlich völlig akzeptierten Form des Kennenlernens geworden so wie früher das Dorffest. Jede dritte Beziehung beginnt heute im Netz. Die größte Datingbörse wirbt mit dem Slogan: „Alle 11 Minuten verliebt sich ein Single über Paarship." Doch zu einer Liebesbeziehung gehören zwei – wenn man kein Narzisst ist. Die Zahl bezieht sich nicht auf alle Mitglieder der Datingbörse, sondern nur auf den kleinen Kreis der Premium-Mitglieder, die ihr Abonnement gekündigt haben und angeben, fündig geworden zu sein. Wie viele darunter sind, die nur die Datingplattform gewechselt haben, lässt sich nicht nachprüfen. Auch wenn diese Statistik irreführend ist – von Wissenschaftlern wurde sie mit dem Anti-Preis „Unstatistik des Monats" ausgezeichnet – so ist Onlinedating doch eine gute Möglichkeit, jemanden kennenzulernen, wenn es im Büro nur Singles im Vorruhestand gibt und der Freundeskreis ausschließlich aus Paaren besteht.

„Ich denke, wenn schon Onlinedating, dann auch richtig alle Chancen nutzen. Und das heißt, auch mal jemanden treffen, der weiter weg wohnt. Sonst kann ich mich hier ja auch in eine Bar im Minirock setzen und habe die Kleinstadtmachos am Hals!"

Hariye im Interview mit Julia Dombrowski

Im Prinzip ist das Kennenlernen auf einer Datingbörse ähnlich wie auf einer Party. Man trifft dort viele Leute und spricht mal den einen oder anderen an. Fast wie im Offlinemodus kann man jemanden anflirten und ein „Lächeln" schicken – mit einem Smiley-Botton. Möchten zwei sich näher kennenlernen, verabreden sie sich. Der wesentliche Unterschied zu einer Party ist, dass die beiden sich erst beim ersten Date gegenüberstehen. Doch dann läuft es weiter wie in jeder Beziehung. Nur der romantische Gründungsmythos fehlt. Aber den schafft sich das Paar selbst: Eigentlich wollte man sich von der Datingbörse abmelden, aber dann kam die Nachricht von ihm! Und überhaupt – ist es nicht Fügung, dass ausgerechnet der Traummann einen anschreibt, und das unter Millionen von Mitgliedern, die ihm zur Auswahl standen? Auch die erste Begegnung erzählen Paare hinterher als romantische Erfolgsgeschichte.

Onlinedating ist keine so rationale Angelegenheit, wie viele denken, nur weil man Fragebögen ausfüllt und Matchingpoints vergleicht. Viele entscheiden genauso aus dem Bauch heraus wie im richtigen Leben. Man findet ein Foto toll oder fühlt sich von einem Satz angesprochen.

> *„Bei Hobbies, da schreibe ich Lesen rein, bei Filmen schon ‚bessere‘ Filme und keine ‚Blockbuster‘, beim Essen ‚exklusiv‘ und so. Das stimmt alles, aber im Alltag natürlich meist auch nicht! Ich geh nicht jeden Tag essen, das könnte ich mir gar nicht leisten. Abends guck ich auch RTL und Pro 7 und nicht nur Arte oder lese auch nicht Heidegger als Bettlektüre.“*
>
> Nino, 37 im Interview mit Julia Dombrowski

Viele sind von der riesigen Auswahl auf den großen Datingbörsen wie „Paarship" und „Elitepartner" überfordert. Man kann jedoch seine Partnersuche gezielt angehen und ein Jagdrevier wählen, das zu seinem Beuteschema passt. Inzwischen gibt es für jeden die richtige Plattform. Dort ist die Auswahl nicht so groß, aber die Suche ist zielgenauer und die Erfolgsaussichten sind höher.

Für Single-Eltern gibt es Seiten wie „Moms-Dads-Kids". Wenn sich auf dem Spielplatz oder beim Elternabend nichts ergibt, können Mütter und Väter, auch ohne einen Babysitter zu engagieren, auf Partnersuche gehen.

Das Datingportal „Rubensfan" wendet sich nicht an Kunstinteressierte für niederländische Malerei, sondern an mollige Frauen und Männer sowie an Fans von üppigen Figuren. Man muss also nicht die Idealmaße haben, um gute Chancen bei der Partnersuche zu haben. Die braucht man allerdings für die internationale Datingbörse „Beautiful People". Wer sich dort anmeldet, leidet nicht unter Minderwertigkeitskomplexen. Ob man schön genug ist, aufgenommen zu werden, entscheiden die Mitglieder, die das Foto und ein Kurzporträt zwei Tage lang kritisch begutachten und kommentieren. Charakter, Bildung und Hobbys sind nicht von Bedeutung, es sei denn, das Hobby bezieht sich auf Körperpflege und die Bildung auf die Lektüre von Modemagazinen. Besitztümer wie Villa und Limousine sind von Vorteil. Wer das nicht hat, aber gerne haben möchte, für den bietet sich das Datingportal „Rich meets Beautiful" an. Dort treffen attraktive Frauen auf reiche Männer, die nicht unbedingt schön sein müssen. Ein dickes Bankkonto gleicht diesen Makel wieder aus. Das traditionelle Heiratsverständnis lebt bis heute fort: Hauptsache die Mitgift stimmt. Nur arrangieren nicht die Eltern die gute Partie, sondern die Heiratskandidaten selbst. Eine Variante ohne Heiratsaussichten gibt es auf „My Sugardaddy". Dort finden ältere, wohlhabende Männer, die häufig bereits verheiratet sind, ihr Sugarbaby. Ursprünglich waren diese ausgewachsenen Babys amerikanische College-Studentinnen, die auf diese Weise ihre teuren Studiengebühren finanzierten. Inzwischen suchen erschreckend viele Frauen – sie sind auf diesen Portalen an der Überzahl – einen großzügigen Mann, der ihnen ein zuckersüßes Luxusleben bietet und mit ihnen in Paris diniert oder in Mailand shoppen geht. Und es sind nicht nur Studentinnen.

Doch es gibt auch viele bodenständige Datingportale, die auf verschiedene Berufsgruppen spezialisiert sind, wie „Polizeisingles" oder „Metzgersingles". Bei „doctor-dating" finden sich Menschen aus dem Gesundheitsbereich, die sich durch ihren Schichtdienst womöglich nie begegnet wären. Und für Landwirte gibt es nicht nur die Kuppelshow „Bauer sucht Frau" als letzten Ausweg aus dem Singledasein, sondern Datingbörsen wie „Flirt.Landwirt" oder „Farmersingles". Hier finden nicht nur Landwirte und Landwirtinnen zueinander, sondern auch Singles, die das Landleben lieben. Wer nicht nur einen Sommer auf der Alm verbringen möchte, kann hier nach einem Senner Ausschau halten, egal ob in Deutschland, Österreich oder in der Schweiz. Und Männer, die genug von ihrem Bürojob haben und lieber Traktor fahren, finden mit etwas Glück eine Landwirtin, die den angehenden Bauern ab und zu ans Steuer lässt. Da Landwirte meistens bodenständiger sind und keine überzogenen Erwartungen haben, sind die Chancen sehr aussichtsreich, den Partner fürs Leben zu finden.

Mein Fazit zur Partnersuche im Internet? Irgendwie anders als der Kauf einer neuen Schlagbohrmaschine, macht aber mindestens genauso glücklich. Und übrigens muss man gar nicht unbedingt gefühlte 100 Dates hinter sich bringen, bevor es klappt. Meine Frau hatte vor mir nur drei andere Männer über das Internet kennen gelernt. Behauptet sie zumindest. Aber sie hatte vorher auch immer behauptet, ein Schwabe käme ihr nie und nimmer ins Haus.

Markus, ein schwäbischer Internetdater

Auch Menschen mit bestimmten Ernährungs- oder Kleidungsvorlieben haben ihre eigene Plattform. Bei „Veggiecommunity" finden sich Vegetarier und Veganer, nicht nur zum gemeinsamen Kochen. Auch „Frutarier" finden auf dieser Seite jemanden, der für sie die Äpfel unter dem Baum aufliest.

Gruftis, Goth und andere dunkle Gestalten beschäftigen sich nicht nur mit dem Tod, sondern suchen, bis es soweit ist, im Diesseits jemanden, der ihren Hang für schwarze Kleidung und düstere Gedanken teilt. Sie finden sich auf der Plattform „SchwarzesGlueck". Fragt sich, wie dieses Glück aussieht. Oder anders gefragt: Sucht ein Goth wirklich das Glück?

Das suchen Christen auf Portalen wie „Christpartner" oder „hallooh". Himmlisches Glück wäre vielleicht etwas übertrieben, aber mit göttlichem Beistand sind die Chancen auf eine dauerhafte Beziehung ziemlich groß. Die Scheidungsrate bei Christen ist immer noch deutlich niedriger als bei denjenigen, die sich nur auf ihre Gefühle verlassen. Wenn ein christliches Paar sich vor dem Traualtar „Liebe bis der Tod uns scheidet" verspricht, funktioniert das nur mit Beziehungspflege und göttlichem Beistand. Mord ist keine Alternative. Viele christliche Gemeinschaften bieten Eheseminare und Candle-Light-Dinner für Paare an, die ihrer Ehe etwas Gutes tun wollen, um unbeschadet Krisen zu überstehen, die in keiner Beziehung ausbleiben. Wer in die Ehe investiert und sie lebendig erhält, der erspart sich erneutes Partnersuchen.

Auch für andere religiöse Gruppen, wie Juden und Muslime gibt es Onlinebörsen.

Unter den vielen Singleplattformen finden sich auch regionale Datingseiten, auf denen man direkt in seinem Umfeld suchen kann. Nordlichter mit einer Vorliebe für Ostfriesentee und Leuchttürme suchen gerne auf der Singlebörse „Fischkopf". Bayern, die unter sich bleiben wollen – „mia san mia" – finden sich unter „Bayern Flirt". Wer in Bayern Weltoffenheit sucht, wird auf dem Portal „Münchner Singles" fündig. Dort finden sogar Münchner und „Preissn" zueinander.

Die Liste der spezialisierten Datingbörsen ist endlos. Für jeden ist etwas dabei: Für große und für kleine Menschen, für Kranke und Behinderte, für Singles über 50, für Golfer, für Homosexuelle, für Millionäre, für Kiffer oder für Hundeliebhaber.

Manchmal treibt diese Spezialisierung merkwürdig Blüten. In einigen Ländern, wie USA und Großbritannien, gibt es die kostenpflichtige Plattform „The Ugly Bug Ball" für „hässliche" Menschen. Wer denkt sich so etwas aus? Ist die Intension der Betreiber wirklich, wie das Portal schreibt, Singles, die eine „ästhetische Herausforderung" sind, ein Forum zu bieten, auf der sie „interessante Persönlichkeiten" finden, ohne heruntergemacht zu werden? Kurzgesagt: Ist es eine Hilfestellung für Außenseiter? Oder ist es nur Geldmacherei mit einer seelischen Not? Die meisten der Singles auf dieser Datingbörse sind guter Durchschnitt, so wie die meisten von uns. Sie sind nicht hässlich, sondern sie denken nur so über sich. Mit ihrem schwachen Selbstwertgefühl trauen sie sich nicht auf eine andere Plattform, weil sie den Wettbewerb und die negativen Kommentare fürchten, die sie schon so oft gehört haben. Doch ein Doppelkinn, eine Narbe oder eine schiefe Nase fallen nicht ins Gewicht, wenn man mit Charme und einer herzlichen Ausstrahlung Menschen gegenübertritt. Viele Politiker sind weit von dem entfernt, was man als attraktiv bezeichnen könnte, aber sie verstecken sich nicht. Im Gegenteil, sie suchen die Bühne, wo es nur geht und steuern jede Fernsehkamera an, die sich in ihrer Reichweite befindet. Von ihrem Übergewicht an Selbstbewusstsein kann man sich eine dicke Scheibe abschneiden. Ein Bewertungsportal für Singlebörsen schreibt über „The Ugly Bug Ball", dass niemand sich soweit herablassen sollte, diese Datingbörse zu nutzen: „Wenn Du wirklich einen hässlichen Partner suchst, dann – das kannst Du mir glauben – findest Du sie auf einer dieser vielen grauenhaften kostenfreien Datingbörsen mit viel mehr Mitgliedern." Und wer sich selbst für hässlich hält, dem rät das Bewertungsportal: „Wirf Dein negatives Selbstbild weg! Lerne Dich selbst wertzuschätzen."

Datingbörsen, und ganz besonders spezialisierte Börsen, dienen auch als Austauschforum. Ein Mann, der von seiner Frau verlassen wurde, erzählt in einem Interview mit Susanne Fröhlich und Constanze Kleis, dass er sich mit vielen Frauen darüber ausgetauscht hatte, wie sie den Trennungsschmerz verarbeitet haben. Das sei sehr wohltuend gewesen. Bei den Plattformen für Vegetarier geht es oft um Ernährungstipps, bei Christen um Partnerschaft und Glauben und bei Alleinerziehenden um Erziehungsfragen. Auf den Plattformen der Schönen gibt es nicht nur Kosmetiktipps, sondern auch Einladungen zu exklusiven Partys. Auch Kiffern wird auf ihrer Seite wahrscheinlich der (Gesprächs-)Stoff nicht ausgehen.

Dass Partnersuche mittels Algorithmen einmal eine solche Verbreitung finden würde, hätten die beiden Erfinder Lewis Altfest und Robert Ross bestimmt nicht gedacht. Schließlich entwickelten sie ihr Projekt in einer Zeit, als es noch unvorstellbar war, dass jeder einmal bei sich zu Hause einen Computer haben würde, von Internet ganz zu schweigen. Der Buchhalter Lewis Altfest und der IBM-Programmierer Robert Ross entwickelten 1965 in New York einen technischen Automaten für Kompatibilitätstests, kurz: TACT. Die Kunden bezahlten fünf Dollar und bekamen dafür fünf Partnervorschläge. Um den Partner zu finden, der am besten zu ihnen passte, mussten die Kunden vorher einen Fragebogen mit über 100 Multiple-Choice-Fragen ausfüllen. Die Antworten übertrugen die beiden Tüftler in Lochkarten und gaben sie in den Computer, der die fünf Partnervorschläge mit der höchsten Übereinstimmung ausspuckte oder wie man heute sagen würde, mit den meisten Matchingpoints. Um den Menschen das Kennenlernen zu erleichtern, veranstalteten Lewis Altfest und Robert Ross auch Partys. Schon damals hatte diese Art der Partnervermittlung großen Zulauf.

Ein Profil auf einer Datingbörse zu haben, ist wie ein Energydrink für das Selbstbewusstsein. Kaum ist man angemeldet, rauschen die Anfragen rein wie Fanpost für Helene Fischer. Das ist Balsam für die Seele, vor allem, wenn man frisch verlassen wurde.

Nach einiger Zeit realisiert man jedoch, dass im Internet ein reger Balzbetrieb herrscht und man nicht die einzige Frau oder der einzige Mann ist, bei der oder bei dem die anderen Schlange stehen. Viele gehen bei der Kontaktaufnahme nach dem Gießkannenprinzip vor und schicken keinen maßgeschneiderten Text, sondern einen Flirt von der Stange. Oftmals wird das Profil nicht mal gelesen. Susanne Fröhlich, die mit 52 Jahren nach ihrer Scheidung wieder auf Partnersuche ging, erzählt in ihrem Buch über ihre Onlinedating-Erfahrungen. Sie bekam Anfragen von Männern, die deutlich jünger waren als sie und völlig aus der Altersspanne herausfielen, die sie klar und deutlich angegeben hatte. „Können die nicht lesen?", fragte sie sich. Ein 24-jähriger Bäckermeister schrieb ihr: „Hi – man bist du eine attraktive Frau … was ich gerne mit dir anstellen würde ;-)." Susanne Fröhlich wusste sofort, was sie am liebsten mit ihm anstellen würde: Seine Backstube leer essen und ein ernstes Wort mit seiner Mutter reden, die vermutlich um einiges jünger war als sie. Und dann hätte sie ihm gerne noch einige Rechtschreibregeln erklärt und eine Bestellung für Rosinenbrötchen und Käsekuchen aufgegeben.

Annabel Dillig, eine junge Autorin, die über Onlinedating geschrieben hat und sich selbst für Recherchezwecke auf Partnerbörsen begeben hat – rein zufällig war sie gerade Single – hatte bald schon genug von diesen wahllos ausgeteilten Kontaktaufnahmen. Deshalb verlegte sie ihre Partnersuche wieder auf Partys. Schon nach kurzer Zeit verliebte sie sich in einen Mann. Doch nach einer Nacht und wenigen Tagen trennte er sich von ihr. Er fühle zu wenig für sie. Tief gekränkt kehrte sie wieder zu ihrer Datingplattform zurück, um ihr angeschlagenes Selbstbewusstsein aufzumöbeln. Die vielen Kontaktanfragen, die hereinströmten, waren für Annabel Dillig Balsam für die Seele. Hoffnung ist das, was einem Menschen eine neue Perspektive gibt. Befürchtet man nach einer Trennung, dass man alt und einsam sterben wird, so zeigt der Ansturm: Es gibt so viele Singles. Da wird doch einer für mich dabei sein.

Welche Menschen eine Kontaktanfrage schicken, hängt sehr stark davon ab, mit welchem Foto und welchem Text man sich auf der Datingbörse präsentiert. Julia Dombrowski zeigt dies in ihrer Doktorarbeit am Beispiel von Marie. Sie hatte ihre sportliche und selbstbewusste Seite herausgestellt und bekam vor allem Anfragen von Männern mit einem großen Unabhängigkeitsdrang. Das war nicht das, was sie wollte. Als Marie ihr Profil änderte und schrieb, dass ihr Nähe und gemeinsame Zeit wichtig sei, meldeten sich zwar weniger Männer, aber dafür waren sie passender. Ziemlich schnell fand sie einen Partner, der ähnliche Vorstellungen von Beziehung hatte wie sie. Wichtig sei beim Onlinedating, so erklärt Marie, sich vorher Gedanken zu machen, was man will und das auch zu formulieren.

Onlinedating ist zeitaufwendig. „Man kann mühelos sehr viel Lebenszeit mit dem Internet-Dating verbringen. Sogar ohne auch nur ein Date zu haben. Einfach nur mit dem Sichten, Ordnen und Auswählen", schreibt Susanne Fröhlich. Man komme kaum mehr dazu, rauszugehen und sich einfach mal umzugucken.

Oftmals merken die User gar nicht, wie viel Zeit sie vor dem Computer verbringen, weil sie völlig vertieft sind. Julia Dombrowski hat bei ihrer Forschung über Onlinedating den Nutzern über die Schulter geschaut. Eine Interviewpartnerin erklärte ihr vor dem Computer, was sie gerade macht, kommentierte die Kontaktanfragen und war schließlich so vertieft, dass sie die Forscherin völlig vergaß. Sie klickte und tippte, lachte kurz auf oder stöhnte genervt, rauchte zwischendurch eine Zigarette und kommentierte die Profile. Erst nach zwei Stunden bemerkte sie es und sagte erschrocken: „Oh Mann, ich habe dich echt vergessen. Aber so geht das immer: Ich fange an, will kurz nur mal gucken und dann sind auf einmal ein oder drei Stunden vorbei.“

Es gibt inzwischen Agenturen, die diese zeitaufwendige Vorarbeit leisten, zumindest in den USA. Man braucht dann nur noch zum Date gehen. Menschen, die das Aussortieren delegieren, haben viel Geld, aber keine Zeit. Fragt sich, ob sie überhaupt Zeit finden, eine Beziehung zu leben.

Wahrscheinlich gibt es inzwischen auch schon Dienstleister, die das erste Date übernehmen, um zu überprüfen, ob die Angaben „jung" und „schlank" auch stimmen. Auf Datingbörsen wird geschummelt, was das Zeug hält: Man macht sich einige Jahre jünger – schließlich sieht man ja auch so aus – und gibt das Gewicht an, das man als Teenager hatte, denn wenn die nächste Diät funktioniert, stimmt das ja wieder. Sportlich ist, wer noch ohne Rollator zum Einkaufen gehen kann. Nino, ein 37-jähriger Interviewpartner, erzählte der Ethnologin Julia Dombrowski: „Ich habe dann mit einer Frau gemailt, die ich sehr nett fand. Mir gefiel auch ihr Bild total gut, sie hat im Profil ihre Figur als ‚weiblich mit Rundungen' beschrieben. Finde ich viel attraktiver als so Bohnenstangen mit Jungsfigur. Dann treffen wir uns. Ich ins Café, suche, suche, gucke herum, überlege, wen ich ansprechen kann, ohne mich zu blamieren. Und dann spricht mich eine kleine Frau an, die echt einfach dick ist! Fett wäre das unhöfliche, aber richtige Wort. Es war wirklich hart für mich, dass mir nicht die Gesichtszüge entgleisten."

Will man die Enttäuschung wirklich sehen? Das kann man sich ersparen, wenn man bei der Wahrheit bleibt.

Ein lästiges Übel für Frauen auf Datingbörsen ist, dass sie so viele Sexanfragen erhalten, besonders bei gebührenfreien Portalen. Bei kostenpflichtigen Datingbörsen, wie zum Beispiel „Paarship" oder „Elite", sind die Männer meistens an einer Beziehung interessiert, die länger als eine Nacht dauert. Doch auch dort tummeln sich mitunter Menschen mit besonderen Vorlieben, wie Susanne Fröhlich erzählt. Sie bekam eine Kontaktanfrage von Olaf, einem Mann, der ziemlich durchschnittlich wirkte. Er schrieb ihr, dass er sie toll fände, weil sie so dominant wirke. Er möge Frauen, die wissen, was sie wollen. Und: Er lasse sich gerne sagen, was er zu tun habe. Susanne Fröhlich fragte genauer nach: „Was genau soll das heißen? Er erklärt es mir. Olaf hätte große Lust, unter meiner Aufsicht meine Wohnung zu putzen. Nackt und natürlich kostenlos. Der Gedanke, dass meine Wohnung mal gründlich durchgeputzt wird, hat sehr viel Schönes." Deshalb schrieb sie ihm: „Das Angebot ist toll, aber meine Wohnung ist nicht überheizt. Du kannst also durchaus was anhaben. Und muss ich zwingend dabei sein?" Das müsse sie auf jeden Fall, denn sie solle ihn ja rumkommandieren und das bitte mit strenger Hand. Susanne Fröhlich meinte, dass sie durchaus streng sein könne, aber Putzaufsicht sei nicht die Art von Beziehung, die sie suche.

Ein Datingportal, bei dem es meistens nur um kurze Begegnungen – mit oder ohne Sex – geht und das viel einfacher funktioniert, ist „Tinder". Man lädt sich die App auf sein Smartphone, stellt ein Foto rein und kann sehen, welche User sich gerade in der Nähe befinden. Mit einer Wisch-und-Weg-Technik sortiert man aus. Wischt man nach links bedeutet es: kein Interesse. Ein Wisch nach rechts heißt: Den möchte ich mir näher anschauen. Wenn der andere auch nach rechts wischt, gibt das ein Match. Beide können nun miteinander kommunizieren.

Es sind vor allem junge Leute, die dieses Portal nutzen. Mehr als 40 Prozent der Nutzer, so die Studie von Wera Aretz, sind in einer festen Beziehung und suchen einfach nur Abwechslung. Andere wiederum vertreiben sich damit die Langeweile oder testen ihren Marktwert. Eine junge Studentin erzählt, dass sie mit ihren Freundinnen zwischen zwei Vorlesungen auf Tinder die Männer durchwischen und daraus ein Spiel machen: Wer bekommt die meisten Matches. Und dennoch: Es gibt auch etliche Paare, die sich über Tinder gefunden haben, vor allem in den USA, wo dieses Datingportal viel populärer ist. Eine Nutzerin erklärte, sie habe zwar – wie viele andere – die Erfahrung gemacht, dass auf Tinder viele nur an Sex interessiert seien, aber man könne auch viele interessante Leute kennenlernen. Man müsse einfach klar kommunizieren, was man will.

Vielleicht kommt Tinder dem entgegen, wie Singles heute Beziehung leben. Michael Nast schreibt in seinem Buch „Generation Beziehungsunfähig", dass viele keine feste Beziehung wollen, sondern nur jemanden, mit dem man schläft, wenn einem danach ist. Einer seiner Bekannten habe eine ganze Telefonliste für solche Fälle. Das funktioniert zwar nicht immer, aber dafür gibt es ja Tinder. Da findet man immer jemanden.

Auch Michael Nast hatte eine Bekannte, die er immer nur anrief, wenn er mit jemandem schlafen wollte. Eine feste Beziehung konnte er sich mit der Frau jedoch nicht vorstellen.

Besser hätte Michael Nast die Tragik der Beziehungsunfähigkeit nicht beschreiben können. Man benutzt den anderen Menschen – genauer gesagt, seinen Körper – für die eigenen Bedürfnisse. Ansonsten ist einem der andere egal. Die Seele, das Wesen, die unverwechselbare Persönlichkeit, das, was den Menschen eigentlich ausmacht, interessiert nicht. Der Mensch ist eine austauschbare Hülle.

Beim Onlinedaten wird oft ausgiebig gechattet. Über das Internet entsteht eine Nähe, die bei einer Face-to-Face-Begegnung selten so schnell geschieht. Hinzu kommt, dass man eine Idealvorstellung vom anderen aufbaut. Beim ersten Treffen ist die Fallhöhe von Mr. Right zu Mr. Normalo ziemlich groß. Eine gute Strategie ist, sich relativ schnell zu treffen, um seine Fantasie zu bremsen und den Tatsachen ins Auge zu blicken. Bei einer persönlichen Begegnung merkt man außerdem schnell, ob die Chemie stimmt.

Eine frühe Begegnung hat auch den Vorteil, dass man einem Internetbetrug schneller auf die Schliche kommt. Denn immer wieder gibt es schwarze Schafe, die versuchen, Kapital aus der Suche nach Liebe zu schlagen. Sie verwenden ein gestohlenes Foto und machen sich an die Partnersuchenden heran. Häufig sind Frauen davon betroffen. Sie verlieben sich in einen Mann, der alle Traummann-Merkmale hat: attraktiv, humorvoll und einfühlsam. Doch zu einem Treffen kommt es leider nicht. Und immer gibt es einen Grund dafür: Die räumliche Distanz ist zu groß oder er muss leider immer im entscheidenden Moment auf eine Geschäftsreise. Niemand bedauert das mehr als der Traummann selbst. Hat er das Vertrauen gewonnen, zieht er seinem Opfer mit erfundenen Geschichten das Geld aus der Tasche: Seine Mutter ist todkrank, nur eine kostspielige Operation kann sie retten. Oder das Flugticket, mit dem er seine Traumfrau besuchen wollte, wurde ihm gestohlen. „Love Scamming" heißt die neue Form des „Heiratsschwindels". Häufig steckt die Nigeria Connection dahinter. Am anderen Ende der Leitung sitzt nicht der Traummann, sondern die Produzenten dieses Traumgebildes. Und das sind Jungen und Männer in Afrika zwischen 12 und 20 Jahren.

Auch Männer sind von Love Scamming betroffen. Sie werden mit gestohlenen Fotos von schönen Russinnen geködert. Dahinter stecken Profis, die sich mit der Männerseele am besten auskennen, nämlich Männer. Eine solche Bande wurde kürzlich in einem kleinen Dorf im tiefsten Russland aufgedeckt.

Es gibt viele unterschiedliche Formen des Betrugs auf den Onlineplattformen. Betroffene Frauen und Männer verstehen hinterher selbst nicht mehr, wie sie auf die falschen Liebesschwüre hereinfallen konnten.

Auch außerhalb des Internets ist man nicht vor Liebesbetrug gefeit, wie das Beispiel Susanne Klatten zeigt. Die reichste Frau Deutschlands geriet in die Fänge einer Erpresserbande. Sie war fasziniert von einem attraktiven, liebenswürdigen Schweizer, der sie so charmant umwarb und ging eine Liebesbeziehung mit ihm ein. Mit einer erfundenen Geschichte von der amerikanischen Mafia, die hinter ihm her sei, erreichte er, dass sie ihm sieben Millionen Euro übergab, nicht per Scheck, sondern in einer Kiste, die so schwer war, dass Susanne Klatten sie nicht alleine hochheben konnte. Mit sieben Millionen könnte man ein Luxusleben führen, aber weil hinter dem falschen Liebhaber auch noch ein geldgieriger Geschäftspartner steckte, der seine Villa, seine Antiquitäten und seinen Rolls-Royce finanzieren musste, quetschten die beiden Susanne Klatten aus wie eine Zitrone. Da war sie mehr als sauer. Statt den 14 Millionen, die sie für kompromittierende Fotos bezahlen sollte, schickte sie ihnen zur Übergabe die Polizei.

Liebesanbahnungen im Internet sind nicht gefährlicher als andere Begegnungen, wenn man einige Dinge beachtet: Experten raten, man solle vorher mit sich selbst ganz klar vereinbaren, dass man keinen Cent bezahlt und nach vier Wochen den Kontakt abbricht, wenn der andere einem persönlichen Treffen ausweicht. Inzwischen gibt es die Reality-Show „Catfish – Verliebte im Netz". Das Fernsehteam geht Fällen nach, die Betroffene einreichen, weil ihnen ihre Internetbekanntschaft dubios vorkommt.

Am besten ist es also, möglichst bald ein Date zu vereinbaren. Man sollte sich auf keinen Fall zu Hause treffen, weder in der eigenen Wohnung noch in der des anderen. Auch ein Fünf-Gänge-Menü in einem Restaurant ist nicht empfehlenswert, denn wenn sich herausstellt, dass der eloquente und interessante Gesprächspartner nur in schriftlicher Form kommunikationsfähig ist, aber ansonsten kaum ein Wort über die Lippen bringt, kann sich ein Abend als Alleinunterhalter sehr lange hinziehen. Oder wenn der andere nur ein Thema kennt: sich selbst. Wenn er darüber detailliert und ausgiebig doziert, dann ist man schon bei der Vorspeise nur mit dem Gedanken beschäftigt: Wie komme ich hier am schnellsten wieder weg?

Eine Bekannte erzählte mir, dass sie sich für das erste Date zum Essen beim Italiener verabredet hatte. Als sie ihn sah, wusste sie sofort: Das wird nichts. Und so war es auch. Bei einer Pizza quälten sie sich durch Small-Talk-Themen.

Am sichersten ist es, sich in einem Café oder in einer Bar zu treffen. Ein Espresso ist schnell getrunken. Und wenn man sich sympathisch ist, bestellt man noch einen Longdrink hinterher.

Onlinedating kann zur Sucht werden. Die Auswahl ist so groß, dass man leicht in eine Shoppinghaltung gerät: Mal sehen, ob es nicht ein besseres Angebot gibt. Ursula März beschreibt in ihrem Buch über modernes Dating einen 38-jährigen attraktiven Arzt, Thomas Lüttich, der auf „Paarship" und „Elite" nach seiner Traumfrau suchte. Als „ein Mann, dem der Algorithmus die Frauen nur so hinschaufelte", beschreibt ihn Ursula März. Sie rechnete aus, dass er ungefähr 40 Kontaktanfragen im Monat, also 400 im Jahr bekommen müsste. Dass es ihm an Angeboten nicht mangelte, zeigt er Ursula März auf seinem Handy: Eine Blondine nach der anderen wischte er durch, „der reinste Blondinenkatalog". Thomas Lüttich genoss seine Unabhängigkeit, aber nachdem in seinem Bekanntenkreis immer mehr heirateten, wollte er auch nicht den Sonderling oder Versager abgeben. Unter all den Blondinen entschied er sich für eine, die seinen Vorstellungen von einer Traumfrau sehr nahe kam. Vier Monate lang war er mit ihr zusammen, doch dann nahm er sie zu einer Party bei seinen Freunden mit – und ließ sie stehen. Er ignorierte sie völlig. Er bemerkte nicht mal, als sie ging. Tief gekränkt brach sie den Kontakt ab. Und er? Sammelte weiterhin Blondinen auf seinem Smartphone.

Man schreibt sich schon mit ein paar Frauen, und abends sitze ich da und unterhalte mich dann vielleicht mit drei Frauen. Innerhalb von einer halben Stunde können dann mal locker 12 E-Mails rausgehen, und dann darf ich die ja nicht verwechseln. Ich tippe dann ja auch so schnell, manchmal geht da auch mal was durcheinander.

Gero, 37, im Interview mit Julia Dombrowski

Es ist nicht selten, dass manche in einen wahren Konsumrausch geraten und Multidating betreiben. Sie haben mit mehreren gleichzeitig eine Liebesbeziehung. Der Grund sei, so erklärt eine Onlinedaterin, weil es so einfach ist. Auch die Umtauschmentalität schlägt beim Onlinedating häufig durch. Man hat zwar jemanden gefunden, der ganz gut passen würde und trifft sich auch mit ihm, aber ist immer noch auf der Plattform aktiv. Schließlich hat man ja dafür bezahlt. Und außerdem erscheint es einem durchaus sinnvoll, hin und wieder einen Blick auf den Markt zu werfen. Findet sich bei dieser Marktanalyse etwas Besseres, greift man zu und gibt die momentane Beziehung wieder an den Heiratsmarkt zurück.

Eine Interviewpartnerin von Julia Dombrowski wollte ihren Internetbekannten, mit dem sie sich schon einige Male getroffen und mit dem sie auch geschlafen hatte, testen, wie ernst es ihm ist. Sie beauftragte ihre Freundin, die auf derselben Onlinebörse war, das Profil ihres neuen Freundes anzuklicken – nur ein Klick, keine Kontaktaufnahme. Daraufhin schickte er ihr eine Mail und fragte sie nach einem Treffen. Einen Termin schlug er auch gleich vor. Damit war er durch den Test gefallen. Sie brach den Kontakt ab. Eine andere 40-jährige Frau testete ihren neuen Freund auf eine andere Weise: Sie erstellte ein falsches Profil und gab vor, eine 30-jährige

Studentin zu sein. Dann lud sie das Bild eines Fotomodels hoch und fertig war der Lockvogel. Ihr Freund ging sofort auf den Annäherungsversuch ein. Daraufhin brach sie den Kontakt ab, ohne ihm eine Erklärung zu geben. Auch auf seine Mails reagierte sie nicht. Am meisten enttäuschend fand sie, dass er nicht auf die Idee kam, dass sie ihn durchschaut hatte. Er war wohl zu sehr von sich selbst überzeugt.

Suche nach dem Traummann im Internet:
„Ich muss mich total kontrollieren, diesem Wunschwahn Einhalt
zu gebieten, weil es sonst einfach nie zu einem realistischen
Ergebnis führen wird. Sonst suche ich ja Superman, und den gibt
es nicht mal hier.“

Margitt, 34, Onlinedaterin, im Interview mit Julia Dombrowski

---

Es ist schwierig, sich bei diesen vielen Möglichkeiten festzulegen. Die Suche nach dem Perfekten verhindert, dass man sich für einen entscheidet. Eckart von Hirschhausen vergleicht das mit einem Restaurantbesuch. Manche Menschen können sich bei der großen Auswahl auf der Speisekarte einfach nicht entscheiden. Andere wiederum verzichten auf Perfektion. „Genügsame Menschen blättern die Karte durch, verschaffen sich einen Überblick und nach einem Drittel der Speisekarte wissen sie, was es gibt, und das Nächste, was sie anlacht, wird genommen – fertig. Die machen die Karte zu und wollen gar nicht wissen, was es noch gegeben hätte, was sie eventuell verpassen. Warum erzähle ich das so ausführlich? Das gilt nicht nur im Restaurant. Das gilt auch für die Partnerwahl. Nach einem Drittel des Lebens hat man einen Überblick, man weiß, was es ungefähr gibt, besser wird's nicht. Das nächste, was dich anlacht, wird genommen – fertig. Machen Sie die Karte zu. Fragen Sie sich nicht, was es noch gegeben hätte, was Sie eventuell verpassen.“

Es gibt viele Paare, die sich über eine Datingbörse gefunden haben. Und es gibt viele, die trotz dieser riesigen Auswahl niemanden finden. Woran liegt es? An den hohen Ansprüchen? Oder an der Angst, sich festzulegen und andere Optionen damit aufzugeben? Oder daran, dass man alles will? So wie Gero, der im Interview zu

Julia Dombrowski sagte: „Ich brauche viel Freiraum. Ich hasse es, eingeschränkt zu werden, in jeglicher Hinsicht. Aber ich hätte trotzdem gerne Familie, endlich mal." Wie soll das gehen – eine Familie zu haben, ohne eingeschränkt zu werden. Oder verhindern Verletzungen aus früheren Beziehungen eine neue Liebe? Jede Liebesbeziehung, die in die Brüche geht, hinterlässt Wunden in der Seele.

Wenn man mal über 40 oder 50 Jahre alt ist, geht man nicht so unbedarft eine Liebesbeziehung ein wie junge Leute. Die erste Lebenshälfte ist schon vorbei. Und man möchte nicht alle paar Jahre wieder auf einem Datingportal landen. Deshalb sind viele bei der Suche sehr kritisch und haben den Anspruch: Dieses Mal muss es der Richtige sein.

Um auf einem Onlineportal einen Partner zu finden, ist Offenheit wichtig. Wer sich auf Menschen einlässt, erlebt manche Überraschung, wie eine 46-jährige Texterin in einem Interview mit Susanne Fröhlich und Constanze Kleis erzählt: „Der dritte Mann war es dann. Obwohl nichts stimmte. Ich ging zum ersten Date und sehe einen Typ in weißen Jogginghosen und mit Goldkettchen am vereinbarten Treffpunkt auf dem Parkplatz stehen. Alles, was ich wirklich nicht ausstehen kann. Ich habe kurz überlegt, ob ich mich lieber schnell verdrücken soll. Dann dachte ich: Ach, was soll's. Und kaum zu glauben: Sobald wir uns begrüßt hatten, war ich total verliebt. Er war es einfach. Er hat mein Herz berührt."

Statt das Aussehen in den Mittelpunkt zu stellen, wie es beim Durchklicken auf Datingbörsen der Fall ist oder bei der Wisch-Aussortierung von „Tinder", sollten wir wieder die Seele im Blick haben. Über die Bedeutung der Seele schreibt einer, der es wissen muss: Georg Fraberger, klinischer Psychologe an der Universitätsklinik Wien mit eigener Praxis und Autor der Bücher „Ohne Leib, mit Seele" und „Ein ziemlich gutes Leben". Georg Fraberger hat keine Arme und keine Beine, doch das Wesentliche geschieht nicht im Körper, sondern in der Seele. Sein Leben empfindet er als reich. Er trauert nicht Einschränkungen nach, sondern schöpft seine Möglichkeiten voll aus. Bei der Berufswahl zum Beispiel: Landwirt wäre eher schwierig gewesen, erklärt er, aber Psychologie zu studieren, das war möglich.

Dass auch bei der Partnersuche die Seele und nicht der Körper entscheidend ist, hat er selbst erfahren. Er lernte seine Frau über eine Datingbörse kennen. Als sie zum ersten Mal miteinander skypten – sie sahen nur das Gesicht voneinander – verstanden sie sich auf Anhieb. Auch äußerlich fanden sie sich attraktiv. Dann erklärte Georg Fraberger, dass er ihr etwas sagen müsse. Er fuhr zurück und sie sah, dass er in einem Rollstuhl saß und keine Arme und Beine hatte. Das hatte sie jedoch in keiner Weise erschreckt. Warum es so war, kann sie nicht erklärten. Wahrscheinlich waren es ihre Seelen, die sich zueinander hingezogen fühlten. Nach fünf Tagen trafen sie sich zum ersten Mal und ein halbes Jahr später waren sie verheiratet. Inzwischen haben sie vier Kinder. Das einzige, was ihm manchmal schwer fällt, ist, dass er seine Kinder nicht trösten kann, wenn sie hingefallen sind. Aber Zärtlichkeit kann er ihnen geben. Sie müssen nur zu ihm hingehen und sie sich abholen. Das machen sie reichlich.

Beim Onlinedating lernt man Menschen kennen, denen man sonst nicht begegnen würde. Manchmal muss man jedoch Ausdauer haben, um jemanden zu finden, der zu einem passt. Vor allem braucht man Offenheit gegenüber anderen Menschen und die Bereitschaft, sich auf jemanden einzulassen, der nicht in die Kategorie Traumpartner passt, aber sehr viel Bereitschaft mitbringt, Partnerschaft gemeinsam zu gestalten.

Silke hat ihren Mann auf einer christlichen Plattform kennengelernt. Nachdem sie ihre Scheidung einigermaßen überwunden hatte, meldete sie sich dort an. Sie zog ihren Suchradius um ihren Wohnort, denn ein Umzug kam für sie wegen ihrer Kinder nicht infrage. Ziemlich schnell lernte sie Peter kennen. Er war ihr sympathisch. Um sich näher kennenzulernen, unternahmen sie sehr viel zusammen. Für beide kam es nicht infrage, auf der Datingbörse weitere Kontakte wahrzunehmen oder sich nebenbei noch mit anderen zu treffen. Das hätten sie als unfair empfunden. Silke hatte bewusst darauf verzichtet, die Plattform gründlich zu durchforsten, um das Beste zu finden: „Denn das macht auch was mit einem", erklärt Silke. „Wenn man viele trifft und es dann nicht funktioniert, ist das mit der Zeit ziemlich frustrierend. Oder wenn man auf der Börse mit vielen in Kontakt tritt und man viele Absagen bekommt, dann geht das schon ganz schön ans Selbstbewusstsein." Sie hatte eine gute Zeit mit Peter. Doch Liebe wurde aus der Freundschaft nicht. Mit ihren zwei Söhnen, die mitten in der Pubertät steckten, kam er nicht zurecht und die beiden Jungs auch nicht mit ihm. Nach vier Monaten beendete Silke die Beziehung.

Beim zweiten Versuch meldete sich Paul bei ihr. Nach etlichen Mails hin und her, verabredeten sie sich. Silke interessierte sich sehr für Paul. Sie spürte eine besondere Tiefe und Sensibilität bei ihm. Er machte den Eindruck, dass er es ernst meinte und nicht nur ein Abenteuer suchte.

Sie stellten zu ihrer Überraschung fest, dass sie sonntags in dieselbe Kirche gingen. Aber sie hatten einander nie wahrgenommen. Immer wieder finden sich Paare erst im Internet, obwohl sie im gleichen Haus oder in der gleichen Straße wohnen. Das zeigt, wie sehr sich Partnersuche verändert hat. Früher kannte man die Menschen in seiner Umgebung. Heute begegnen sich Singles in der Anonymität der modernen Gesellschaft nicht wirklich. Man hat ja kein Schild um den Hals hängen: „Suche Partner".

Paul war Witwer und hatte zwei Söhne im ähnlichen Alter wie Silkes Söhne. In vielen Lebensbereichen passten sie gut zusammen. Schon beim zweiten Date fühlte Silke Schmetterlinge im Bauch. Vollbepackt mit allem, was er zum Kochen brauchte, samt Kerzenständer und einer roten Rose, fuhr Paul mit seiner Vespa zu ihr und kochte ein Abendessen für sie beide.

Schon nach einem Dreivierteljahr heirateten sie und zogen zusammen. Es war nicht einfach, als Paar zusammenzuwachsen. Jeder brachte seine Vergangenheit mit, auch die vier Kinder hatten mit ihren eigenen Schwierigkeiten zu kämpfen.

Die ersten Jahre fragte sich Silke immer wieder, ob die Partnerschaft die Belastung aushalten würde. Die Kinder waren eine große Herausforderung und manchmal zweifelte Silke, ob sie das schaffen würde.

Für viele Paare ist das der Punkt, an dem sie sich wieder trennen. Aber für Silke und Paul war die Ehe ein Bund, den sie vor Gott geschlossen hatten. Ihnen war bewusst, dass eine gute Ehe nicht einfach vom Himmel fällt. So kämpften sie sich durch zwei schwierige Jahre. Die Beziehung war ein Wagnis, aber es hat sich gelohnt. Die Liebe zueinander ist gewachsen. Heute wissen Silke und Paul, dass sie zusammengehören.

Im Onlinedating liegt eine große Chance, einen Partner zu finden. Vielen erscheint es völlig unromantisch, wenn eine Liebesbeziehung nicht mit Schmetterlingen im Bauch beginnt, sondern mit Algorithmen. Doch Björn Stephan schreibt in der Zeit: „Dabei ist gerade dieser Algorithmus das Beste an Partnerbörsen. Weil er die Liebe entzaubert, und zwar die romantisch übersteigerte Vorstellung von Liebe, wie sie uns Filme, Romane, die Werbung, Popmusik, all die boy meets girl-Storys in unsere Hirne pflanzen."

„Auf einmal lerne ich dann diesen supernetten Typen kennen. Was ich so an Bedingungen am Anfang reingeschrieben habe, damit wär das nie was geworden."

37-jährige Userin, die ihren Partner über Datingcafé kennengelernt hat,
an Julia Dombrowski

Der Alltag einer Partnerschaft besteht irgendwann nicht mehr aus Verliebtheit. Wichtiger wird dann die Frage, ob man in den Lebensvorstellungen übereinstimmt. Möchte man Kinder? Wie wichtig ist Karriere? Welche Musik mag man? Mit dem Fragebogen einer Onlinedatingbörse wird schon vieles im Vorfeld abgeklärt. Tatsächlich sagen Paare, die sich über ein Onlineportal kennengelernt haben, dass sie schon beim ersten Treffen eine enge Verbundenheit gefühlt hätten, als ob sie sich schon lange kannten.

Die Voraussetzungen für eine tragfähige Beziehung sind sehr gut, auch wenn die Magie des zufälligen Kennenlernens und Verliebens fehlt. „Was genau ist eigentlich so magisch daran, mit irgendjemandem zusammenzukommen, nur weil er sich zufällig am selben Abend in derselben Bar am selben Getränk festhält", fragt Boris Stephan. Der Zufall sei unzuverlässig und sprunghaft, die Algorithmen jedoch verlässlich.

Ob Schmetterlinge im Bauch oder Algorithmen – beides bietet die Chance, dass eine Liebesbeziehung daraus wird. Doch die

Chance muss auch ergriffen werden. Jemanden kennenzulernen ist heute leicht, aber eine Beziehung aufzubauen und zu erhalten ist die größere Schwierigkeit.

Der Kuss.

Die Liebe und das Glück

„Der Romantiker in uns sagt, dass es für jeden Menschen auf der Welt genau einen richtigen Partner gibt. Und der Realist sagt: Da muss ja nur einer den Falschen nehmen, und dann geht's für alle nicht mehr auf."

Eckart von Hirschhausen: Wohin geht die Liebe,
wenn sie durch den Magen durch ist

Wenn wir den Menschen gefunden haben, der zu uns passt, sind wir glücklich. Auch wenn es nicht Mr. Right oder Lady Perfect ist, so genießen wir es doch, unsere Couch am Abend mit jemandem zu teilen, der auch italienische Filme und Rotwein mag. Aber dann beginnt die eigentliche Herausforderung: die Beziehung am Leben zu erhalten. Macht Liebe glücklich? Gibt es dauerhaftes Liebesglück? Oder können wir Liebesglück nur dann erleben, wenn wir nicht das Glück in den Mittelpunkt stellen, sondern die Liebe? Und die hat manchmal mit Glück nicht viel zu tun.

Wir erwarten von einer Liebesbeziehung das höchste Glück und die Erfüllung all unserer Lebensträume. Das ist ein bisschen viel. Am Anfang einer Beziehung scheinen sich alle Träume zu erfüllen. Doch irgendwann klaffen Wunsch und Wirklichkeit auseinander. Die Liebenden werden „ent-täuscht". Die Erwartungen, die an eine Partnerschaft gestellt werden, brechen unter dieser Last zusammen, wie die vielen Trennungen zeigen.

Und weil das Glück für die meisten wichtiger ist als die Liebe, suchen wir nach dem nächsten Wunschpartner, der unsere Träume wahr machen soll.

Eine dauerhafte Beziehung zu leben, ist heute schwieriger als zur Zeit unserer Großeltern. Damals hat der äußere Rahmen einer Ehe Halt gegeben. Das waren die gesellschaftlichen Normen und der christliche Glaube. Eine Ehe wurde für das ganze Leben geschlossen. Das Leben dauerte für die meisten allerdings nicht so lange wie heute. Man dachte nicht groß über Alternativen nach, denn es gab kaum welche. Doch das Beruhigende war: Alle lebten so. Und so hat man sich arrangiert.

Waren die Menschen früher glücklicher? Die meisten haben sich nicht so viele Gedanken über das Glück gemacht, weil sie damit beschäftigt waren, jeden Tag etwas zum Essen auf den Tisch zu bringen. Die Menschen erlebten in ihren Ehen Glück und Unglück, so wie wir auch.

Heute hat sich der gesellschaftliche Rahmen aufgelöst. Jeder muss sich seinen eigenen Lebensentwurf basteln. Dadurch haben wir ganz neue Freiheiten. Das bedeutet auch, dass wir unsere Beziehungen selbst gestalten können. Heute liegt es an uns selbst, ob wir an einer Ehe festhalten. Und das ist manchmal nicht so einfach, denn die Ansprüche an eine Liebesbeziehung sind gestiegen. Die Ursachen dafür sind sehr unterschiedlich:

Wir leben in einer Mediengesellschaft und die setzt Maßstäbe. Auf Facebook sehen wir glückliche Paare, frischverliebt oder immer-noch-verliebt, beim Candle-Light-Dinner, beim Segeln, beim Shoppen – und immer strahlend lächelnd. Niemand macht ein Selfie beim Streit am Frühstückstisch und postet es anschließend in die Welt.

Eine andere Schwierigkeit ist der hohe Glücksanspruch. Glück ist an die Stelle der Religion getreten, die früher dem Menschen Sinn gegeben hat. Heute streben wir nicht nur nach Glück, wir glauben auch noch, ein Recht darauf zu haben. Verliebt man sich in einen verheirateten Mann oder in eine verheiratete Frau, dann glaubt man, das Liebesglück stehe einem zu. Viele Beziehungen enden deshalb, weil einer der Partner sich in einen anderen verliebt und darin sein Glück sieht. Aber was ist das für ein Glück, das auf dem Unglück von anderen aufbaut – dem des verlassenen Partners und der Kinder. Ganze Familien und Freundeskreise werden dadurch zerrissen. In Wirklichkeit ist das neue Liebesglück eine Mogelpackung. Außen steht Glück und innen sind eine ganze Menge Leid und viele neue Probleme, die mit der Trennung erst entstehen. Das eigene Glück als Maßstab aller Dinge ist heute die Norm, denn: Alle leben so. Und die Gesellschaft applaudiert dazu. In einer

Frauenzeitschrift wurde in einem Porträt eine Frau als mutig bewundert, weil sie für ihre neue Liebe, ihre Familie und ihr ganzes altes Leben aufgegeben hat. Wäre es nicht viel mutiger gewesen, auf diese neue Liebe zu verzichten und in ihre Ehe zu investieren. Und wäre am Ende nicht ein tieferes Glück daraus entstanden, nicht nur für sie alleine, sondern auch für ihre Familie?

Es ist der hohe Anspruch an Glück, der Beziehungen unglücklich macht. Eine Ehe, die früher als gut galt, weil man füreinander sorgte und sich aufeinander verlassen konnte, auch wenn die Kommunikation einseitig war, wird heute als mittelmäßig empfunden. Damit geben wir uns nicht mehr zufrieden. Diejenigen, die es doch tun, müssen sich sogar vor anderen rechtfertigen, warum sie sich nicht trennen. Wir bringen weniger Leidensbereitschaft in eine Beziehung mit als die Menschen früher und sind nicht mehr so leicht bereit, auch Krisen und schwierige Zeiten durchzustehen. Oder auch Zeiten, in denen es mehr ein Nebeneinanderher als ein Miteinander ist. Doch so sehr wir auch versuchen, Leiden und Schmerzen zu umgehen, sie holen uns auf eine andere Weise wieder ein. Eine Trennung reißt immer Wunden in die Seele.

Was die Ehe heute ebenfalls belastet ist, dass sie Lebenssinn geben soll. Die Einmaligkeit und Bedeutung des eigenen Lebens suchen wir in einer Beziehung. Nur wenn wir von einem Partner geliebt werden, fühlen wir, dass wir etwas Besonderes sind. Das gibt dem Leben Sinn. Doch es ist ein wackeliger Sinn, der jederzeit zusammenbrechen kann. Menschen in den vergangenen Jahrhunderten fanden die Bedeutung ihres Lebens vor allem in ihrem Glauben. Oder wie der Kirchenvater Augustinus (354–430) es ausdrückte: „Ich bin berufen, etwas zu tun oder zu sein, wofür kein anderer berufen ist. Ich habe einen Platz in Gottes Plan, auf Gottes Erde, den keiner sonst hat. Ob ich reich bin oder arm, verachtet oder geehrt bei den Menschen, Gott kennt mich und ruft mich bei meinem Namen, und ich merke auf und höre: Da bist du ja." Eine schöne Antwort auf die Sinnfrage. Jedes Leben ist einmalig, gewollt und deshalb sinvoll.

Eine andere Schwierigkeit, mit der heutige Liebesbeziehungen konfrontiert sind, ist der Individualismus. Durch die Vereinzelung sind viele Menschen einsam. Früher haben die meisten Menschen in Gruppen gelebt, in ihrer Familie, in ihrem Dorf. Einsamkeit kannten die meisten nicht. Wir sehnen uns nach Nähe, aber viele sind nicht bereit, den hohen Preis zu zahlen, den eine Beziehung kostet, nämlich die eigenen Wünsche oder Bedürfnisse immer wieder zurückzunehmen und seine Freiheit zu beschneiden. Auf niemanden Rücksicht nehmen zu müssen, scheint verlockender. Wir wünschen uns eine leichte Beziehung. „Aber die Wahrheit ist – das Leben ist nicht dazu da, leicht zu sein", so schreibt Eva-Maria Zurhorst. „Das Leben will von uns gelebt werden."

Beziehungen sind eine große Chance, unsere Persönlichkeit weiterzuentwickeln. Sind wir uns all diesen genannten Herausforderungen bewusst, vor denen heutige Beziehungen stehen – Medienscheinwelt, Glücksanspruch, Sinnsuche und Individualismus – können wir sie viel besser bewältigen, anstatt uns vom Zeitgeist treiben zu lassen, bis wir irgendwo stranden, wo wir nie hinwollten.

Wir alle streben nach Glück. Doch die Frage ist: Welches Glück suchen wir? Der Glücksphilosoph Epikur erklärt, dass man manchmal auf ein Glück verzichten muss, um ein größeres zu erlangen. Er genieße Wein und gute Gespräche. Aber um ein interessantes Gespräch führen zu können, verzichtet er lieber auf Wein. Ähnlich ist es bei Beziehungen: Wer eine dauerhafte Liebe leben möchte, der muss oftmals auf schnelle Glücksmomente verzichten und durch Beziehungskrisen gehen. Ohne Disziplin und Ausdauer werden wir nichts Entscheidendes in unserem Leben ausrichten, so erklärt Eva-Maria Zurhorst. Das betrifft auch gelingende Beziehungen.

Die Liebe muss immer wieder erkämpft werden. Aber es ist ein Bemühen, das sich lohnt. Wenn es gelingt, kann man sich die zukünftige Partnersuche sparen.

Auf Wiedersehn!

Literatur

Akpuma-Humeau, Maria und Baierl, Susanne: Junglefever – Was passieren kann, wenn Österreicherinnen Afrikaner kennenlernen. In: Heinz Pusitz und Elisabeth Reif (Hg.): Interkulturelle Partnerschaften. Begegnungen der Lebensformen und Geschlechter. Frankfurt a.M.: IKO – Verl. Für Interkulturelle Kommunikation 1996, 92–112.

Baumgarten, Katrin: Hagestolz und Alte Jungfer. Entwicklung, Instrumentalisierung und Fortleben von Klischees und Stereotypen über Unverheiratetgebliebene. (Internationale Hochschulschriften, Bd. 240.) Münster, New York, München, Berlin 1997. Zugl. Diss. Freiburg (Breisgau) 1996.

Bausinger, Hermann: Typisch deutsch? Wie deutsch sind die Deutschen? München 4. Aufl. 2005.

Beck, Ulrich und Beck-Gernsheim, Elisabeth: Das ganz normale Chaos der Liebe. Berlin: Suhrkamp 2011.

Beck, Ulrich und Beck-Gernsheim, Elisabeth: Zwei Nationen, ein Paar: Geschichten vom wechselseitigen Verstehen und Missverstehen. In: Fernliebe. Lebensformen im globalen Zeitalter. Berlin 2011.

Benedix, Peter: Der Weg der Lena Christ. Wien: Adolf Lufer Verlag 1940.

Braun, Annegret: Ehe- und Partnerschaftsvorstellungen von 1948–1996. Eine kulturwissenschaftliche Analyse anhand von Heiratsinseraten. Münster u.a. 2001.

Breit, Stefan: „Leichtfertigkeit" und ländliche Gesellschaft. Voreheliche Sexualität in der frühen Neuzeit. (Ancien Régime, Aufklärung und Revolution; 23). München: R. Oldenbourg-Verlag 1991.

Christ, Lena: Erinnerungen einer Überflüssigen. 9. Aufl. München 2009.

Christ, Lena: Madam Bäuerin. Leipzig 1920.

Deutsches Jugendherbergswerk (Hg.): Die schönste Zeit deines Lebens. 90 Jahre bayerische Jugendherbergen. Mit den besten Geschichten, die je passiert sind. München 2016.

Die Zukunft der Liebe. ZEIT-Serie. In: Die Zeit Nr. 29-31, 7., 14. und 21. Juni 2016.

Dicks, Dianne (Hg.): Amors wilde Pfeile. Liebes- und Ehegeschichten zwischen den Kulturen. Aus dem Englischen von Annette Keller. München: Beck 1993.

Dillig, Annabel: Diesen Partner in den Warenkorb legen. Das neue Liebesverständnis einer vernünftigen Generation. München: Blanvalet 2012.

Döring, Alois: Rheinische Bräuche durch das Jahr. Eine Veröffentlichung des Landschaftsverbandes Rheinland, Amt für rheinische Landeskunde Bonn. Köln: Greven-Verlag, 2. Aufl. 2007.

Domentat, Tamara: Hallo Fräulein. Deutsche Frauen und amerikanische Soldaten. Berlin 1998.

Fein, Ellen und Schneider, Sherri: The Rules: Time-Tested Secrets for Capturing the Heart of Mr. Right. Hachette Book Group USA: New York 1996.

Fein, Ellen und Schneider, Sherri: Wie man heute die Liebe fürs Leben findet. Aus dem Amerikanischen von Heike Schlatterer. München: Piper 2013.

Flirten lernen? Ja, klar! In: top agrar, Mai 2015, S. 142–143.

Frizzoni, Brigitte: Liebesgeschichten als Ratgeberliteratur. In: Michael Simon und Thomas Hengartner (Hg.): Bilder. Bücher. Bytes. Zur Medialität des Alltags. 36. Kongress der Deutschen Gesellschaft für Volkskunde in Mainz vom 23. bis 26. September 2007. Münster u.a.: Waxmann, 2009, 211–216.

Fröhlich, Susanne und Kleis, Constanze: Frau Fröhlich sucht die Liebe und bleibt nicht lang allein. Frankfurt a.M: Fischer Krüger 2015.

Gabriel, Christina: Meine Lebensgeschichte. Die autobiographische Lebensbeschreibung einer Dienstmagd, Näherin und Hebamme im Herzogtum Westfalen um das Jahr 1800. Dokumentation eines bewegten Frauenlebens mit zeitgeschichtlichen Hintergründen. Arnsberg: Verlag F.W.Becker 1999.

Göttsch, Silke: „…sie trügen ihre Kleider mit Ehren…". Frauen und traditionelle Ordnung im 17. und 18. Jahrhundert. In: Heide Wunder; Christina Vanja (Hg.): Weiber, Menscher, Frauenzimmer. Frauen in der ländlichen Gesellschaft 1500–1800. Göttingen: Vandenhoeck&Ruprecht 1996, 199–213.

Gremel, Maria: Vom Land zur Stadt. Lebenserinnerungen 1930–1950. (Damit es nicht verloren geht…; 20) Wien, Köln, Weimar 1991.

Gutekunst, Miriam: Liebe ohne Grenzen?! Binationale Paare und ihr Umgang mit Immobilisierung durch Grenzregimes. (Münchner ethnographische Schriften, 15), zugl. München Univ., Magisterarbeit, 2012. München: Herbert Utz 2013.

Hagelüken, Alexander: Jung und schön – ein Abschreibeobjekt. In: Süddeutsche Zeitung, 1.4.2014.

Hausen, Karin: Die Ehe in Angebot und Nachfrage. Heiratsanzeigen historisch durchmustert. In: Ingrid Bauer, Christa Hämmerle, Gabriella Hauch

(Hg.): Liebe und Widerstand. Ambivalenz historischer Geschlechterbeziehungen. (Schriften zur feministischen Geschichtswissenschaft, Bd. 10). Wien u.a.: Böhlau 2005, S. 428–448.

Heiratsvermittlung. Man lässt es lieber. In: Der Spiegel 33 (1956), S. 18–25.

Henderson, Lauren: Ein Date mit Mr. Darcy. Mit Jane Austen den Mann fürs Leben finden. Aus dem Englischen von Sabine Schlimm. Bergisch Gladbach: Lübbe 2005.

Henning, Klaus J.: … oder man geht zugrunde. Joachim Gottschalk – Porträt. DIE ZEIT, Nr.15, 01.04.2004.

Hinrichs, Ernst: „Charivari" und Rügebrauchtum in Deutschland. In: Scharfe, Martin (Hg.): Brauchforschung. (Wege der Forschung, Bd. 627) Darmstadt: Wissenschaftliche Buchgesellschaft 1991, S. 430–463.

Hirschhausen, Eckart von: Glück kommt selten allein … Rowohlt Verlag, Reinbek bei Hamburg 2009.

Hirschhausen, Eckart von: Wohin geht die Liebe, wenn sie durch den Magen durch ist? Rowohlt Verlag: Reinbek bei Hamburg 2012.

Kaiser, Tina: Wo einsame Millionäre sich verkuppeln lassen. In: Die Welt 25.4.2011.

Knigge, Adolph Freiherr von: Über den Umgang mit Menschen. Augsburg: Weltbild 2006. Erstausgabe 1788.

Kresta, Edith: Man lebt zweimal. Bikulturelle Ehen und Familien in Berlin. Berlin 2006.

Kühn, Dieter: Clara Schumann, Klavier. Ein Lebensbuch. Frankfurt a.M.: Fischer-Verlag 1996.

Kugler, Gudrun: Niemand ist eine Insel. Wie man den Partner fürs Leben findet. München: Pattloch 2012.

Lang, Anna-Sophia: Dating auf der Bühne. Chinesen in Deutschland bleiben bei der Partnerwahl oft lieber unter Landsleuten. Süddeutsche Zeitung, 6.7.2016.

März, Ursula: Für eine Nacht oder fürs ganze Leben. Fünf Dates. München: Hanser-Verlag 2016.

Medick, Hans: Spinnstuben auf dem Dorf. In: Scharfe, Martin (Hg.): Brauchforschung. (Wege der Forschung, Bd. 627) Darmstadt: Wissenschaftliche Buchgesellschaft 1991, S. 380–417.

Möhle, Sylvia: Partnerwahl in historischer Perspektive. In: Thomas Klein (Hg.): Partnerwahl und Heiratsmuster. Sozialstrukturelle Voraussetzungen der Liebe. Wiesbaden: Springer Fachmedien 2001, S. 57–75.

Moser, Hans: Jungfernkranz und Strohkranz. In: Scharfe, Martin (Hg.): Brauchforschung. (Wege der Forschung, Bd. 627) Darmstadt: Wissenschaftliche Buchgesellschaft 1991, S. 321–350.

Nast, Michael: Generation Bindungsunfähig. Hamburg: Edel Germany 2016.

Nürnberger-Gerster, Christian: My first Lady. Liebe per Inserat und die Folgen. Frankfurt am Main 1990.

Ozment, Steven (Hg.): Magdalena und Balthasar. Briefwechsel der Eheleute Paumgartner aus der Lebenswelt des 16. Jahrhunderts. Aus dem Amerikanischen und frühneuhochdeutschen Original übersetzt von Friedhelm Rathjen. Frankfurt a.M.: Insel-Verlag 1989.

Pajung, Horst; Oberbauer, Ilsa und Hofer, Heidemarie: Kriegsende und Nachkriegszeit in Karlsfeld. Begleitheft zur gleichnamigen Ausstellung im März 2014. Heimatmuseum Karlsfeld e.V. unveröffentlichtes Manuskript.

Passrugger, Barbara: Hartes Brot. Aus dem Leben einer Bergbäuerin. Bearbeitet und mit einem Nachwort versehen von Ilse Maderbacher. (Damit es nicht verlorengeht...; 18). Wien, Köln, Weimar 1989.

Pichler, Caroline: Denkwürdigkeiten aus meinem Leben. Hrsg. v. Emil Karl Blümml. 2 Bde. München: Georg Müller 1914.

Prinz, Dora mit Sabine Eichhorst: Ein Tagwerk Leben. Erinnerungen einer Magd. München: Droemer 2009.

Riehl, Wilhelm Heinrich: Die Familie. (Naturgeschichte des deutschen Volkes als Grundlage einer deutschen Socialpolitik, Bd. 3) Augsburg, Stuttgart: Cotta 1862.

Rosenbaum, Heidi: Formen der Familie. Untersuchungen zum Zusammenhang von Familienverhältnissen, Sozialstruktur und sozialem Wandel in der deutschen Gesellschaft des 19. Jahrhunderts. 7. Aufl. Frankfurt a. Main: Suhrkamp 1996.

Röthlein, Brigitte: Marie und Pierre Curie. Leben in Extremen. Köln: Fackelträger Verlag 2008.

Sand, George: Geschichte meines Lebens. Auswahl aus ihrem biographischen Werk. Hrsg. v. Renate Wiggershaus. Frankfurt: Insel-Verlag 1978.

Schindler, Ernst: Die gewerbsmässige Heiratsvermittlung. Ihre Geschichte, Dogmatik und Behandlung im Deutschen Reichsrecht. Berlin: Verlag von E. Ebering 1901.

Schmitz, Rainer: Henriette Herz in Erinnerungen, Briefen und Zeugnissen. Frankfurt a.M.: Insel-Verlag 1984.

Schnitzler, Arthur: Jugend in Wien. Eine Autobiographie. Fischer TB. 1981.

Stephan, Björn: Liebt doch mal vernünftig. In: DIE ZEIT, Nr. 26, 16.6.2016, S. 50–51.

Stolz, Matthias: Deutschlandkarte. In: ZEIT-Magazin Nr. 35/2012.

Tollmien, Cordula: Fürstin der Wissenschaft. Die Lebensgeschichte der Sofja Kowalewskaja. Weinheim und Basel 1995.

Tuschmann, Wilderich und Hawig, Peter: Sofja Kowalewskaja. Ein Leben für Mathematik und Emanzipation. Basel u.a. 1993.

Weber-Kellermann, Ingeborg (Hg.) Eine preußische Königstochter. Glanz und Elend am Hofe des Soldatenkönigs in den Memoiren der Markgräfin Wilhelmine von Bayreuth. Frankfurt a.M. 1981.

Weber-Kellermann, Ingeborg: Frauenleben im 19. Jahrhundert. Empire und Romantik, Biedermeier, Gründerzeit. München 1983.

Weber-Kellermann, Ingeborg: Landleben im 19. Jahrhundert. München 1987.

Werner, Elyane (Hg.): Bayerisches Hochzeitsbuch. Vom Anbandeln bis zur goldenen Ehr. München: Ludwig 1991.

Wienfort, Monika: Verliebt, verlobt, verheiratet. Eine Geschichte der Ehe seit der Romantik. München: C.H.Beck: 2014.

Willer, Maria Anna: Brauchtum. In: Marktgemeinde Grassau (Hg.): Brauchtum und Tracht in Grassau und Rottau. Grassau 2010.

Wimschneider, Anna: Herbstmilch. Lebenserinnerungen einer Bäuerin. Mit 50 Bildern aus ihrem Leben. München 2003.

Wyss, Eva Lia: Leidenschaftlich eingeschrieben. Schweizer Liebesbriefe. Nagel&Kimche im Carl Hanser Verlag: München, Wien 2006.

Zurhorst, Eva-Maria: Liebe dich selbst und es ist egal, wen du heiratest. München: Arkana 2009.

Weitere Quellen

Tagebücher aus dem Deutschen Tagebucharchiv, Marktplatz 1, 79312
    Emmendingen, www.tagebucharchiv.de:

Reg. 63 Paula B., Tagebuch

Reg. 1614 / III Paula L., Tagebuch

Reg. 894 / I,1 Marga S., Tagebuch

Reg. 70,1 Ottilie K., Tagebuch

Reg. 712 Maria-Jutta T., Tagebuch

Reg. 264,1 Margot H., Tagebuch

Reg. 1314 / I Else B., Tagebuch

Reg. 1798 Carl Emil W.

Reg. 1964 Regina, Tagebuch

Bildnachweis:

6, 10, 24, 52, 84, 142, 160: akg-images, 68: akg-images / Fototeca Gilardi,
106: akg-images / Universal Images Group, 122: akg-images / Walter Limot,
178: akg-images / Fototeca Gilardi, 198: akg-images / bilwissedition,
220: akg-images / Peter Weiss, 225: akg-images / Peter Weiss

Film:

Lia Jaspers: Match me! Dokumentarfilm 2014